Todos los verbos castellanos conjugados

Todos los verbos castellanos conjugados

Ramón Alsina

teide/Barcelona

*Editorial Teide agradece
a los señores Carlos Ortells y
Modesto Ferrer el cuidado
puesto en la composición
y revisión de la obra.*

Primera edición: 1969
Segunda edición, corregida: 1973
Tercera edición, corregida: 1974
Cuarta edición: 1975
Quinta edición: 1976
Sexta edición: 1977

© 1969 Editorial Teide, S. A. - Viladomat, 291 - Barcelona 15
I.S.B.N.: 84-307-7303-7
Printed in Spain

Aleu, S.A. - Zamora, 45 - Barcelona-5 D.L.B.-17324-1977

En este libro encontrará el lector literalmente «Todos los verbos castellanos conjugados». Con él podrá resolver todas las dudas que se le planteen en sus escritos sobre la forma correcta de cualquier verbo difícil. Es un libro concebido en función de utilidad, y a ella se ha adaptado tanto su estructura como su presentación gráfica.

Para su rápido y fácil manejo deberá tenerse en cuenta lo siguiente:

1. En el cuerpo central del libro (II. — Lista de todos los verbos castellanos), figuran todos los verbos por orden alfabético, en tres franjas horizontales cada par de páginas encaradas. En la superior se da la conjugación de todos los verbos irregulares en los tiempos susceptibles de presentar alguna irregularidad. En la segunda, una lista de todos los verbos irregulares compuestos, separando convencionalmente del prefijo, por medio de una barra, el verbo irregular simple que se halla conjugado en su lugar correspondiente; por excepción, se dan entre los irregulares conjugados los compuestos de uso más común. En la tercera, la lista

seguida de todos los verbos regulares, cuya con-jugación sigue los paradigmas que constan en la primera parte del libro.

2. *La primera parte (I. — Paradigmas) contiene, con-jugados, los verbos Haber y Ser, los modelos de verbos regulares de las tres conjugaciones, y los de un verbo en conjugación pronominal, en voz pasiva y en forma perifrástica, más una relación de verbos regulares con variaciones ortográficas de origen prosódico que no pueden considerarse irregularidades.*

3. *Al final del libro (III. — Apéndice) se encuentran las listas de los verbos impersonales, de los de-fectivos y de los verbos con un solo participio irregular o con dos participios, regular e irregular.*

EL VERBO

El hombre es el único ser vivo que tiene la facultad de expresar ideas por medio de palabras y, combinando palabras, construye *oraciones* con las que expresa sus pensamientos. Para que se formule un pensamiento completo, para que haya una oración, es preciso que entre las palabras que se combinan se halle un *verbo*. Sin verbo, expreso o tácito, no existe oración gramatical; por lo tanto, el verbo es una palabra esencial; su importancia la indica su mismo nombre, «verbo», que proviene de la voz latina *verbum* que significa *palabra*.

● En la oración, EL VERBO INDICA LA ACCIÓN O EL ESTADO QUE ATRIBUIMOS AL SUJETO.

Si el verbo indica *acción* (el hombre camina), es un VERBO PREDICATIVO.

Si el verbo indica *estado* (el hombre quedó atónito), es un VERBO COPULATIVO. Los verbos copulativos por excelencia son *ser* y *estar*.

● El verbo *predicativo* puede ser:

TRANSITIVO cuando la acción del sujeto afecta directamente a otro ser:

El muchacho compra un libro

INTRANSITIVO cuando la acción no afecta directamente
a otro ser:
Los atletas corren

REFLEXIVO cuando el sujeto realiza y recibe al mismo
tiempo la acción expresada por el verbo:
Yo me lavo
(el verbo reflexivo va siempre acompañado de
los pronombres me, te, se, nos, os, se, en la misma persona que el sujeto)

RECÍPROCO cuando la acción se realiza entre varios
sujetos que se corresponden:
Juan y Pedro se miran
(el verbo recíproco se presenta acompañado de
los pronombres nos os se)

IMPERSONAL cuando carece de sujeto:
Llueve

DEFECTIVO cuando carece de alguna forma:
Soler

● El verbo es la parte más completa de la oración y, por
lo tanto, es la que está sujeta a mayor número de cam-
bios. La parte que se mantiene invariable es la RAÍZ y
las partes que van cambiando las TERMINACIONES. Así:
SERV - IR.
raíz   terminación

● En todo verbo debemos considerar: *voz, modo, tiempo,
número, persona* y *aspecto*.

● Con la VOZ indicamos si el sujeto ejecuta o recibe la
acción del verbo.
Con la VOZ ACTIVA indicamos que el sujeto *realiza* la
acción:
Yo canto

Con la VOZ PASIVA indicamos que el sujeto *sufre o recibe* la acción:
   La canción ha sido cantada
   (la voz pasiva se forma con el verbo ser y el participio pasivo del verbo correspondiente)

● El MODO del verbo es la manera como la acción es interpretada por el sujeto que la realiza.
Hay cuatro modos PERSONALES, en los que hay siempre un sujeto o persona gramatical que realiza la acción: *modo indicativo, modo subjuntivo, modo potencial* y *modo imperativo.* Y existe asimismo un modo *no personal* que no admite personas gramaticales como sujeto y que comprende el *infinitivo,* el *participio* y el *gerundio.*

El MODO INDICATIVO expresa la acción de una manera objetiva, expresa los *hechos reales.* Consta de ocho tiempos, cuatro simples y cuatro compuestos. Ejemplos:

   SIMPLES
   El niño *estudia* la lección
   El niño *estudiaba* la lección
   El niño *estudió* la lección
   El niño *estudiará* la lección

   COMPUESTOS
   El niño *ha estudiado* la lección
   El niño *había estudiado* la lección
   El niño *hubo estudiado* la lección
   El niño *habrá estudiado* la lección

El MODO SUBJUNTIVO expresa la acción como *dependiente de algo que se supone o desea:*
   Recibirás la herencia cuando *hayas llegado* a 21 años
   Mi padre quiere que *estudie* medicina.
Consta de tres tiempos simples y tres compuestos. Pero, como consecuencia de la irrealidad de la acción expresada, el subjuntivo no puede indicar propiamente el tiempo.

El MODO POTENCIAL * expresa la acción *como subordinada a una condición*. Consta de un tiempo simple y un tiempo compuesto:

> Si estudiaras más, *sabrías* mejor las lecciones
> Si te hubieses fijado más, *habrías observado* su contorno.

El MODO IMPERATIVO expresa la acción en forma de *mandato o ruego*. Consta de un solo tiempo simple:

> Niño, *abre* la ventana. Niños, *abrid* la ventana.

El INFINITIVO sirve para nombrar la acción y equivale a un *nombre:* amar, correr...

El GERUNDIO es la forma adverbial del verbo, equivale a un *adverbio:*

> Yo iba corriendo.

El PARTICIPIO puede ser *activo* y *pasivo*. El activo acaba en *ante, ente* o *iente;* el pasivo en *ado* o *ido* si es *regular* y en *to, so, cho* si es irregular. Ambos participios equivalen muchas veces a un *adjetivo:* el caballero *andante,* el libro *roto;* el pasivo forma además todos los tiempos compuestos.

● El TIEMPO indica el momento en que se realiza la acción del verbo. Los tiempos del verbo pueden ser *absolutos* o *relativos*.

> El tiempo *absoluto* expresa la acción independiente:
> > Llueve

> El tiempo *relativo* expresa la acción en relación a otra:
> > Al salir yo de casa llovía

Asimismo, los tiempos del verbo pueden dividirse en *simples* y *compuestos*.

> El *tiempo simple* expresa la acción sin darla por terminada y está formado únicamente por el verbo que se conjuga:
> > Yo canto

---

* *El llamado tradicionalmente* MODO POTENCIAL *o* CONDICIONAL *se incorpora al indicativo en la edición de 1973 de la Academia Española.*

El *tiempo compuesto* expresa la acción como ya terminada y está formado por el verbo haber y el participio pasivo del verbo correspondiente:

Yo he cantado, yo había cantado

(el verbo haber, que forma los tiempos compuestos, y el verbo ser, que forma la voz pasiva, se consideran *verbos auxiliares*)

De acuerdo con ello, los tiempos del verbo son:

TIEMPOS SIMPLES
Presente
Pretérito imperfecto
Pretérito indefinido
Futuro imperfecto

TIEMPOS COMPUESTOS
Pretérito perfecto
Pretérito pluscuamperfecto
Pretérito anterior
Futuro perfecto

● LA PERSONA Y EL NÚMERO. Existen *tres personas gramaticales* para indicar quién realiza la acción del verbo, y dos números, *singular* y *plural*. La primera persona es la que habla. La segunda aquella con quien se habla y la tercera aquella de quien se habla.

● El verbo expresa asimismo el ASPECTO de la acción. El aspecto puede ser:

ingresivo, si presenta la acción cuando va a empezar:
Vamos a hablar de teatro

durativo, si la acción se va desarrollando de un modo prolongado:
Estamos hablando de teatro

puntual, si presenta la acción como hecha en un momento:
Hablé de teatro

perfectivo, si presenta la acción como ya terminada: *Hemos hablado* de teatro.

Para expresar el aspecto es necesario en la mayoría de los casos recurrir a verbos auxiliares y formar *frases verbales*.

● FORMAS DE EXPRESIÓN. Además de los accidentes reseñados, el verbo puede adoptar estas formas:

afirmativa: Mañana *pasaré* a verte
negativa: Mañana *no vendré*
dubitativa: Tal vez mañana *vaya* (subjuntivo) a verte
desiderativa: Deseo que mañana *vengas* (subjuntivo)
interrogativa: ¿*Vendrás* mañana?
exclamativa: ¡Naturalmente vendrás mañana!

● CONJUGACIÓN es la reunión ordenada de todas las formas de un verbo. En castellano existen tres grupos de verbos.

aquellos cuyo infinitivo termina en *ar*
aquellos cuyo infinitivo termina en *er*
aquellos cuyo infinitivo termina en *ir*

Para conjugar cualquier verbo hay que tener en cuenta el grupo al que pertenece y luego ir añadiendo a la raíz las terminaciones del modelo correspondiente.

● La conjugación puede ser *regular* o *irregular*.

La *regular* conserva intacta la raíz a lo largo de todos los tiempos y personas y toma las terminaciones propias de los verbos modelo.

La *irregular* sufre variaciones en la raíz, en las terminaciones o en ambas a la vez.

● En los VERBOS IRREGULARES las irregularidades suelen repetirse del mismo modo a lo largo de determinados tiempos. Esto nos permite agruparlas así:

irregularidades del presente. Afectan:
    al presente de indicativo
    al presente de subjuntivo
    al imperativo
irregularidades de pretérito. Afectan:
    al pretérito indefinido
    al pretérito imperfecto de subjuntivo
    al futuro imperfecto de subjuntivo
irregularidades de futuro. Afectan:
    al futuro imperfecto de indicativo
    al potencial simple

El pretérito imperfecto de indicativo es siempre regular, excepto en los verbos *ir* y *ser.*

- Las irregularidades más frecuentes son:
    diptongación: cambio de la *e* en *ie*
                   de la *o* en *ue*
    debilitación: la *e* se debilita en *i*
              la *o* se debilita en *u*
    refuerzo: se añade a la raíz *z, c* o *ig.*
            los verbos terminados en *uir* transforman la *i* en *y* antes de *e, o.*
    apócope: pérdida de la terminación *e* en la segunda persona del singular del imperativo.
    síncopa: adición de una *d* sonora en el futuro imperfecto de indicativo y en el potencial simple.

I PARADIGMAS

Verbo Haber *

MODO INDICATIVO

Presente	Pretérito imperfecto	Pretérito indefinido	Futuro imperfecto
Yo he	Yo había	Yo hube	Yo habré
Tú has	Tú habías	Tú hubiste	Tú habrás
Él ha	Él había	Él hubo	Él habrá
Nosotros hemos	Nosotros habíamos	Nosotros hubimos	Nosotros habremos
Vosotros habéis	Vosotros habíais	Vosotros hubisteis	Vosotros habréis
Ellos han	Ellos habían	Ellos hubieron	Ellos habrán

Pretérito perfecto	Pret. pluscuamperfecto	Pretérito anterior	Futuro perfecto
he habido	había habido	hube habido	habré habido
has habido	habías habido	hubiste habido	habrás habido
ha habido	había habido	hubo habido	habrá habido
hemos habido	habíamos habido	hubimos habido	habremos habido
habéis habido	habíais habido	hubisteis habido	habréis habido
han habido	habían habido	hubieron habido	habrán habido

MODO SUBJUNTIVO

Presente	Pretérito imperfecto	Futuro imperfecto
haya	hubiera o hubiese	hubiere
hayas	hubieras o hubieses	hubieres
haya	hubiera o hubiese	hubiere
hayamos	hubiéramos o hubiésemos	hubiéremos
hayáis	hubierais o hubieseis	hubiereis
hayan	hubieran o hubiesen	hubieren

Pretérito perfecto	Pret. pluscuamperfecto	Futuro perfecto
haya habido	hubiera o hubiese habido	hubiere habido
hayas habido	hubieras o hubieses habido	hubieres habido
haya habido	hubiera o hubiese habido	hubiere habido
hayamos habido	hubiéramos o hubiésemos habido	hubiéremos habido
hayáis habido	hubierais o hubieseis habido	hubiereis habido
hayan habido	hubieran o hubiesen habido	hubieren habido

MODO POTENCIAL

Simple	Compuesto
habría	habría habido
habrías	habrías habido
habría	habría habido
habríamos	habríamos habido
habríais	habríais habido
habrían	habrían habido

MODO IMPERATIVO

Presente

he tú
haya él
hayamos nosotros
habed vosotros
hayan ellos

MODO INFINITIVO

Infinitivo	Gerundio	Participio
Simple: haber	Simple: habiendo	Simple: habido
Compuesto: haber habido	Compuesto: habiendo habido	

* *Este verbo ayudará a formar los tiempos compuestos de todos los demás.*

Verbo Ser *

MODO INDICATIVO

Presente	Pretérito imperfecto	Pretérito indefinido	Futuro imperfecto
Yo soy	Yo era	Yo fuí	Yo seré
Tú eres	Tú eras	Tú fuiste	Tú serás
Él es	Él era	Él fue	Él será
Nosotros somos	Nosotros éramos	Nosotros fuimos	Nosotros seremos
Vosotros sois	Vosotros erais	Vosotros fuisteis	Vosotros seréis
Ellos son	Ellos eran	Ellos fueron	Ellos serán

Pretérito perfecto	Pret. pluscuamperfecto	Pretérito anterior	Futuro perfecto
he sido	había sido	hube sido	habré sido
has sido	habías sido	hubiste sido	habrás sido
ha sido	había sido	hubo sido	habrá sido
hemos sido	habíamos sido	hubimos sido	habremos sido
habéis sido	habíais sido	hubisteis sido	habréis sido
han sido	habían sido	hubieron sido	habrán sido

MODO SUBJUNTIVO

Presente	Pretérito imperfecto	Futuro imperfecto
sea	fuera o fuese	fuere
seas	fueras o fueses	fueres
sea	fuera o fuese	fuere
seamos	fuéramos o fuésemos	fuéremos
seáis	fuerais o fueseis	fuereis
sean	fueran o fuesen	fueren

Pretérito perfecto	Pret. pluscuamperfecto	Futuro perfecto
haya sido	hubiera o hubiese sido	hubiere sido
hayas sido	hubieras o hubieses sido	hubieres sido
haya sido	hubiera o hubiese sido	hubiere sido
hayamos sido	hubiéramos o hubiésemos sido	hubiéremos sido
hayáis sido	hubierais o hubieseis sido	hubiereis sido
hayan sido	hubieran o hubiesen sido	hubieren sido

MODO POTENCIAL

Simple	Compuesto
sería	habría sido
serías	habrías sido
sería	habría sido
seríamos	habríamos sido
seríais	habríais sido
serían	habrían sido

MODO IMPERATIVO

Presente

sé tú
sea él
seamos nosotros
sed vosotros
sean ellos

MODO INFINITIVO

Infinitivo	Gerundio	Participio
Simple: ser	Simple: siendo	Simple: sido
Compuesto: haber sido	Compuesto: habiendo sido	

* Usado como auxiliar, sirve para formar la voz pasiva.

MODO INDICATIVO

Presente

o	o	o
as	es	es
a	e	e
amos	emos	imos
áis	éis	is
an	en	en

Pretérito indefinido

é	í	í
aste	iste	iste
ó	ió	ió
amos	imos	imos
asteis	isteis	isteis
aron	ieron	ieron

Pretérito imperfecto

aba	ía	ía
abas	ías	ías
aba	ía	ía
ábamos	íamos	íamos
abais	íais	íais
aban	ían	ían

Futuro imperfecto

aré	eré	iré
arás	erás	irás
ará	erá	irá
aremos	eremos	iremos
aréis	eréis	iréis
arán	erán	irán

MODO POTENCIAL

Simple o imperfecto

aría	ería	iría
arías	erías	irías
aría	ería	iría
aríamos	eríamos	iríamos
aríais	eríais	iríais
arían	erían	irían

MODO IMPERATIVO

-	-	-
a	e	e
e	a	a
emos	amos	amos
ad	ed	id
en	an	an

MODO SUBJUNTIVO

Presente

e	a	a
es	as	as
e	a	a
emos	amos	amos
éis	áis	áis
en	an	an

Pretérito imperfecto

ara o ase	iera o iese	iera o iese
aras o ases	ieras o ieses	ieras o ieses
ara o ase	iera o iese	iera o iese
áramos o ásemos	iéramos o iésemos	iéramos o iésemos
arais o aseis	ierais o ieseis	ierais o ieseis
aran o asen	ieran o iesen	ieran o iesen

Futuro imperfecto

are	iere	iere
ares	ieres	ieres
are	iere	iere
áremos	iéremos	iéremos
areis	iereis	iéreis
aren	ieren	ieren

MODO INFINITIVO

Formas simples

Presente:	ar	er	ir
Gerundio:	ando	iendo	iendo
Participio:	ado	ido	ido

VERBO AMAR

MODO INDICATIVO

Presente	Pretérito imperfecto	Pretérito indefinido	Futuro imperfecto
Yo am-o	Yo am-aba	Yo am-é	Yo am-aré
Tú am-as	Tú am-abas	Tú am-aste	Tú am-arás
Él am-a	Él am-aba	Él am-ó	Él am-ará
Nosotros am-amos	Nosotros am-ábamos	Nosotros am-amos	Nosotros am-aremos
Vosotros am-áis	Vosotros am-abais	Vosotros am-asteis	Vosotros am-aréis
Ellos am-an	Ellos am-aban	Ellos am-aron	Ellos am-arán

Pretérito perfecto	Pret. pluscuamperfecto	Pretérito anterior	Futuro perfecto
he amado	había amado	hube amado	habré amado
has amado	habías amado	hubiste amado	habrás amado
ha amado	había amado	hubo amado	habrá amado
hemos amado	habíamos amado	hubimos amado	habremos amado
habéis amado	habíais amado	hubisteis amado	habréis amado
han amado	habían amado	hubieron amado	habrán amado

MODO SUBJUNTIVO

Presente	Pretérito imperfecto	Futuro imperfecto
am-e	am-ara o am-ase	am-are
am-es	am-aras o am-ases	am-ares
am-e	am-ara o am-ase	am-are
am-emos	am-áramos o am-ásemos	am-áremos
am-éis	am-arais o am-aseis	am-areis
am-en	am-aran o am-asen	am-aren

Pretérito perfecto	Pret. pluscuamperfecto	Futuro perfecto
haya amado	hubiera o hubiese amado	hubiere amado
hayas amado	hubieras o hubieses amado	hubieres amado
haya amado	hubiera o hubiese amado	hubiere amado
hayamos amado	hubiéramos o hubiésemos amado	hubiéremos amado
hayáis amado	hubierais o hubieseis amado	hubiereis amado
hayan amado	hubieran o hubiesen amado	hubieren amado

MODO POTENCIAL

Simple	Compuesto
am-aría	habría amado
am-arías	habrías amado
am-aría	habría amado
am-aríamos	habríamos amado
am-aríais	habríais amado
am-arían	habrían amado

MODO IMPERATIVO

Presente

am-a tú
am-e él
am-emos nosotros
am-ad vosotros
am-en ellos

MODO INFINITIVO

Infinitivo	Gerundio	Participio
Simple: am-ar	Simple: am-ando	Simple: am-ado
Compuesto: haber amado	Compuesto: habiendo amado	

MODO INDICATIVO

Presente	Pretérito imperfecto	Pretérito indefinido	Futuro imperfecto
Yo tem-o	Yo tem-ía	Yo tem-í	Yo tem-eré
Tú tem-es	Tú tem-ías	Tú tem-iste	Tú tem-erás
Él tem-e	Él tem-ía	Él tem-ió	Él tem-erá
Nosotros tem-emos	Nosotros tem-íamos	Nosotros tem-imos	Nosotros tem-eremos
Vosotros tem-éis	Vosotros tem-íais	Vosotros tem-isteis	Vosotros tem-eréis
Ellos tem-en	Ellos tem-ían	Ellos tem-ieron	Ellos tem-erán

Pretérito perfecto	Pret. pluscuamperfecto	Pretérito anterior	Futuro perfecto
he temido	había temido	hube temido	habré temido
has temido	habías temido	hubiste temido	habrás temido
ha temido	había temido	hubo temido	habrá temido
hemos temido	habíamos temido	hubimos temido	habremos temido
habéis temido	habíais temido	hubisteis temido	habréis temido
han temido	habían temido	hubieron temido	habrán temido

MODO SUBJUNTIVO

Presente	Pretérito imperfecto	Futuro imperfecto
tem-a	tem-iera o tem-iese	tem-iere
tem-as	tem-ieras o tem-ieses	tem-ieres
tem-a	tem-iera o tem-iese	tem-iere
tem-amos	tem-iéramos o tem-iésemos	tem-iéremos
tem-áis	tem-ierais o tem-ieseis	tem-iereis
tem-an	tem-ieran o tem-iesen	tem-ieren

Pretérito perfecto	Pret. pluscuamperfecto	Futuro perfecto
haya temido	hubiera o hubiese temido	hubiere temido.
hayas temido	hubieras o hubieses temido	hubieres temido
haya temido	hubiera o hubiese temido	hubiere temido
hayamos temido	hubiéramos o hubiésemos temido	hubiéremos temido
hayáis temido	hubierais o hubieseis temido	hubiereis temido
hayan temido	hubieran o hubiesen temido	hubieren temido

MODO POTENCIAL

Simple	Compuesto
tem-ería	habría temido
tem-erías	habrías temido
tem-ería	habría temido
tem-eríamos	habríamos temido
tem-eríais	habríais temido
tem-erían	habrían temido

MODO IMPERATIVO

Presente

tem-e tú
tem-a él
tem-amos nosotros
tem-ed vosotros
tem-an ellos

MODO INFINITIVO

Infinitivo	Gerundio	Participio
Simple: tem-er	Simple: tem-iendo	Simple: tem-ido
Compuesto: haber temido	Compuesto: habiendo temido	

VERBO PARTIR

MODO INDICATIVO

Presente	*Pretérito imperfecto*	*Pretérito indefinido*	*Futuro imperfecto*
Yo part-o	Yo part-ía	Yo part-í	Yo part-iré
Tú part-es	Tú part-ías	Tú part-iste	Tú part-irás
Él part-e	Él part-ía	Él part-ió	Él part-irá
Nosotros part-imos	Nosotros part-íamos	Nosotros part-imos	Nosotros part-iremos
Vosotros part-ís	Vosotros part-íais	Vosotros part-isteis	Vosotros part-iréis
Ellos part-en	Ellos part-ían	Ellos part-ieron	Ellos part-irán

Pretérito perfecto	*Pret. pluscuamperfecto*	*Pretérito anterior*	*Futuro perfecto*
he partido	había partido	hube partido	habré partido
has partido	habías partido	hubiste partido	habrás partido
ha partido	había partido	hubo partido	habrá partido
hemos partido	habíamos partido	hubimos partido	habremos partido
habéis partido	habíais partido	hubisteis partido	habréis partido
han partido	habían partido	hubieron partido	habrán partido

MODO SUBJUNTIVO

Presente	*Pretérito imperfecto*	*Futuro imperfecto*
part-a	part-iera o part-iese	part-iere
part-as	part-ieras o part-ieses	part-ieres
part-a	part-iera o part-iese	part-iere
part-amos	part-iéramos o part-iésemos	part-iéremos
part-áis	part-ierais o part-ieseis	part-iereis
part-an	part-ieran o part-iesen	part-ieren

Pretérito perfecto	*Pret. pluscuamperfecto*	*Futuro perfecto*
haya partido	hubiera o hubiese partido	hubiere partido
hayas partido	hubieras o hubieses partido	hubieres partido
haya partido	hubiera o hubiese partido	hubiere partido
hayamos partido	hubiéramos o hubiésemos partido	hubiéremos partido
hayáis partido	hubierais o hubieseis partido	hubiereis partido
hayan partido	hubieran o hubiesen partido	hubieren partido

MODO POTENCIAL

Simple	*Compuesto*
part-iría	habría partido
part-irías	habrías partido
part-iría	habría partido
part-iríamos	habríamos partido
part-iríais	habríais partido
part-irían	habrían partido

MODO IMPERATIVO

Presente

part-e tú
part-a él
part-amos nosotros
part-id vosotros
part-an ellos

MODO INFINITIVO

Infinitivo	*Gerundio*	*Participio*
Simple: part-ir	*Simple:* part-iendo	*Simple:* part-ido
Compuesto: haber partido	*Compuesto:* habiendo partido	

Se verifica añadiendo los pronombres *me, te, se, nos, os* a las personas y tiempos del verbo según el modelo siguiente.

MODO INDICATIVO

Presente	Pretérito imperfecto	Pretérito indefinido	Futuro imperfecto
Yo me lavo	Yo me lavaba	Yo me lavé	Yo me lavaré
Tú te lavas	Tú te lavabas	Tú te lavaste	Tú te lavarás
Él se lava	Él se lavaba	Él se lavó	Él se lavará
Nosotros nos lavamos	Nosotros nos lavábamos	Nosotros nos lavamos	Nosotros nos lavaremos
Vosotros os laváis	Vosotros os lavabais	Vosotros os lavasteis	Vosotros os lavaréis
Ellos se lavan	Ellos se lavaban	Ellos se lavaron	Ellos se lavarán

Pretérito perfecto	Pret. pluscuamperfecto	Pretérito anterior	Futuro perfecto
me he lavado	me había lavado	me hube lavado	me habré lavado
te has lavado	te habías lavado	te hubiste lavado	te habrás lavado
se ha lavado	se había lavado	se hubo lavado	se habrá lavado
nos hemos lavado	nos habíamos lavado	nos hubimos lavado	nos habremos lavado
os habéis lavado	os habíais lavado	os hubisteis lavado	os habréis lavado
se han lavado	se habían lavado	se hubieron lavado	se habrán lavado

MODO SUBJUNTIVO

Presente	Pretérito imperfecto	Futuro imperfecto
me lave	me lavara o lavase	me lavare
te laves	te lavaras o lavases	te lavares
se lave	se lavara o lavase	se lavare
nos lavemos	nos laváramos o lavásemos	nos laváremos
os lavéis	os lavarais o lavaseis	os lavareis
se laven	se lavaran o lavasen	se lavaren

Pretérito perfecto	Pret. pluscuamperfecto	Futuro perfecto
me haya lavado	me hubiera o hubiese lavado	me hubiere lavado
te hayas lavado	te hubieras o hubieses lavado	te hubieres lavado
se haya lavado	se hubiera o hubiese lavado	se hubiere lavado
nos hayamos lavado	nos hubiéramos o hubiésemos lavado	nos hubiéremos lavado
os hayáis lavado	os hubierais o hubieseis lavado	os hubiereis lavado
se hayan lavado	se hubieran o hubiesen lavado	se hubieren lavado

MODO POTENCIAL   MODO IMPERATIVO

simple	Compuesto	Presente
me lavaría	me habría lavado	lávate tú
te lavarías	te habrías lavado	lávese él
se lavaría	se habría lavado	lavémonos nosotros
nos lavaríamos	nos habríamos lavado	lavaos vosotros
os lavaríais	os habríais lavado	lávense ellos
se lavarían	se habrían lavado	

MODO INFINITIVO

Infinitivo	Gerundio
Simple: lavarse	Simple: lavándose
Compuesto: haberse lavado	Compuesto: habiéndose lavado

CONJUGACIÓN PASIVA

La *conjugación pasiva* se verifica añadiendo el participio pasivo del verbo que se conjuga a cada una de las personas y tiempos del verbo auxiliar SER. Véase como ejemplo la

CONJUGACIÓN DEL VERBO AMAR EN LA VOZ PASIVA

MODO INDICATIVO

Presente	*Pretérito imperfecto*	*Pretérito indefinido*	*Futuro imperfecto*
Yo soy amado	Yo era amado	Yo fui amado	Yo seré amado
Tú eres amado	Tú eras amado	Tú fuiste amado	Tú serás amado
Él es amado	Él era amado	Él fue amado	Él será amado
Nosotros somos amados	Nosotros éramos amados	Nosotros fuimos amados	Nosotros seremos amados
Vosotros sois amados	Vosotros erais amados	Vosotros fuisteis amados	Vosotros seréis amados
Ellos son amados	Ellos eran amados	Ellos fueron amados	Ellos serán amados

Pretérito perfecto	*Pret. pluscuamperfecto*	*Pretérito anterior*	*Futuro perfecto*
he sido amado	había sido amado	hube sido amado	habré sido amado
has sido amado	habías sido amado	hubiste sido amado	habrás sido amado
ha sido amado	había sido amado	hubo sido amado	habrá sido amado
hemos sido amados	habíamos sido amados	hubimos sido amados	habremos sido amados
habéis sido amados	habíais sido amados	hubisteis sido amados	habréis sido amados
han sido amados	habían sido amados	hubieron sido amados	habrán sido amados

MODO SUBJUNTIVO

Presente	*Pretérito imperfecto*	*Futuro imperfecto*
sea amado	fuera o fuese amado	fuere amado
seas amado	fueras o fueses amado	fueres amado
sea amado	fuera o fuese amado	fuere amado
seamos amados	fuéramos o fuésemos amados	fuéremos amados
seáis amados	fuerais o fueseis amados	fuereis amados
sean amados	fueran o fuesen amados	fueren amados

Pretérito perfecto	*Pret. pluscuamperfecto*	*Futuro perfecto*
haya sido amado	hubiera o hubiese sido amado	hubiere sido amado
hayas sido amado	hubieras o hubieses sido amado	hubieres sido amado
haya sido amado	hubiera o hubiese sido amado	hubiere sido amado
hayamos sido amados	hubiéramos o hubiésemos sido amados	hubiéremos sido amados
hayáis sido amados	hubierais o hubieseis sido amados	hubiereis sido amados
hayan sido amados	hubieran o hubiesen sido amados	hubieren sido amados

MODO POTENCIAL

MODO IMPERATIVO

Simple	*Compuesto*	*Presente*
sería amado	habría sido amado	sé tú amado
serías amado	habrías sido amado	sea él amado
sería amado	habría sido amado	seamos nosotros amados
seríamos amados	habríamos sido amados	sed vosotros amados
seríais amados	habríais sido amados	sean ellos amados
serían amados	habrían sido amados	

MODO INFINITIVO

Infinitivo
simple: **ser amado**
Compuesto: haber sido amado

Gerundio
Simple: siendo amado
Compuesto: habiendo sido amado

Participio
Simple: sido amado

Se verifica con los verbos *haber de* y *tener que*, usados como auxiliares, en sus tiempos y personas seguidos del infinitivo del verbo que se conjuga. Modelo:

Haber de cantar

MODO INDICATIVO

Presente

Yo he de cantar - Yo tengo que cantar
Tú has de cantar - Tú tienes que cantar
Él ha de cantar - Él tiene que cantar
Nosotros hemos de cantar - Nosotros tenemos que cantar
Vosotros habéis de cantar - Vosotros tenéis que cantar
Ellos han de cantar - Ellos tienen que cantar

Pretérito imperfecto

Yo había de o tenía que cantar
Tú habías de o tenías que cantar
Él había de o tenía que cantar
Nosotros habíamos de o teníamos que cantar
Vosotros habíais de o teníais que cantar
Ellos habían de o tenían que cantar

Pretérito indefinido

Yo hube de cantar - tuve que cantar
Tú hubiste de cantar - tuviste que cantar
Él hubo de cantar - tuvo que cantar
Nosotros hubimos de cantar - tuvimos que cantar
Vosotros hubisteis de cantar - tuvisteis que cantar
Ellos hubieron de cantar - tuvieron que cantar

Futuro imperfecto

Yo habré de o tendré que cantar
Tú habrás de o tendrás que cantar
Él habrá de o tendrá que cantar
Nosotros habremos de o tendremos que cantar
Vosotros habréis de o tendréis que cantar
Ellos habrán de o tendrán que cantar

MODO SUBJUNTIVO

Presente

Yo haya de o tenga que cantar
Tú hayas de o tengas que cantar
Él haya de o tenga que cantar
Nosotros hayamos de o tengamos que cantar
Vosotros hayáis de o tengáis que cantar
Ellos hayan de o tengan que cantar

Pretérito imperfecto

Yo hubiera de o tuviera que cantar
Tú hubieras-ieses de o tuvieras-ieses que cantar
Él hubiera-iese de o tuviera-iese que cantar
Nosotros hubiéramos-iésemos de o tuviéramos-iésemos que cantar
Vosotros hubierais-ieseis de o tuvierais-ieseis que cantar
Ellos hubieran-iesen de o tuvieran-iesen que cantar

MODO POTENCIAL

Yo habría de o tendría que cantar
Tú habrías de o tendrías que cantar
Él habría de o tendría que cantar
Nosotros habríamos de o tendríamos que cantar
Vosotros habríais de o tendríais que cantar
Ellos habrían de o tendrían que cantar

MODO INFINITIVO

Infinitivo: haber de o tener que cantar
Gerundio: habiendo de o teniendo que cantar
Participio: habido de o tenido que cantar

Se han omitido aquí los tiempos compuestos que se forman análogamente con los tiempos correspondientes de haber *y* tener.

Primera conjugación

a) Los verbos terminados en *car* cambian la *c* en *qu* delante de *e*: Modelo: *Aplicar* *

Pretérito indefinido		*Presente imperativo*		*Presente subjuntivo*	
apliqué	aplicamos	-	apliquemos	aplique	apliquemos
aplicaste	aplicasteis	aplica	aplicad	apliques	apliquéis
aplicó	aplicaron	aplique	apliquen	aplique	apliquen

b) Los verbos terminados en *gar* toman una *u* detrás de la *g* y delante de *e*. Modelo: *Fatigar* *

Pretérito indefinido		*Presente imperativo*		*Presente subjuntivo*	
fatigué	fatigamos	-	fatiguemos	fatigue	fatiguemos
fatigaste	fatigasteis	fatiga	fatigad	fatigues	fatiguéis
fatigó	fatigaron	fatigue	fatiguen	fatigue	fatiguen

c) Los verbos terminados en *zar* cambian la *z* en *c* delante de *e*. Modelo: *Trazar* *

Pretérito indefinido		*Presente imperativo*		*Presente subjuntivo*	
tracé	trazamos	-	tracemos	trace	tracemos
trazaste	trazasteis	traza	trazad	traces	tracéis
trazó	trazaron	trace	tracen	trace	tracen

Segunda conjugación

a) Verbos terminados en *cer*. Cambian la *c* en *z* delante de *o*, *a* en los tres presentes. Modelo: *Vencer*.

Presente indicativo		*Presente imperativo*		*Presente subjuntivo*	
venzo	vencemos	-	venzamos	venza	venzamos
vences	vencéis	vence	venced	venzas	venzáis
vence	vencen	venza	venzan	venza	venzan

b) Verbos terminados en *ger*. Cambian la *g* en *j* delante de *o*, *a*, en los tres presentes. Modelo: *Coger*.

Presente indicativo		*Presente imperativo*		*Presente subjuntivo*	
cojo	cogemos	-	cojamos	coja	cojamos
coges	cogéis	coge	coged	cojas	cojáis
coge	cogen	coja	cojan	coja	cojan

c) Verbos terminados en *eer*. Aconsonantan la *i* de algunos tiempos convirtiéndola en *y*. Modelo: *Leer*.

Gerundio	*Pretérito indefinido*		*Pretérito imperfecto Subjuntivo*		*Fut. imperf. Subjunt.*	
leyendo	leí	leímos	leyera-leyese	leyéramos-leyésemos	leyere	leyéremos
	leiste	leisteis	leyeras-leyeses	leyerais-leyeseis	leyeres	leyereis
	leyó	leyeron	leyera-leyese	leyeran-leyesen	leyere	leyeren

* *Esta variación tiene lugar en el pretérito indefinido, presente de imperativo y presente de subjuntivo.*

a) Verbos terminados en *cir*. Cambian la *c* en *z* delante de *o*, *a*. Modelo: *Esparcir* *

Presente indicativo		*Presente imperativo*		*Presente subjuntivo*	
esparzo	esparcimos	–	esparzamos	esparza	esparzamos
esparces	esparcís	esparce	esparcid	esparzas	esparzáis
esparce	esparcen	esparza	esparzan	esparza	esparzan

b) Verbos terminados en *gir*. Cambian la *g* en *j* delante de *o*, *a*. Modelo: *Dirigir* *

Presente indicativo		*Presente imperativo*		*Presente subjuntivo*	
dirijo	dirigimos	–	dirijamos	dirija	dirijamos
diriges	dirigís	dirige	dirigid	dirijas	dirijáis
dirige	dirigen	dirija	dirijan	dirija	dirijan

c) Verbos terminados en *guir*. Pierden la *u* delante de *o*, *a*. Modelo: *Distinguir* *

Presente indicativo		*Presente imperativo*		*Presente subjuntivo*	
distingo	distinguimos	–	distingamos	distinga	distingamos
distingues	distinguís	distingue	distinguid	distingas	distingáis
distingue	distinguen	distinga	distingan	distinga	distingan

d) Verbos terminados en *quir*. Mudan la *qu* en *c* delante de *o*, *a*. Modelo: *Delinquir* *

Presente indicativo		*Presente imperativo*		*Presente subjuntivo*	
delinco	delinquimos	–	delincamos	delinca	delincamos
delinques	delinquís	delinque	delinquid	delincas	delincáis
delinque	delinquen	delinca	delincan	delinca	delincan

*   *En los tres presentes.*

II LISTA DE TODOS LOS VERBOS CASTELLANOS

INFINITIVO	INDICATIVO			POTENCIAL
simple	presente	pret. indefinido	fut. imperfecto	simple o imp.
ABASTECER	abastezco	abastecí	abasteceré	abastecería
abasteciendo	abasteces	abasteciste	abastecerás	abastecerías
abastecido	abastece	abasteció	abastecerá	abastecería
	abastecemos	abastecimos	abasteceremos	abasteceríamos
	abastecéis	abastecisteis	abasteceréis	abasteceríais
	abastecen	abastecieron	abastecerán	abastecerían
ABDUCIR	abduzco	abduje	abduciré	abduciría
abduciendo	abduces	abdujiste	abducirás	abducirías
abducido	abduce	abdujo	abducirá	abduciría
	abducimos	abdujimos	abduciremos	abduciríamos
	abducís	abdujisteis	abduciréis	abduciríais
	abducen	abdujeron	abducirán	abducirían
ABERRAR	abierro	aberré	aberraré	aberraría
aberrando	abierras	aberraste	aberrarás	aberrarías
aberrado	abierra	aberró	aberrará	aberraría
	aberramos	aberramos	aberraremos	aberraríamos
	aberráis	aberrasteis	aberraréis	aberraríais
	abierran	aberraron	aberrarán	aberrarían
ABLANDECER	ablandezco	ablandecí	ablandeceré	ablandecería
ablandeciendo	ablandeces	ablandeciste	ablandecerás	ablandecerías
ablandecido	ablandece	ablandeció	ablandecerá	ablandecería
	ablandecemos	ablandecimos	ablandeceremos	ablandeceríamos
	ablandecéis	ablandecisteis	ablandeceréis	ablandeceríais
	ablandecen	ablandecieron	ablandecerán	ablandecerían
ABNEGAR	abniego	abnegué	abnegaré	abnegaría
abnegando	abniegas	abnegaste	abnegarás	abnegarías
abnegado	abniega	abnegó	abnegará	abnegaría
	abnegamos	abnegamos	abnegaremos	abnegaríamos
	abnegáis	abnegasteis	abnegaréis	abnegaríais
	abniegan	abnegaron	abnegarán	abnegarían
ABOLIR		abolí	aboliré	aboliría
aboliendo		aboliste	abolirás	abolirías
abolido		abolió	abolirá	aboliría
	abolimos	abolimos	aboliremos	aboliríamos
	abolís	abolisteis	aboliréis	aboliríais
		abolieron	abolirán	abolirían

ab|luir

ababillarse abadanar abadernar abajar abalagar abalandrar abalanzar abalar abalaustrar
abaldesar abalear abalizar abalsamar abaluartar aballar aballestar abanar abancalar
abandalizar abanderar abanderizar abandonar abanicar abantar abaratar abarbar abarbe-
char abarbetar abarcar abarcuzar abarloar abarquillar abarracar abarracarse abarra-
ganar abarraganarse abarrajar abarrancar abarrar abarrenar abarrer abarrilar abarrotar
abarse* abasar abasoirar abastar abastardar abastillar abastionar abatanar abatir
abdicar abeizar abelar abellacar abellotar abemolar aberenjenar abestiarse abetunar

IMPERATIVO	SUBJUNTIVO		
presente	presente	pretérito imperfecto	fut. imperfecto
	abastezca	abasteciera-iese	abasteciere
abastece	abastezcas	abastecieras-ieses	abastecieres
abastezca	abastezca	abasteciera-iese	abasteciere
abastezcamos	abastezcamos	abasteciéramos-iésemos	abasteciéremos
abasteced	abastezcáis	abastecierais-ieseis	abasteciereis
abastezcan	abastezcan	abastecieran-iesen	abastecieren
	abduzca	abdujera-jese	abdujere
abduce	abduzcas	abdujeras-jeses	abdujeres
abduzca	abduzca	abdujera-jese	abdujere
abduzcamos	abduzcamos	abdujéramos-jésemos	abdujéremos
abducid	abduzcáis	abdujerais-jeseis	abdujereis
abduzcan	abduzcan	abdujeran-jesen	abdujeren
	abierre	aberrara-ase	aberrare
abierra	abierres	aberraras-ases	aberrares
abierre	abierre	aberrara-ase	aberrare
aberremos	aberremos	aberráramos-ásemos	aberráremos
aberrad	aberréis	aberrarais-aseis	aberrareis
abierren	abierren	aberraran-asen	aberraren
	ablandezca	ablandeciera-iese	ablandeciere
ablandece	ablandezcas	ablandecieras-ieses	ablandecieres
ablandezca	ablandezca	ablandeciera-iese	ablandeciere
ablandezcamos	ablandezcamos	ablandeciéramos-iésemos	ablandeciéremos
ablandeced	ablandezcáis	ablandecierais-ieseis	ablandeciereis
ablandezcan	ablandezcan	ablandecieran-iesen	ablandecieren
	abniegue	abnegara-ase	abnegare
abniega	abniegues	abnegaras-ases	abnegares
abniegue	abniegue	abnegara-ase	abnegare
abneguemos	abneguemos	abnegáramos-ásemos	abnegáremos
abnegad	abneguéis	abnegarais-aseis	abnegareis
abnieguen	abnieguen	abnegaran-asen	abnegaren
		aboliera-iese	aboliere
		abolieras-ieses	abolieres
		aboliera-iese	aboliere
		aboliéramos-iésemos	aboliéremos
abolid		abolierais-ieseis	aboliereis
		abolieran-iesen	abolieren

---

abigarrar abirritar abisagrar abiselar abismar abisternar abistuar abitar abizcochar
abjurar ablactar ablandar ablaquear ablegar ablendar ablucar abobar abocadar aboca-
dear abocar abocardar abocelar abocetar abocinar abochornar abofetear abogadear abogar
abollar abollonar abombar abominar abonanzar abonar aboquillar abordar aborrascarse

* *Defectivo, úsase sólo en infinitivo, y en singular y plural de la 2.ª persona del imperativo.*

INFINITIVO	INDICATIVO			POTENCIAL
simple	presente	pret. indefinido	fut. imperfecto	simple o imp.
ABORRECER aborreciendo aborrecido	aborrezco aborreces aborrece aborrecemos aborrecéis aborrecen	aborrecí aborreciste aborreció aborrecimos aborrecisteis aborrecieron	aborreceré aborrecerás aborrecerá aborreceremos aborreceréis aborrecerán	aborrecería aborrecerías aborrecería aborreceríamos aborreceríais aborrecerían
ABRAVECER abraveciendo abravecido	abravezco abraveces abravece abravecemos abravecéis abravecen	abravecí abraveciste abraveció abravecimos abravecisteis abravecieron	abraveceré abravecerás abravecerá abraveceremos abraveceréis abravecerán	abravecería abravecerías abravecería abraveceríamos abraveceríais abravecerían
ABRIR abriendo abierto	abro abres abre abrimos abrís abren	abrí abriste abrió abrimos abristeis abrieron	abriré abrirás abrirá abriremos abriréis abrirán	abriría abrirías abriría abriríamos abriríais abrirían
ABSOLVER absolviendo absuelto	absuelvo absuelves absuelve absolvemos absolvéis absuelven	absolví absolviste absolvió absolvimos absolvisteis absolvieron	absolveré absolverás absolverá absolveremos absolveréis absolverán	absolvería absolverías absolvería absolveríamos absolveríais absolverían
ABUÑOLAR abuñolando abuñolado	abuñuelo abuñuelas abuñuela abuñolamos abuñoláis abuñuelan	abuñolé abuñolaste abuñoló abuñolamos abuñolasteis abuñolaron	abuñolaré abuñolarás abuñolará abuñolaremos abuñolaréis abuñolarán	abuñolaría abuñolarías abuñolaría abuñolaríamos abuñolaríais abuñolarían
ACAECER acaeciendo acaecido	acaece acaecen	acaeció acaecieron	acaecerá acaecerán	acaecería acaecerían

---

abs|tener   abs|traer   a|caer

aborregarse   aborricarse   aborrugarse   abortar   aborujar   abostezar   abotagarse   abotargarse
abotijarse   abotonar   abovedar   aboyar   abozalar   abozar   abrahonar   abrasar   abrazar   abre-
tonar   abrevar   abreviar   abribonarse   abrigar   abrillantar   abriolar   abroarse   abrocalar   abrocar
abrochar   abrogar   abromarse   abroncar   abroquelar   abrotoñar   abrumar   abrutar   abruzarse
absorber   absterger   abubarse   abuchear   abulagar   abultar   abundar   abuñuelar   aburar   aburelar
aburrarse   aburrir   aburujar   aburujonar   abusar   acabalar   acaballar   acaballerar   acaballonar
acabañar   acabar   acabelar   acabestrar   acabestrillar   acabildar   acachetar   acachetear   aca-
demizar   acadenillar   acafelar   acalabazarse   acalabrotar   acalambrarse   acalandrar   acaldar

IMPERATIVO	SUBJUNTIVO		
presente	presente	pretérito imperfecto	fut. imperfecto
	aborrezca	aborreciera-iese	aborreciere
aborrece	aborrezcas	aborrecieras-ieses	aborrecieres
aborrezca	aborrezca	aborreciera-iese	aborreciere
aborrezcamos	aborrezcamos	aborreciéramos-iésemos	aborreciéremos
aborreced	aborrezcáis	aborrecierais-ieseis	aborreciereis
aborrezcan	aborrezcan	aborrecieran-iesen	aborrecieren
	abravezca	abraveciera-iese	abraveciere
abravece	abravezcas	abravecieras-ieses	abravecieres
abravezca	abravezca	abraveciera-iese	abraveciere
abravezcamos	abravezcamos	abraveciéramos-iésemos	abraveciéremos
abraveced	abravezcáis	abravecierais-ieseis	abraveciereis
abravezcan	abravezcan	abravecieran-iesen	abravecieren
	abra	abriera-iese	abriere
abre	abras	abrieras-ieses	abrieres
abra	abra	abriera-iese	abriere
abramos	abramos	abriéramos-iésemos	abriéremos
abrid	abráis	abrierais-ieseis	abriereis
abran	abran	abrieran-iesen	abrieren
	absuelva	absolviera-iese	absolviere
absuelve	absuelvas	absolvieras-ieses	absolvieres
absuelva	absuelva	absolviera-iese	absolviere
absolvamos	absolvamos	absolviéramos-iésemos	absolviéremos
absolved	absolváis	absolvierais-ieseis	absolviereis
absuelvan	absuelvan	absolvieran-iesen	absolvieren
	abuñuele	abuñolara-ase	abuñolare
abuñuela	abuñueles	abuñolaras-ases	abuñolares
abuñuele	abuñuele	abuñolara-ase	abuñolare
abuñolemos	abuñolemos	abuñoláramos-ásemos	abuñoláremos
abuñolad	abuñoléis	abuñolarais-aseis	abuñolareis
abuñuelen	abuñuelen	abuñolaran-asen	abuñolaren
acaezca	acaezca	acaeciera-iese	acaeciere
acaezcan	acaezcan	acaecieran-iesen	acaecieren

acalenturarse acalorar acalorearse acallantar acallar acamaleonarse acamar acamastronarse acampanar acampar acanalar acanastillar acancerarse acanchar acandilar acangrenarse acanogar acantalear acantarar acantilar acantonar acañaverear acañonear acaparar acaparrar acaparrarse acapizarse acarabear acaramelar acarar acardenalar acarear acariciar acarnazarse acarralar acarrarse acarrazar acarrear acartonar acaserarse acatar acatarrarse acaudalar acaudillar acceder accidentalizar accidentar accidentarse accionar acebadar acecinar acechar acedar aceitar acelajarse acelerar acendrar acenefar acensuar acentuar acepar acepillar aceptar aceptilar acequiar acerar acercar

INFINITIVO	INDICATIVO			POTENCIAL
simple	presente	pret. indefinido	fut. imperfecto	simple o imp.
ACERTAR acertando acertado	acierto aciertas acierta acertamos acertáis aciertan	acerté acertaste acertó acertamos acertasteis acertaron	acertaré acertarás acertará acertaremos acertaréis acertarán	acertaría acertarías acertaría acertaríamos acertaríais acertarían
ACLARECER aclareciendo aclarecido	aclarezco aclareces aclarece aclarecemos aclarecéis aclarecen	aclarecí aclareciste aclareció aclarecimos aclarecisteis aclarecieron	aclareceré aclarecerás aclarecerá aclareceremos aclareceréis aclarecerán	aclarecería aclarecerías aclarecería aclareceríamos aclareceríais aclarecerían
ACLOCAR aclocando aclocado	aclueco acluecas aclueca aclocamos aclocáis acluecan	acloqué aclocaste aclocó aclocamos aclocasteis aclocaron	aclocaré aclocarás aclocará aclocaremos aclocaréis aclocarán	aclocaría aclocarías aclocaría aclocaríamos aclocaríais aclocarían
ACOLLAR acollando acollado	acuello acuellas acuella acollamos acolláis acuellan	acollé acollaste acolló acollamos acollasteis acollaron	acollaré acollarás acollará acollaremos acollaréis acollarán	acollaría acollarías acollaría acollaríamos acollaríais acollarían
ACOMEDIRSE acomediéndose acomedido	acomido acomides acomide acomedimos acomedís acomiden	acomedí acomediste acomidió acomedimos acomedisteis acomidieron	acomediré acomedirás acomedirá acomediremos acomediréis acomedirán	acomediría acomedirías acomediría acomediríamos acomediríais acomedirían
ACONTECER aconteciendo acontecido	acontece acontecen	aconteció acontecieron	acontecerá acontecerán	acontecería acontecerían
ACORDAR acordando acordado	acuerdo acuerdas acuerda acordamos acordáis acuerdan	acordé acordaste acordó acordamos acordasteis acordaron	acordaré acordarás acordará acordaremos acordaréis acordarán	acordaría acordarías acordaría acordaríamos acordaríais acordarían

acernadar acerrar acerrojar acervar acetificar acetrinar acetrinarse acezar acibarar
aciberar acicalar acidificar acidular aciguatar acimbogar acinar acincelar acingar
aclamar aclarar aclavelarse aclimatar acobardar acocarse acocear acoclar acocotar
acocharse acochinar acodalar acodar acoderar acodiciar acodillar acoger acogollar

IMPERATIVO	SUBJUNTIVO		
presente	presente	pretérito imperfecto	fut. imperfecto
	acierte	acertara-ase	acertare
acierta	aciertes	acertaras-ases	acertares
acierte	acierte	acertara-ase	acertare
acertemos	acertemos	acertáramos-ásemos	acertáremos
acertad	acertéis	acertarais-aseis	acertareis
acierten	acierten	acertaran-asen	acertaren
	aclarezca	aclareciera-iese	aclareciere
aclarece	aclarezcas	aclarecieras-ieses	aclarecieres
aclarezca	aclarezca	aclareciera-iese	aclareciere
aclarezcamos	aclarezcamos	aclareciéramos-iésemos	aclareciéremos
aclareced	aclarezcáis	aclarecierais-ieseis	aclareciereis
aclarezcan	aclarezcan	aclarecieran-iesen	aclarecieren
	aclueque	aclocara-ase	aclocare
aclueca	aclueques	aclocaras-ases	aclocareś
aclueque	aclueque	aclocara-ase	aclocare
acloquemos	acloquemos	aclocáramos-ásemos	aclocáremos
aclocad	acloquéis	aclocarais-aseis	aclocareis
acluequen	acluequen	aclocaran-asen	aclocaren
	acuelle	acollara-ase	acollare
acuella	acuelles	acollaras-ases	acollares
acuelle	acuelle	acollara-ase	acollare
acollemos	acollemos	acolláramos-ásemos	acolláremos
acollad	acolléis	acollarais-aseis	acollareis
acuellen	acuellen	acollaran-asen	acollaren
	acomida	acomidiera-iese	acomidiere
acomide	acomidas	acomidieras-ieses	acomidieres
acomida	acomida	acomidiera-iese	acomidiere
acomidamos	acomidamos	acomidiéramos-iésemos	acomidiéremos
acomedid	acomidáis	acomidierais-ieseis	acomidiereis
acomidan	acomidan	acomidieran-iesen	acomidieren
acontezca	acontezca	aconteciera-iese	aconteciere
acontezcan	acontezcan	acontecieran-iesen	acontecieren
	acuerde	acordara-ase	acordare
acuerda	acuerdes	acordaras-ases	acordares
acuerde	acuerde	acordara-ase	acordare
acordemos	acordemos	acordáramos-ásemos	acordáremos
acordad	acordéis	acordarais-aseis	acordareis
acuerden	acuerden	acordaran-asen	acordaren

acogombrar acogotar acohombrar acojinar acolar acolchar acolchonar acolgar acollarar
acollonar acombar acometer acomodar acompañar acompasar acomunalar acomunarse
aconchabarse aconchar aconchegar acondicionar aconduchar acongojar aconsejar aconso-
nantar acopar acopetar acopiar acoplar acoquinar acorar acorazar acorazonar acorchar.

INFINITIVO	INDICATIVO			POTENCIAL
simple	presente	pret. indefinido	fut. imperfecto	simple o imp.
ACORNAR	acuerno	acorné	acornaré	acornaría
acornando	acuernas	acornaste	acornarás	acornarías
acornado	acuerna	acornó	acornará	acornaría
	acornamos	acornamos	acornaremos	acornaríamos
	acornáis	acornasteis	acornaréis	acornaríais
	acuernan	acornaron	acornarán	acornarían
ACRECENTAR	acreciento	acrecenté	acrecentaré	acrecentaría
acrecentando	acrecientas	acrecentaste	acrecentarás	acrecentarías
acrecentado	acrecienta	acrecentó	acrecentará	acrecentaría
	acrecentamos	acrecentamos	acrecentaremos	acrecentaríamos
	acrecentáis	acrecentasteis	acrecentaréis	acrecentaríais
	acrecientan	acrecentaron	acrecentarán	acrecentarían
ADESTRAR	adiestro	adestré	adestraré	adestraría
adiestrando	adiestras	adestraste	adestrarás	adestrarías
adiestrado	adiestra	adestró	adestrará	adestraría
	adestramos	adestramos	adestraremos	adestraríamos
	adestráis	adrestrasteis	adestraréis	adestraríais
	adiestran	adestraron	adestrarán	adestrarían
ADHERECER	adherezco	adherecí	adhereceré	adherecería
adhereciendo	adhereces	adhereciste	adherecerás	adherecerías
adherecido	adherece	adhereció	adherecerá	adherecería
	adherecemos	adherecimos	adhereceremos	adhereceríamos
	adherecéis	adherecisteis	adhereceréis	adhereceríais
	adherecen	adherecieron	adherecerán	adherecerían
ADHERIR	adhiero	adherí	adheriré	adheriría
adhiriendo	adhieres	adheriste	adherirás	adherirías
adherido	adhiere	adhirió	adherirá	adheriría
	adherimos	adherimos	adheriremos	adheriríamos
	adherís	adheristeis	adheriréis	adheriríais
	adhieren	adhirieron	adherirán	adherirían
ADOLECER	adolezco	adolecí	adoleceré	adolecería
adoleciendo	adoleces	adoleciste	adolecerás	adolecerías
adolecido	adolece	adoleció	adolecerá	adolecería
	adolecemos	adolecimos	adoleceremos	adoleceríamos
	adolecéis	adolecisteis	adoleceréis	adoleceríais
	adolecen	adolecieron	adolecerán	adolecerían

a|cortar   a|costar   a|crecer   ada|poner

acorcharse acordelar acordonar acornear acorralar acorrer acorrucarse acortejarse
acorullar acorvar acorzar acosar acostumbrar acotar acoyundar acoyuntar
acreditar acribar acribillar acriollarse acrisolar acristalar acristianar acromatizar
acruñar actitar activar actuar actualizar acuadrellar acuadrillar acuajaronar acuantiar
acuartar acuartarse acuartelar acuarteronar acuartillar acuatizar acubar acubilar acuciar
acuclillarse acucharar acuchillar acuchillear acuchuchar acudir acuerdar acuernar acu-
gular acuitar acular aculebrar aculebrarse aculebrinarse acullillar acullicar acullir
acumbarse acumbrar acumuchar acumular acunar acuñar acurar acurcucharse acurcu-
llarse acurrucarse acurujar acusar achacar achacillarse achaflanar achajuanarse acham-
parse achancar achanchar achangar achantar achantarse achaparrarse achapinarse acharar
acharolar achatar achicar achicopalarse achicharrar achicharronarse achiguar achinar

IMPERATIVO	SUBJUNTIVO		
presente	presente	pretérito imperfecto	fut. imperfecto
	acuerne	acornara-ase	acornare
acuerna	acuernes	acornaras-ases	acornares
acuerne	acuerne	acornara-ase	acornare
acornemos	acornemos	acornáramos-ásemos	acornáremos
acornad	acornéis	acornarais-aseis	acornareis
acuernen	acuernen	acornaran-asen	acornaren
	acreciente	acrecentara-ase	acrecentare
acrecienta	acrecientes	acrecentaras-ases	acrecentares
acreciente	acreciente	acrecentara-ase	acrecentare
acrecentemos	acrecentemos	acrecentáramos-ásemos	acrecentáremos
acrecentad	acrecentéis	acrecentarais-aseis	acrecentareis
acrecienten	acrecienten	acrecentaran-asen	acrecentaren
	adiestre	adestrara-ase	adestrare
adiestra	adiestres	adestraras-ases	adestrares
adiestre	adiestre	adestrara-ase	adestrare
adestremos	adestremos	adestráramos-ásemos	adestráremos
adestrad	adestréis	adestrarais-aseis	adestrareis
adiestren	adiestren	adestraran-asen	adestraren
	adherezca	adhereciera-iese	adhereciere
adherece	adherezcas	adherecieras-ieses	adherecieres
adherezca	adherezca	adhereciera-iese	adhereciere
adherezcamos	adherezcamos	adhereciéramos-iésemos	adhereciéremos
adhereced	adherezcáis	adherecierais-ieseis	adhereciereis
adherezcan	adherezcan	adherecieran-iesen	adherecieren
	adhiera	adhiriera-iese	adhiriere
adhiere	adhieras	adhirieras-ieses	adhirieres
adhiera	adhiera	adhiriera-iese	adhiriere
adhiramos	adhiramos	adhiriéramos-iésemos	adhiriéremos
adherid	adhiráis	adhirierais-ieseis	adhiriereis
adhieran	adhieran	adhirieran-iesen	adhirieren
	adolezca	adoleciera-iese	adoleciere
adolece	adolezcas	adolecieras-ieses	adolecieres
adolezca	adolezca	adoleciera-iese	adoleciere
adolezcamos	adolezcamos	adoleciéramos-iésemos	adoleciéremos
adoleced	adolezcáis	adolecierais-ieseis	adoleciereis
adolezcan	adolezcan	adolecieran-iesen	adolecieren

achinelar achingar achipilcarse achirdar achispar achivatar achocar achocharse acholar acholloncarse achorgornar achubascarse achucutarse achucuyarse achuchar achucharrar achucharse achuicarse achujar achulaparse achularse achunchar achuñuscar achurar achurrascar achurucarse achuzar adamar adamarse adamascar adaptar adargar adarvar adatar adecenar adecentar adecuar adehesar adelantar adelgazar ademar adementar adempribiar adentellar aderezar adeudar adhibir adhortar adiamantar adiar adicionar adiestrar adietar adinerar adintelar adir * adivinar adjetivar adjudicar adjuntar adjurar adminicular administrar admirar admitir adobar adocenar adoctrinar adomiciliar adonarse

*   *Sólo en la frase* adir la herencia.

INFINITIVO	INDICATIVO			POTENCIAL
simple	presente	pret. indefinido	fut. imperfecto	simple o imp.
ADONECER	adonezco	adonecí	adoneceré	adonecería
adoneciendo	adoneces	adoneciste	adonecerás	adonecerías
adonecido	adonece	adoneció	adonecerá	adonecería
	adonecemos	adonecimos	adoneceremos	adoneceríamos
	adonecéis	adonecisteis	adoneceréis	adoneceríais
	adonecen	adonecieron	adonecerán	adonecerían
ADORMECER	adormezco	adormecí	adormeceré	adormecería
adormeciendo	adormeces	adormeciste	adormecerás	adormecerías
adormecido	adormece	adormeció	adormecerá	adormecería
	adormecemos	adormecimos	adormeceremos	adormeceríamos
	adormecéis	adormecisteis	adormeceréis	adormeceríais
	adormecen	adormecieron	adormecerán	adormecerían
ADQUIRIR	adquiero	adquirí	adquiriré	adquiriría
adquiriendo	adquieres	adquiriste	adquirirás	adquirirías
adquirido	adquiere	adquirió	adquirirá	adquiriría
	adquirimos	adquirimos	adquiriremos	adquiriríamos
	adquirís	adquiristeis	adquiriréis	adquiriríais
	adquieren	adquirieron	adquirirán	adquirirían
ADSCRIBIR	adscribo	adscribí	adscribiré	adscribiría
adscribiendo	adscribes	adscribiste	adscribirás	adscribirías
adscrito	adscribe	adscribió	adscribirá	adscribiría
	adscribimos	adscribimos	adscribiremos	adscribiríamos
	adscribís	adscribisteis	adscribiréis	adscribiríais
	adscriben	adscribieron	adscribirán	adscribirían
ADUCIR	aduzco	aduje	aduciré	aduciría
aduciendo	aduces	adujiste	aducirás	aducirías
aducido	aduce	adujo	aducirá	aduciría
	aducimos	adujimos	aduciremos	aduciríamos
	aducís	adujisteis	aduciréis	aduciríais
	aducen	adujeron	aducirán	aducirían
ADVERTIR	advierto	advertí	advertiré	advertiría
advirtiendo	adviertes	advertiste	advertirás	advertirías
advertido	advierte	advirtió	advertirá	advertiría
	advertimos	advertimos	advertiremos	advertiríamos
	advertís	advertisteis	advertiréis	advertiríais
	advierten	advirtieron	advertirán	advertirían
AFEBLECERSE	afeblezco	afeblecí	afebleceré	afeblecería
afebleciéndose	afebleces	afebleciste	afeblecerás	afeblecerías
afeblecido	afeblece	afebleció	afeblecerá	afeblecería
	afeblecemos	afeblecimos	afebleceremos	afebleceríamos
	afeblecéis	afeblecisteis	afebleceréis	afebleceríais
	afeblecen	afeblecieron	afeblecerán	afeblecerían

a|dormir   ad|venir

adonizarse adoptar adoquinar adorar adormilarse adormitarse adornar adosar adrizar
adsorber adstringir aduanar adueñarse adujar adular adulcir adulear adulterar adulzar

IMPERATIVO	SUBJUNTIVO		
presente	presente	pretérito imperfecto	fut. imperfecto
	adonezca	adoneciera-iese	adoneciere
adonece	adonezcas	adonecieras-ieses	adonecieres
adonezca	adonezca	adoneciera-iese	adoneciere
adonezcamos	adonezcamos	adoneciéramos-iésemos	adoneciéremos
adoneced	adonezcáis	adonecierais-ieseis	adoneciereis
adonezcan	adonezcan	adonecieran-iesen	adonecieren
	adormezca	adormeciera-iese	adormeciere
adormece	adormezcas	adormecieras-ieses	adormecieres
adormezca	adormezca	adormeciera-iese	adormeciere
adormezcamos	adormezcamos	adormeciéramos-iésemos	adormeciéremos
adormeced	adormezcáis	adormecierais-ieseis	adormeciereis
adormezcan	adormezcan	adormecieran-iesen	adormecieren
	adquiera	adquiriera-iese	adquiriere
adquiere	adquieras	adquirieras-ieses	adquirieres
adquiera	adquiera	adquiriera-iese	adquiriere
adquiramos	adquiramos	adquiriéramos-iésemos	adquiriéremos
adquirid	adquiráis	adquirierais-ieseis	adquiriereis
adquieran	adquieran	adquirieran-iesen	adquirieren
	adscriba	adscribiera-iese	adscribiere
adscribe	adscribas	adscribieras-ieses	adscribieres
adscriba	adscriba	adscribiera-iese	adscribiere
adscribamos	adscribamos	adscribiéramos-iésemos	adscribiéremos
adscribid	adscribáis	adscribierais-ieseis	adscribiereis
adscriban	adscriban	adscribieran-iesen	adscribieren
	aduzca	adujera-jese	adujere
aduce	aduzcas	adujeras-jeses	adujeres
aduzca	aduzca	adujera-jese	adujere
aduzcamos	aduzcamos	adujéramos-jésemos	adujéremos
aducid	aduzcáis	adujerais-jeseis	adujereis
aduzcan	aduzcan	adujeran-jesen	adujeren
	advierta	advirtiera-iese	advirtiere
advierte	adviertas	advirtieras-ieses	advirtieres
advierta	advierta	advirtiera-iese	advirtiere
advirtamos	advirtamos	advirtiéramos-iésemos	advirtiéremos
advertid	advirtáis	advirtierais-ieseis	advirtiereis
adviertan	adviertan	advirtieran-iesen	advirtieren
	afeblezca	afebleciera-iese	afebleciere
afeblécete	afeblezcas	afeblecieras-ieses	afeblecieres
afeblézcase	afeblezca	afebleciera-iese	afebleciere
afeblezcámonos	afeblezcamos	afebleciéramos-iésemos	afebleciéremos
afebleceos	afeblezcáis	afeblecierais-ieseis	afebleciereis
afeblézcanse	afeblezcan	afeblecieran-iesen	afeblecieren

---

adulzorar   adverar   adverbializar   adverbiar   aechar   aerificar   afabular   afamar   afanar
afargar   afarolarse   afascalar   afear   afectar   afeitar   afelpar   afeminar   aferrojar   aferrucharse

INFINITIVO	INDICATIVO			POTENCIAL
simple	presente	pret. indefinido	fut. imperfecto	simple o imp.
AFERRAR	afierro	aferré	aferraré	aferraría
aferrando	afierras	aferraste	aferrarás	aferrarías
aferrado	afierra	aferró	aferrará	aferraría
	aferramos	aferramos	aferraremos	aferraríamos
	aferráis	aferrasteis	aferraréis	aferraríais
	afierran	aferraron	aferrarán	aferrarían
AFERVENTAR	aferviento	aferventé	aferventaré	aferventaría
aferventando	afervientas	aferventaste	aferventarás	aferventarías
aferventado	afervienta	aferventó	aferventará	aferventaría
	aferventamos	aferventamos	aferventaremos	aferventaríamos
	aferventáis	aferventasteis	aferventaréis	aferventaríais
	afervientan	aferventaron	aferventarán	aferventarían
AFORAR *	afuero	aforé	aforaré	aforaría
aforando	afueras	aforaste	aforarás	aforarías
aforado	afuera	aforó	aforará	aforaría
	aforamos	aforamos	aforaremos	aforaríamos
	aforáis	aforasteis	aforaréis	aforaríais
	afueran	aforaron	aforarán	aforarían
AGORAR	agüero	agoré	agoraré	agoraría
agorando	agüeras	agoraste	agorarás	agorarías
agorado	agüera	agoró	agorará	agoraría
	agoramos	agoramos	agoraremos	agoraríamos
	agoráis	agorasteis	agoraréis	agoraríais
	agüeran	agoraron	agorarán	agorarían
AGRADECER	agradezco	agradecí	agradeceré	agradecería
agradeciendo	agradeces	agradeciste	agradecerás	agradecerías
agradecido	agradece	agradeció	agradecerá	agradecería
	agradecemos	agradecimos	agradeceremos	agradeceríamos
	agradecéis	agradecisteis	agradeceréis	agradeceríais
	agradecen	agradecieron	agradecerán	agradecerían
AGREDIR		agredí	agrediré	agrediría
agrediendo		agrediste	agredirás	agredirías
agredido		agredió	agredirá	agrediría
	agredimos	agredimos	agrediremos	agrediríamos
	agredís	agredisteis	agrediréis	agrediríais
		agredieron	agredirán	agredirían

---

* *de fueros*

---

a|fluir   a|follar

---

afervorar afervorizar afestonar afeudarse afianzar afiar afiblar aficar aficionar afidu-
ciar afiebrarse afielar afijar afilar afiliar afiligranar afillar afinar afincar afirmar
afistular aflautar afligir aflogisticar aflojar aflojarse; aflorar afodar afofar afogar afogarar
afollonar afondar aforar aforrar afortunar afosarse afoscarse afrailar afrancar afrancesar afratelarse afrecharse afrenillar afrentar afreñir afretar africanizar africochar
afrontar afrontilar afuciar afuetar afuetear afufar afusilar afusionar afutrarse afuyentar
agacharparse agachar agafar agalerar agalibar agallarse agamitar agamuzar agangrenarse
agarabar agarbanzar agarbarse agarbillar agarbizonar agarduñar agarrafar agarrar

IMPERATIVO	SUBJUNTIVO		
presente	presente	pretérito imperfecto	fut. imperfecto
	afierre	aferrara-ase	aferrare
afierra	afierres	aferraras-ases	aferrares
afierre	afierre	aferrara-ase	aferrare
aferremos	aferremos	aferráramos-ásemos	aferráremos
aferrad	aferréis	aferrarais-aseis	aferrareis
afierren	afierren	aferraran-asen	aferraren
	aferviente	aferventara-ase	aferventare
afervienta	afervientes	aferventaras-ases	aferventares
aferviente	aferviente	aferventara-ase	aferventare
aferventemos	aferventemos	aferventáramos-ásemos	aferventáremos
aferventad	aferventéis	aferventarais-aseis	aferventareis
afervienten	afervienten	aferventaran-asen	aferventaren
	afuere	aforara-ase	aforare
afuera	afueres	aforaras-ases	aforares
afuere	afuere	aforara-ase	aforare
aforemos	aforemos	aforáramos-ásemos	aforáremos
aforad	aforéis	aforarais-aseis	aforareis
afueren	afueren	aforaran-asen	aforaren
	agüere	agorara-ase	agorare
agüera	agüeres	agoraras-ases	agorares
agüere	agüere	agorara-ase	agorare
agoremos	agoremos	agoráramos-ásemos	agoráremos
agorad	agoréis	agorarais-aseis	agorareis
agüeren	agüeren	agoraran-asen	agoraren
	agradezca	agradeciera-iese	agradeciere
agradece	agradezcas	agradecieras-ieses	agradecieres
agradezca	agradezca	agradeciera-iese	agradeciere
agradezcamos	agradezcamos	agradeciéramos-iésemos	agradeciéremos
agradeced	agradezcáis	agradecierais-ieseis	agradeciereis
agradezcan	agradezcan	agradecieran-iesen	agradecieren
		agrediera-iese	agrediere
		agredieras-ieses	agredieres
		agrediera-iese	agrediere
		agrediéramos-iésemos	agrediéremos
agredid		agredierais-ieseis	agrediereis
		agredieran-iesen	agredieren

agarrochar agarrohar agarrotar agasajar agatizar agavillar agazapar agenciar agerma-
narse agigantar agilitar agilizar agiotar agitanarse agitar aglobar aglomerar aglutinar
agobiar agolar agolpar agolletar agonizar agorgojarse agorronar agostar agotar ‚agracear
agraciar agradar agramar agramilar agrandar agranelar agranitar agranujarse.' agravar
agraviar agrazar agregar agremiar agriar agrietar agrillarse agringarse agrisar agri-
setar agrumar agrupar aguachar aguacharnar aguachinangarse aguachinar aguaitar agualdar
aguamelar aguantar aguar aguarangarse aguaraparse aguardar aguarear aguarecerse
aguasarse aguatarse aguayungar aguazar aguijar aguijonear aguilarse agüizgar agujar

INFINITIVO		INDICATIVO		POTENCIAL
simple	presente	pret. indefinido	fut. imperfecto	simple o imp.
AGUERRIR aguerriendo aguerrido	aguerrimos aguerrís	aguerrí aguerriste aguerrió aguerrimos aguerristeis aguerrieron	aguerriré aguerrirás aguerrirá aguerriremos aguerriréis aguerrirán	aguerriría aguerrirías aguerriría aguerriríamos aguerriríais aguerrirían
AJORAR ajorando ajorado	ajuero ajueras ajuera ajoramos ajoráis ajueran	ajoré ajoraste ajoró ajoramos ajorasteis ajoraron	ajoraré ajorarás ajorará ajoraremos ajoraréis ajorarán	ajoraría ajorarías ajoraría ajoraríamos ajoraríais ajorarían
ALEBRARSE alebrándose alebrado	aliebro aliebras aliebra alebramos alebráis aliebran	alebré alebraste alebró alebramos alebrasteis alebraron	alebraré alebrarás alebrará alebraremos alebraréis alebrarán	alebraría alebrarías alebraría alebraríamos alebraríais alebrarían
ALENTAR alentando alentado	aliento alientas alienta alentamos alentáis alientan	alenté alentaste alentó alentamos alentasteis alentaron	alentaré alentarás alentará alentaremos alentaréis alentarán	alentaría alentarías alentaría alentaríamos alentaríais alentarían
ALMORZAR almorzando almorzado	almuerzo almuerzas almuerza almorzamos almorzáis almuerzan	almorcé almorzaste almorzó almorzamos almorzasteis almorzaron	almorzaré almorzarás almorzará almorzaremos almorzaréis almorzarán	almorzaría almorzarías almorzaría almorzaríamos almorzaríais almorzarían

---

ali|quebrar

agujerar agujerear agujetear aguñar agusanar aguzar ahajar ahaxar ahelear aherrojar aherrumbrar ahervorarse ahidalgar ahijar ahijonear ahilar ahincar ahirmar ahitar ahobachonarse ahocicar ahocinarse ahogar ahojar ahondar ahorcajarse ahorcar ahormar ahornagarse ahornar ahorquillar ahorrar ahoyar ahuchar ahuchear ahuecar ahuerar ahuesarse ahumar ahupar ahusar ahuyentar airar airear aislar ajabardar ajaezar ajamar ajamonarse ajaquecarse ajar ajardinar ajear ajedrezar ajelar ajeniar ajergar ajeriar ajerizar ajesuitar ajetrear ajicarar ajigotar ajilar ajilguerarse ajinar ajironar ajobar ajonjear ajordar ajornalar ajotar ajuanetar ajuarar ajubonar ajudiarse ajuiciar ajumarse ajumplar ajuncar ajunquillar ajustar ajusticiar alabar alabastrar alabear alacanar alaciar alachar alachingar alachinguar aladrar alagar alagartar alagunar alambicar alambrar alampar alancear alandrearse alanzar alaquiar alaquir alardear alargar alaridar alarmar alarse alastrar albanar albanecar albañar albardar albardear albardillar albarrazar albayaldar albear albergar alboguear alborear * alborotar alborozar albuminar alcachofar alcahazar alcahuetar alcahuetear alcaidear alcalecer alcalizar alcatifar alcanforar alcan-

IMPERATIVO	SUBJUNTIVO		
presente	presente	pretérito imperfecto	fut. imperfecto

		aguerriera-iese	aguerriere
		aguerrieras-ieses	aguerrieres
		aguerriera-iese	aguerriere
aguerrid		aguerriéramos-iésemos	aguerriéremos
		aguerrierais-ieseis	aguerriereis
		aguerrieran-iesen	aguerrieren

	ajuere	ajorara-ase	ajorare
ajuera	ajueres	ajoraras-ases	ajorares
ajuere	ajuere	ajorara-ase	ajorare
ajoremos	ajoremos	ajoráramos-ásemos	ajoráremos
ajorad	ajoréis	ajorarais-aseis	ajorareis
ajueren	ajueren	ajoraran-asen	ajoraren

	aliebre	alebrara-ase	alebrare
aliébrate	aliebres	alebraras-ases	alebrares
aliébrese	aliebre	alebrara-ase	alebrare
alebrémonos	alebremos	alebráramos-ásemos	alebráremos
alebraos	alebréis	alebrarais-aseis	alebrareis
aliébrense	aliebren	alebraran-asen	alebraren

	aliente	alentara-ase	alentare
alienta	alientes	alentaras-ases	alentares
aliente	aliente	alentara-ase	alentare
alentemos	alentemos	alentáramos-ásemos	alentáremos
alentad	alentéis	alentarais-aseis	alentareis
alienten	alienten	alentaran-asen	alentaren

	almuerce	almorzara-ase	almorzare
almuerza	almuerces	almorzaras-ases	almorzares
almuerce	almuerce	almorzara-ase	almorzare
almorcemos	almorcemos	almorzáramos-ásemos	almorzáremos
almorzad	almorcéis	almorzarais-aseis	almorzareis
almuercen	almuercen	almorzaran-asen	almorzaren

---

tarillar alcanzar alcatifar alcoholar alcoholizar alcontrizar alcoravisar alcorzar aldabear alear alebrarse alebrastarse alebrestarse alebronar aleccionar alechar alechigar alechugar alechuguinarse alechuzarse alegajar alegar alegorizar alegrar alejandrar alejar alelar alendar alendelar alenguar aleñar aleonar alertar alesnar aletargar aletear aleudar alevinar alfabetizar alfalfar alfar alfarrazar alfeizar alfeñar alfeñicarse alfilerar alfo- liar alfombrar alfonsearse alforjar alforzar algaliar algalibar algaracear algarear algarrobar algebrizar algodonar alhajar alhelear alheñar alherear aliagar aliar alicatar alicortar aliebrarse alienar alifar aligar aligerar alijar alijarar alimentar alimonarse alindar alinderar alindongarse alinear aliñar alionar alisar alistar aliviar aljafitar aljamiar aljofarar aljofifar aljorozar almacenar almacigar almadiar almadiarse almagrar almarbatar almenar almendrar almiarar almibarar almidonar almirantear almizclar almogavarear almohadillar almohazar almonedear alobadarse aloballar alocar alojar

Esencialmente impersonal.

INFINITIVO	INDICATIVO			POTENCIAL
simple	presente	pret. indefinido	fut. imperfecto	simple o imp.
ALOBREGUECER	alobreguezco	alobreguecí	alobregueceré	alobreguecería
alobregueciendo	alobregueces	alobregueciste	alobreguecerás	alobreguecerías
alobreguecido	alobreguece	alobregueció	alobreguecerá	alobreguecería
	alobreguecemos	alobreguecimos	alobregueceremos	alobregueceríamos
	alobreguecéis	alobreguecisteis	alobreguecéréis	alobregueceríais
	alobreguecen	alobreguecieron	alobreguecerán	alobreguecerían
ALONGAR	aluengo	alongué	alongaré	alongaría
alongando	aluengas	alongaste	alongarás	alongarías
alongado	aluenga	alongó	alongará	alongaría
	alongamos	alongamos	alongaremos	alongaríamos
	alongáis	alongasteis	alongaréis	alongaríais
	aluengan	alongaron	alongarán	alongarían
ALOQUECER	aloquezco	aloquecí	aloqueceré	aloquecería
aloqueciendo	aloqueces	aloqueciste	aloquecerás	aloquecerías
aloquecido	aloquece	aloqueció	aloquecerá	aloquecería
	aloquecemos	aloquecimos	aloqueceremos	aloqueceríamos
	aloquecéis	aloquecisteis	aloqueceréis	aloqueceríais
	aloquecen	aloquecieron	aloquecerán	aloquecerían
ALTIVECER	altivezco	altivecí	altiveceré	altivecería
altiveciendo	altiveces	altiveciste	altivecerás	altivecerías
altivecido	altivece	altiveció	altivecerá	altivecería
	altivecemos	altivecimos	altiveceremos	altiveceríamos
	altivecéis	altivecisteis	altiveceréis	altiveceríais
	altivecen	altivecieron	altivecerán	altivecerían
AMANECER				
amaneciendo				
amanecido	amanece	amaneció	amanecerá	amanecería
AMARECER	amarezco	amarecí	amareceré	amarecería
amareciendo	amareces	amareciste	amarecerás	amarecerías
amarecido	amarece	amareció	amarecerá	amarecería
	amarecemos	amarecimos	amareceremos	amareceríamos
	amarecéis	amarecisteis	amareceréis	amareceríais
	amarecen	amarecieron	amarecerán	amarecerían
AMARILLECER	amarillezco	amarillecí	amarilleceré	amarillecería
amarilleciendo	amarilleces	amarilleciste	amarillecerás	amarillecerías
amarillecido	amarillece	amarilleció	amarillecerá	amarillecería
	amarillecemos	amarillecimos	amarilleceremos	amarilleceríamos
	amarillecéis	amarillecisteis	amarilleceréis	amarilleceríais
	amarillecen	amarillecieron	amarillecerán	amarillecerían

alojarse alollar alomar alonar alorarse alotar aloyar alpargatar alquilar alquitarar
alquitranar altar altear alterar altercar alternar altibajar altivar aluciar alucinar aludir
alufrar alugar alujar alumbrar alunar alungar alungir alunizar alustrar aluzar alza-
primar alzar allamararse allanar allegar amacizar amacollarse amachambrar amacham-
brarse amachetar amachetear amachinarse amadamarse amadizar amadrigar amadrinar

IMPERATIVO	SUBJUNTIVO		
presente	**presente**	**pretérito imperfecto**	**fut. imperfecto**
	alobreguezca	alobregueciera-iese	alobregueciere
alobreguece	alobreguezcas	alobreguecieras-ieses	alobreguecieres
alobreguezca	alobreguezca	alobregueciera-iese	alobregueciere
alobreguecemos	alobreguezcamos	alobregueciéramos-iésemos	alobregueciéremos
alobregueced	alobreguezcáis	alobreguecierais-ieseis	alobregueciereis
alobreguezcan	alobreguezcan	alobreguecieran-iesen	alobreguecieren
	aluengue	alongara-ase	alongare
aluenga	aluengues	alongaras-ases	alongares
aluengue	aluengue	alongara-ase	alongare
alonguemos	alonguemos	alongáramos-ásemos	alongáremos
alongad	alonguéis	alongarais-aseis	alongareis
aluenguen	aluenguen	alongaran-asen	alongaren
	aloquezca	aloqueciera-iese	aloqueciere
aloquece	aloquezcas	aloquecieras-ieses	aloquecieres
aloquezca	aloquezca	aloqueciera-iese	aloqueciere
aloquezcamos	aloquezcamos	aloqueciéramos-iésemos	aloqueciéremos
aloqueced	aloquezcáis	aloquecierais-ieseis	aloqueciereis
aloquezcan	aloquezcan	aloquecieran-iesen	aloquecieren
	altivezca	altiveciera-iese	altiveciere
altivece	altivezcas	altivecieras-ieses	altivecieres
altivezca	altivezca	altiveciera-iese	altiveciere
altivezcamos	altivezcamos	altiveciéramos-iésemos	altiveciéremos
altiveced	altivezcáis	altivecierais-ieseis	altiveciereis
altivezcan	altivezcan	altivecieran-iesen	altivecieren
	amanezca	amaneciera-iese	amaneciere
	amarezca	amareciera-iese	amareciere
amarece	amarezcas	amarecieras-ieses	amarecieres
amarezca	amarezca	amareciera-iese	amareciere
amarezcamos	amarezcamos	amareciéramos-iésemos	amareciéremos
amareced	amarezcáis	amarecierais-ieseis	amareciereis
amarezcan	amarezcan	amarecieran-iesen	amarecieren
	amarillezca	amarilleciera-iese	amarilleciere
amarillece	amarillezcas	amarillecieras-ieses	amarillecieres
amarillezca	amarillezca	amarilleciera-iese	amarilleciere
amarillezcamos	amarillezcamos	amarilleciéramos-iésemos	amarilleciéremos
amarilleced	amarillezcáis	amarillecierais-ieseis	amarilleciereis
amarillezcan	amarillezcan	amarillecieran-iesen	amarillecieren

---

amaestrar   amagallarse   amagar   amainar   amaitinar   amajadar   amalayar   amalditarse
amalgamar   amalhayar   amalignarse   amalvezarse   amalladar   amalladarse   amamantar   aman-
cebarse   amancillar   amanear   amanejar amanerar   amansar   amantar   amantillar   amanzanar
amañar   amapolarse   amar   amarar   amargar   amarguear   amargujear   amarillear   amarinar
amarrar   amartelar   amartillar   amasar   amayorazgar   amazacotar   amabarar   ambicionar

INFINITIVO	INDICATIVO			POTENCIAL
simple	presente	pret. indefinido	fut. imperfecto	simple o imp.
AMENTAR	amiento	amenté	amentaré	amentaría
amentando	amientas	amentaste	amentarás	amentarías
amentado	amienta	amentó	amentará	amentaría
	amentamos	amentamos	amentaremos	amentaríamos
	amentáis	amentasteis	amentaréis	amentaríais
	amientan	amentaron	amentarán	amentarían
AMOBLAR	amueblo	amoblé	amoblaré	amoblaría
amoblando	amueblas	amoblaste	amoblarás	amoblarías
amoblado	amuebla	amobló	amoblará	amoblaría
	amoblamos	amoblamos	amoblaremos	amoblaríamos
	amobláis	amoblasteis	amoblaréis	amoblaríais
	amueblan	amoblaron	amoblarán	amoblarían
AMODORRECER	amodorrezco	amodorrecí	amodorreceré	amodorrecería
amodorreciendo	amodorreces	amodorreciste	amodorrecerás	amodorrecerías
amodorrecido	amodorrece	amodorreció	amodorrecerá	amodorrecería
	amodorrecemos	amodorrecimos	amodorreceremos	amodorreceríamos
	amodorrecéis	amodorrecisteis	amodorreceréis	amodorreceríais
	amodorrecen	amodorrecieron	amodorrecerán	amodorrecerían
AMOHECER	amohezco	amohecí	amoheceré	amohecería
amoheciendo	amoheces	amoheciste	amohecerás	amohecerías
amohecido	amohece	amoheció	amohecerá	amohecería
	amohecemos	amohecimos	amoheceremos	amoheceríamos
	amohecéis	amohecisteis	amoheceréis	amoheceríais
	amohecen	amohecieron	amohecerán	amohecerían
AMOLAR	amuelo	amolé	amolaré	amolaría
amolando	amuelas	amolaste	amolarás	amolarías
amolado	amuela	amoló	amolará	amolaría
	amolamos	amolamos	amolaremos	amolaríamos
	amoláis	amolasteis	amolaréis	amolaríais
	amuelan	amolaron	amolarán	amolarían
AMOLLECER	amollezco	amollecí	amolleceré	amollecería
amolleciendo	amolleces	amolleciste	amollecerás	amollecerías
amollecido	amollece	amolleció	amollecerá	amollecería
	amollecemos	amollecimos	amolleceremos	amolleceríamos
	amollecéis	amollecisteis	amolleceréis	amolleceríais
	amollecen	amollecieron	amollecerán	amollecerían
AMORECER	amorezco	amorecí	amoreceré	amorecería
amoreciendo	amoreces	amoreciste	amorecerás	amorecerías
amorecido	amorece	amoreció	amorecerá	amorecería
	amorecemos	amorecimos	amoreceremos	amoreceríamos
	amorecéis	amorecisteis	amoreceréis	amoreceríais
	amorecen	amorecieron	amorecerán	amorecerían

amblar ambular amecer amechar amedrentar amelcochar amelgar amellar amenazar
amenguar amenizar amenorar amenorgar amerar americanizar ametrallar amezquinarse
amigar amilanar amillarar amillonar aminorar amistar amnistiar amodorrar amohinar

IMPERATIVO	SUBJUNTIVO		
presente	presente	pretérito imperfecto	fut. imperfecto
	amiente	amentara-ase	amentare
amienta	amientes	amentaras-ases	amentares
amiente	amiente	amentara-ase	amentare
amentemos	amentemos	amentáramos-ásemos	amentáremos
amentad	amentéis	amentarais-aseis	amentareis
amienten	amienten	amentaran-asen	amentaren
	amueble	amoblara-ase	amoblare
amuebla	amuebles	amoblaras-ases	amoblares
amueble	amueble	amoblara-ase	amoblare
amoblemos	amoblemos	amobláramos-ásemos	amobláremos
amoblad	amobléis	amoblarais-aseis	amoblareis
amueblen	amueblen	amoblaran-asen	amoblaren
	amodorrezca	amodorreciera-iese	amodorreciere
amodorrece	amodorrezcas	amodorrecieras-ieses	amodorrecieres
amodorrezca	amodorrezca	amodorreciera-iese	amodorreciere
amodorrezcamos	amodorrezcamos	amodorreciéramos-iésemos	amodorreciéremos
amodorreced	amodorrezcáis	amodorrecierais-ieseis	amodorreciereis
amodorrezcan	amodorrezcan	amodorrecieran-iesen	amodorrecieren
	amohezca	amoheciera-iese	amoheciere
amohece	amohezcas	amohecieras-ieses	amohecieres
amohezca	amohezca	amoheciera-iese	amoheciere
amohezcamos	amohezcamos	amoheciéramos-iésemos	amoheciéremos
amoheced	amohezcáis	amohecierais-ieseis	amoheciereis
amohezcan	amohezcan	amohecieran-iesen	amohecieren
	amuele	amolara-ase	amolare
amuela	amueles	amolaras-ases	amolares
amuele	amuele	amolara-ase	amolare
amolemos	amolemos	amoláramos-ásemos	amoláremos
amolad	amoléis	amolarais-aseis	amolareis
amuelen	amuelen	amolaran-asen	amolaren
	amollezca	amolleciera-iese	amolleciere
amollece	amollezcas	amollecieras-ieses	amollecieres
amollezca	amollezca	amolleciera-iese	amolleciere
amollezcamos	amollezcamos	amolleciéramos-iésemos	amolleciéremos
amolleced	amollezcáis	amollecierais-ieseis	amolleciereis
amollezcan	amollezcan	amollecieran-iesen	amollecieren
	amorezca	amoreciera-iese	amoreciere
amorece	amorezcas	amorecieras-ieses	amorecieres
amorezca	amorezca	amoreciera-iese	amoreciere
amorezcamos	amorezcamos	amoreciéramos-iésemos	amoreciéremos
amoreced	amorezcáis	amorecierais-ieseis	amoreciereis
amorezcan	amorezcan	amorecieran-iesen	amorecieren

amojamar amojelar amojonar amoldar amolelar amollar amollentar amonedar amonestar amontar amontazgar amontonar amoñar amoratar amordazar amorenar amorgar amorgonar amorrar amorronar amorrongarse amortajar amortar amortiguar amortizar

INFINITIVO	INDICATIVO			POTENCIAL
simple	presente	pret. indefinido	fut. imperfecto	simple o imp.
AMORTECER	amortezco	amortecí	amorteceré	amortecería
amorteciendo	amorteces	amorteciste	amortecerás	amortecerías
amortecido	amortece	amorteció	amortecerá	amortecería
	amortecemos	amortecimos	amorteceremos	amorteceríamos
	amortecéis	amortecisteis	amorteceréis	amorteceríais
	amortecen	amortecieron	amortecerán	amortecerían
ANDAR	ando	anduve	andaré	andaría
andando	andas	anduviste	andarás	andarías
andado	anda	anduvo	andará	andaría
	andamos	anduvimos	andaremos	andaríamos
	andáis	anduvisteis	andaréis	andaríais
	andan	anduvieron	andarán	andarían
ANEBLAR	anieblo	aneblé	aneblaré	aneblaría
aneblando	anieblas	aneblaste	aneblarás	aneblarías
aneblado	aniebla	anebló	aneblará	aneblaría
	aneblamos	aneblamos	aneblaremos	aneblaríamos
	anebláis	aneblasteis	aneblaréis	aneblaríais
	anieblan	aneblaron	aneblarán	aneblarían
ANOCHECER				
anocheciendo				
anochecido	anochece	anocheció	anochecerá	anochecería
ANTEDECIR	antedigo	antedije	antedeciré	antedeciría
antediciendo	antedices	antedijiste	antedecirás	antedecirías
antedicho	antedice	antedijo	antedecirá	antedeciría
	antedecimos	antedijimos	antedeciremos	antedeciríamos
	antedecís	antedijisteis	antedeciréis	antedeciríais
	antedicen	antedijeron	antedecirán	antedecirían
ANTEFERIR	antefiero	anteferí	anteferiré	anteferiría
antefiriendo	antefieres	anteferiste	anteferirás	anteferirías
anteferido	antefiere	anteferió	anteferirá	anteferiría
	anteferimos	anteferimos	anteferiremos	anteferiríamos
	anteferís	anteferisteis	anteferiréis	anteferiríais
	antefieren	anteferieron	anteferirán	anteferirían
APACENTAR	apaciento	apacenté	apacentaré	apacentaría
apacentando	apacientas	apacentaste	apacentarás	apacentarías
apacentado	apacienta	apacentó	apacentará	apacentaría
	apacentamos	apacentamos	apacentaremos	apacentaríamos
	apacentáis	apacentasteis	apacentaréis	apacentaríais
	apacientan	apacentaron	apacentarán	apacentarían

a|mover a|nacer ante|poner ante|ver

amoscar amosquear amostazar amotinar amparar ampiar ampielar ampliar amplificar ampollar amprar ampuchar amputar amueblar amufar amugronar amujar amular amullicar amunicionar amunucarse amuñijar amurallar amurar amurcar amurillar amurrarse amurriarse amusgar amustiar anadear anadiar anagramatizar analizar anarquizar anascotar anastomosarse anatematizar anatomizar ancarse anclar ancorar anchar andamiar andaranguear andigar andonear andorrear anear aneciarse anedir anegar anestesiar anexar anexionar angarillar angarillear angelizar angostar angustiar anhelar anieblar

IMPERATIVO	SUBJUNTIVO		
presente	presente	pretérito imperfecto	fut. imperfecto
	amortezca	amorteciera-iese	amorteciere
amortece	amortezcas	amortecieras-ieses	amortecieres
amortezca	amortezca	amorteciera-iese	amorteciere
amortezcamos	amortezcamos	amorteciéramos-iésemos	amorteciéremos
amorteced	amortezcáis	amortecierais-ieseis	amorteciereis
amortezcan	amortezcan	amortecieran-iesen	amortecieren
	ande	anduviera-iese	anduviere
anda	andes	anduvieras-ieses	anduvieres
ande	ande	anduviera-iese	anduviere
andemos	andemos	anduviéramos-iésemos	anduviéremos
andad	andéis	anduvierais-ieseis	anduviereis
anden	anden	anduvieran-iesen	anduvieren
	aniebla	aneblara-ase	aneblare
aniebla	aniebles	aneblaras-ases	aneblares
aniebla	aniebla	aneblara-ase	aneblare
aneblemos	aneblemos	anebláramos-ásemos	anebláremos
aneblad	anebléis	aneblarais-aseis	aneblareis
anieblen	anieblen	aneblaran-asen	aneblaren
	anochezca	anocheciera-iese	anocheciere
	antediga	antedijera-jese	antedijere
antedí	antedigas	antedijeras-jeses	antedijeres
antediga	antediga	antedijera-jese	antedijere
antedigamos	antedigamos	antedijéramos-jésemos	antedijéremos
antedecid	antedigáis	antedijerais-jeseis	antedijereis
antedigan	antedigan	antedijeran-jesen	antedijeren
	antefiera	antefiriera-iese	antefiriere
antefiere	antefieras	antefirieras-ieses	antefirieres
antefiera	antefiera	antefiriera-iese	antefiriere
antefiramos	antefiramos	antefiriéramos-iésemos	antefiriéremos
anteferid	antefiráis	antefirierais-ieseis	antefiriereis
antefieran	antefieran	antefirieran-iesen	antefirieren
	apaciente	apacentara-ase	apacentare
apacienta	apacientes	apacentaras-ases	apacentares
apaciente	apaciente	apacentara-ase	apacentare
apacentemos	apacentemos	apacentáramos-ásemos	apacentáremos
apacentad	apacentéis	apacentarais-aseis	apacentareis
apacienten	apacienten	apacentaran-asen	apacentaren

anillar animalizar animar animarse aniñarse aniquilar anisar anivelar anivielar anodinar anonadar anotar anquear anquilosar ansiar antagallar antainar antarquearse anteceder antecoger antedatar antenunciar antepagar anticipar anticuar antidatar antiguar antimoniar antipatizar antipocar antojarse antorchar antruejar anublar anudar anular anunciar añadir añascar añejar añilar añorar añublar añudar añuscar añusgar aojar aojusgar aorar aovar aovillar apabilar apabullar apacar apaciguar apachugarse apachurrar apadrinar apadronarse apagar apagullar apaisar apalabrar apalancar apalear apalencarse apandar

INFINITIVO	INDICATIVO			POTENCIAL
simple	presente	pret. indefinido	fut. imperfecto	simple o imp.
APACER	apazco	apací	apaceré	apacería
apaciendo	apaces	apaciste	apacerás	apacerías
apacido	apace	apació	apacerá	apacería
	apacemos	apacimos	apaceremos	apaceríamos
	apacéis	apacisteis	apaceréis	apaceríais
	apacen	apacieron	apacerán	apacerían
APARECER	aparezco	aparecí	apareceré	aparecería
apareciendo	apareces	apareciste	aparecerás	aparecerías
aparecido	aparece	apareció	aparecerá	aparecería
	aparecemos	aparecimos	apareceremos	apareceríamos
	aparecéis	aparecisteis	apareceréis	apareceríais
	aparecen	aparecieron	aparecerán	aparecerían
APERCOLLAR	apercuello	apercollé	apercollaré	apercollaría
apercollando	apercuellas	apercollaste	apercollarás	apercollarías
apercollado	apercuella	apercolló	apercollará	apercollaría
	apercollamos	apercollamos	apercollaremos	apercollaríamos
	apercolláis	apercollasteis	apercollaréis	apercollaríais
	apercuellan	apercollaron	apercollarán	apercollarían
APERNAR	apierno	aperné	apernaré	apernaría
apernando	apiernas	apernaste	apernarás	apernarías
apernado	apierna	apernó	apernará	apernaría
	apernamos	apernamos	apernaremos	apernaríamos
	apernáis	apernasteis	apernaréis	apernaríais
	apiernan	apernaron	apernarán	apernarían
APESCOLLAR	apescuello	apescollé	apescollaré	apescollaría
apescollando	apescuellas	apescollaste	apescollarás	apescollarías
apescollado	apescuella	apescolló	apescollará	apescollaría
	apescollamos	apescollamos	apescollaremos	apescollaríamos
	apescolláis	apescollasteis	apescollaréis	apescollaríais
	apescuellan	apescollaron	apescollarán	apescollarían
APETECER	apetezco	apetecí	apeteceré	apetecería
apeteciendo	apeteces	apeteciste	apetecerás	apetecerías
apetecido	apetece	apeteció	apetecerá	apetecería
	apetecemos	apetecimos	apeteceremos	apeteceríamos
	apetecéis	apetecisteis	apeteceréis	apeteceríais
	apetecen	apetecieron	apetecerán	apetecerían

a|placer   a|plegar   a|poner

apandillar   apandorgarse   apangarse   apantanar   apañar   apañuscar   aparar   aparatar   aparcar
aparear   aparejar   aparentar   aparragarse   aparrar   aparroquianar   aparroquiar   apartar
apartidar   aparvar   apasionar   apatizar   apatronarse   apatuscar   apealar   apear   apechar
apechugar   apedazar   apedrear   apegar   apegualar   apeinazar   apelambrar   apelar   apeldar
apeligrar   apelmazar   apelotonar   apellar   apellidar   apellinarse   apenachar   apenar   apencar
apensionar   apensionarse   apeñuscar   apeonar   apequeñarse   aperar   apercanarse   apercancarse
apercazar   apercibir   aperchar   aperdigar   apergaminarse   apernar   aperrear   aperrillar

IMPERATIVO	SUBJUNTIVO		
presente	presente	pretérito imperfecto	fut. imperfecto
	apazca	apaciera-iese	apaciere
apace	apaces	apacieras-ieses	apacieres
apazca	apazca	apaciera-iese	apaciere
apazcamos	apazcamos	apaciéramos-iésemos	apaciéremos
apaced	apazcáis	apacierais-ieseis	apaciereis
apazcan	apazcan	apacieran-iesen	apacieren
	aparezca	apareciera-iese	apareciere
aparece	aparezcas	aparecieras-ieses	aparecieres
aparezca	aparezca	apareciera-iese	apareciere
aparezcamos	aparezcamos	apareciéramos-iésemos	apareciéremos
apareced	aparezcáis	aparecierais-ieseis	apareciereis
aparezcan	aparezcan	aparecieran-iesen	aparecieren
	apercuelle	apercollara-ase	apercollare
apercuella	apercuelles	apercollaras-ases	apercollares
apercuelle	apercuelle	apercollara-ase	apercollare
apercollemos	apercollemos	apercolláramos-ásemos	apercolláremos
apercollad	apercolléis	apercollarais-aseis	apercollareis
apercuellen	apercuellen	apercollaran-asen	apercollaren
	apierne	apernara-ase	apernare
apierna	apiernes	apernaras-ases	apernares
apierne	apierne	apernara-ase	apernare
apernemos	apernemos	apernáramos-ásemos	apernáremos
apernad	apernéis	apernarais-aseis	apernareis
apiernen	apiernen	apernaran-asen	apernaren
	apescuelle	apescollara-ase	apescollare
apescuella	apescuelles	apescollaras-ases	apescollares
apescuelle	apescuelle	apescollara-ase	apescollare
apescollemos	apescollemos	apescolláramos-ásemos	apescolláremos
apescollad	apescolléis	apescollarais-aseis	apescollareis
apescuellen	apescuellen	apescollaran-asen	apescollaren
	apetezca	apeteciera-iese	apeteciere
apetece	apetezcas	apetecieras-ieses	apetecieres
apetezca	apetezca	apeteciera-iese	apeteciere
apetezcamos	apetezcamos	apeteciéramos-iésemos	apeteciéremos
apeteced	apetezcáis	apetecierais-ieseis	apeteciereis
apetezcan	apetezcan	apetecieran-iesen	apetecieren

apersogar apersonarse apertrechar apesadumbrar apesarar apesgar apestañar apestar apestillar apezonar apezuñar apiadar apicararse apiconar apilar apilguarse apilonar apimpollarse apiñar apiolar apiparse apiramidar apirguinarse apitonar aplacar aplagar aplanar aplanchar aplantar aplantillar aplastar aplaudir aplayar aplazar aplebeyar aplicar aplomar apocar apocilgarse apocopar apocharse apochinarse apodar apoderar apogear apolillar apolismar apologetizar apologizar apoltronarse apolvillarse apomazar apontocar aponzar apopar aporcar aporismarse aporracear aporrar aporrarse aporratar aporrear

INFINITIVO	INDICATIVO			POTENCIAL
simple	presente	pret. indefinido	fut. imperfecto	simple o imp.
APOQUECER	apoquezco	apoquecí	apoqueceré	apoquecería
apoqueciendo	apoqueces	apoqueciste	apoquecerás	apoquecerías
apoquecido	apoquece	apoqueció	apoquecerá	apoquecería
	apoquecemos	apoquecimos	apoqueceremos	apoqueceríamos
	apoquecéis	apoquecisteis	apoqueceréis	apoqueceríais
	apoquecen	apoquecieron	apoquecerán	apoquecerían
APOSTAR	apuesto	aposté	apostaré	apostaría
apostando	apuestas	apostaste	apostarás	apostarías
apostado	apuesta	apostó	apostará	apostaría
	apostamos	apostamos	apostaremos	apostaríamos
	apostáis	apostasteis	apostaréis	apostaríais
	apuestan	apostaron	apostarán	apostarían
APRETAR	aprieto	apreté	apretaré	apretaría
apretando	aprietas	apretaste	apretarás	apretarías
apretado	aprieta	apretó	apretará	apretaría
	apretamos	apretamos	apretaremos	apretaríamos
	apretáis	apretasteis	apretaréis	apretaríais
	aprietan	apretaron	apretarán	apretarían
APROBAR	apruebo	aprobé	aprobaré	aprobaría
aprobando	apruebas	aprobaste	aprobarás	aprobarías
aprobado	aprueba	aprobó	aprobará	aprobaría
	aprobamos	aprobamos	aprobaremos	aprobaríamos
	aprobáis	aprobasteis	aprobaréis	aprobaríais
	aprueban	aprobaron	aprobarán	aprobarían
ARBOLECER	arbolezco	arbolecí	arboleceré	arbolecería
arboleciendo	arboleces	arboleciste	arbolecerás	arbolecerías
arbolecido	arbolece	arboleció	arbolecerá	arbolecería
	arbolecemos	arbolecimos	arboleceremos	arboleceríamos
	arbolecéis	arbolecisteis	arboleceréis	arboleceríais
	arbolecen	arbolecieron	arbolecerán	arbolecerían
ARBORECER	arborezco	arborecí	arboreceré	arborecería
arboreciendo	arboreces	arboreciste	arborecerás	arborecerías
arborecido	arborece	arboreció	arborecerá	arborecería
	arborecemos	arborecimos	arboreceremos	arboreceríamos
	arborecéis	arborecisteis	arboreceréis	arboreceríais
	arborecen	arborecieron	arborecerán	arborecerían
ARGÜIR	arguyo	argüí	argüiré	argüiría
arguyendo	arguyes	argüiste	argüirás	argüirías
argüido	arguye	arguyó	argüirá	argüiría
	argüimos	argüimos	argüiremos	argüiríamos
	argüís	argüisteis	argüiréis	argüiríais
	arguyen	arguyeron	argüirán	argüirían

a|postar

aporrillarse aportar aportillar aporuñarse aposentar aposesionar apostatar apostemar
apostillar apostillarse apostolizar apostrofar apotenciar apotincar apotrerar apoyar apozarse
apreciar aprehender apremiar aprender aprensar apresar aprestar apresurar apretinar
apretujar apriscar aprisionar aproar aprontar apropiar apropincuarse aprovechar apro-
visionar aproximar aprudentarse apuchinchar apulgarar apulgararse apunarse apunchar

IMPERATIVO	SUBJUNTIVO		
presente	presente	pretérito imperfecto	fut. imperfecto
	apoquezca	apoqueciera-iese	apoqueciere
apoquece	apoquezcas	apoquecieras-ieses	apoquecieres
apoquezca	apoquezca	apoqueciera-iese	apoqueciere
apoquezcamos	apoquezcamos	apoqueciéramos-iésemos	apoqueciéremos
apoqueced	apoquezcáis	apoquecierais-ieseis	apoqueciereis
apoquezcan	apoquezcan	apoquecieran-iesen	apoquecieren
	apueste	apostara-ase	apostare
apuesta	apuestes	apostaras-ases	apostares
apueste	apueste	apostara-ase	apostare
apostemos	apostemos	apostáramos-ásemos	apostáremos
apostad	apostéis	apostarais-aseis	apostareis
apuesten	apuesten	apostaran-asen	apostaren
	apriete	apretara-ase	apretare
aprieta	aprietes	apretaras-ases	apretares
apriete	apriete	apretara-ase	apretare
apretemos	apretemos	apretáramos-ásemos	apretáremos
apretad	apretéis	apretarais-aseis	apretareis
aprieten	aprieten	apretaran-asen	apretaren
	apruebe	aprobara-ase	aprobare
aprueba	apruebes	aprobaras-ases	aprobares
apruebe	apruebe	aprobara-ase	aprobare
aprobemos	aprobemos	aprobáramos-ásemos	aprobáremos
aprobad	aprobéis	aprobarais-aseis	aprobareis
aprueben	aprueben	aprobaran-asen	aprobaren
	arbolezca	arboleciera-iese	arboleciere
arbolece	arbolezcas	arbolecieras-ieses	arbolecieres
arbolezca	arbolezca	arboleciera-iese	arboleciere
arbolezcamos	arbolezcamos	arboleciéramos-iésemos	arboleciéremos
arboleced	arbolezcáis	arbolecierais-ieseis	arboleciereis
arbolezcan	arbolezcan	arbolecieran-iesen	arbolecieren
	arborezca	arboreciera-iese	arboreciere
arborece	arborezcas	arborecieras-ieses	arborecieres
arborezca	arborezca	arboreciera-iese	arboreciere
arborezcamos	arborezcamos	arboreciéramos-iésemos	arboreciéremos
arboreced	arborezcáis	arborecierais-ieseis	arboreciereis
arborezcan	arborezcan	arborecieran-iesen	arborecieren
	arguya	arguyera-yese	arguyere
arguye	arguyas	arguyeras-yeses	arguyeres
arguya	arguya	arguyera-yese	arguyere
arguyamos	arguyamos	arguyéramos-yésemos	arguyéremos
argüid	arguyáis	arguyerais-yeseis	arguyereis
arguyan	arguyan	arguyeran-yesen	arguyeren

apuntalar apuntar apuntillar apuñadar apuñalar apuñalear apuñar apuñear apuñegar apuñuscar
apurar apurrir apurruñar aquebrajar aquebrazarse aquerenciarse aquiescer aquietar
aquilatar aquillar aquistar arabizar arancelar arañar arar arbitrar arbolar arborizar
arcabucear arcaduzar arcaizar arcar arcillar archivar ardalear arder arelar arenar
arencar arengar arenguear arfar argamasar argayar argentar argollar argumentar

INFINITIVO	INDICATIVO			POTENCIAL
simple	presente	pret. indefinido	fut. imperfecto	simple o imp.
ARIDECER	aridezco	aridecí	arideceré	aridecería
arideciendo	arideces	arideciste	aridecerás	aridecerías
aridecido	aridece	arideció	aridecerá	aridecería
	aridecemos	aridecimos	arideceremos	aridecericos
	aridecéis	aridecisteis	arideceréis	arideceríais
	aridecen	aridecieron	aridecerán	aridecerían
ARRECENTAR	arreciento	arrecenté	arrecentaré	arrecentaría
arrecentando	arrecientas	arrecentaste	arrecentarás	arrecentarías
arrecentado	arrecienta	arrecentó	arrecentará	arrecentaría
	arrecentamos	arrecentamos	arrecentaremos	arrecentaríamos
	arrecentáis	arrecentasteis	arrecentaréis	arrecentaríais
	arrecientan	arrecentaron	arrecentarán	arrecentarían
ARRECIR		arrecí	arreciré	arreciría
arreciendo		arreciste	arrecirás	arrecirías
		arreció	arrecirá	arreciría
	arrecimos	arrecimos	arreciremos	arreciríamos
	arrecís	arrecisteis	arreciréis	arreciríais
		arrecieron	arrecirán	arrecirían
ARRENDAR	arriendo	arrendé	arrendaré	arrendaría
arrendando	arriendas	arrendaste	arrendarás	arrendarías
arrendado	arrienda	arrendó	arrendará	arrendaría
	arrendamos	arrendamos	arrendaremos	arrendaríamos
	arrendáis	arrendasteis	arrendaréis	arrendaríais
	arriendan	arrendaron	arrendarán	arrendarían
ARREPENTIRSE	arrepiento	arrepentí	arrepentiré	arrepentiría
arrepintiéndose	arrepientes	arrepentiste	arrepentirás [	arrepentirías
arrepentido	arrepiente	arrepintió	arrepentirá	arrepentiría
	arrepentimos	arrepentimos	arrepentiremos	arrepentiríamos
	arrepentís	arrepentisteis	arrepentiréis	arrepentiríais
	arrepienten	arrepintieron	arrepentirán	arrepentirían
ASCENDER	asciendo	ascendí	ascenderé	ascendería
ascendiendo	asciendes	ascendiste	ascenderás	ascenderías
ascendido	asciende	ascendió	ascenderá	ascendería
	ascendemos	ascendimos	ascenderemos	ascenderíamos
	ascendéis	ascendisteis	ascenderéis	ascenderíais
	ascienden	ascendieron	ascenderán	ascenderían

---

aricar arguellarse arietar arincarse aristocratizar arlar armar armiñar armonizar
aromar aromatizar arpar arpegiar arpiar arpillar arponar arponear arquear arquetar
arrabiatar arracimarse arraezar arraigar arraizar arralar arramblar arrancar arran-
ciarse arranchar arrapar arrasar arrastrar arrear arrebañar arrebatar arrebolar
arrebolarse arrebollarse arrebozar arrebujar arreciar arrechar arrecholarse arrechoncharse
arredilar arredomar arredondear arredrar arregazar arreglar arregostarse arreguerar
arrejacar arrejar arrejerar arrelingarse arrellanarse arremangar arremeter arremingarse
arremolinar arrendar * arrepasar arrepistar arrepollar arrequesonarse arrestar arreta-
carse arrezagar arriar arriatar arribar arriciarse arridar arriendar arriesgar arrimar

IMPERATIVO	SUBJUNTIVO		
presente	presente	pretérito imperfecto	fut. imperfecto
	aridezca	arideciera-iese	arideciere
aridece	aridezcas	aridecieras-ieses	aridecieres
aridezca	aridezca	arideciera-iese	arideciere
aridezcamos	aridezcamos	arideciéramos-iésemos	arideciéremos
arideced	aridezcáis	aridecierais-ieseis	arideciereis
aridezcan	aridezcan	aridecieran-iesen	aridecieren
	arreciente	arrecentara-ase	arrecentare
arrecienta	arrecientes	arrecentaras-ases	arrecentares
arreciente	arreciente	arrecentara-ase	arrecentare
arrecentemos	arrecentemos	arrecentáramos-ásemos	arrecentáremos
arrecentad	arrecentéis	arrecentarais-aseis	arrecentareis
arrecienten	arrecienten	arrecentaran-asen	arrecentaren
		arreciera-iese	arreciere
		arrecieras-ieses	arrecieres
		arreciera-iese	arreciere
		arreciéramos-iésemos	arreciéremos
arrecid		arrecierais-ieseis	arreciereis
		arrecieran-iesen	arrecieren
	arriende	arrendara-ase	arrendare
arrienda	arriendes	arrendaras-ases	arrendares
arriende	arriende	arrendara-ase	arrendare
arrendemos	arrendemos	arrendáramos-ásemos	arrendáremos
arrendad	arrendéis	arrendarais-aseis	arrendareis
arrienden	arrienden	arrendaran-asen	arrendaren
	arrepienta	arrepintiera-iese	arrepintiere
arrepiéntete	arrepientas	arrepintieras-ieses	arrepintieres
arrepiéntase	arrepienta	arrepintiera-iese	arrepintiere
arrepintámonos	arrepintamos	arrepintiéramos-iésemos	arrepintiéremos
arrepentíos	arrepintáis	arrepintierais-ieseis	arrepintiereis
arrepiéntanse	arrepientan	arrepintieran-iesen	arrepintieren
	ascienda	ascendiera-iese	ascendiere
asciende	asciendas	ascendieras-ieses	ascendieres
ascienda	ascienda	ascendiera-iese	ascendiere
ascendamos	ascendamos	ascendiéramos-iésemos	ascendiéremos
ascended	ascendáis	ascendierais-ieseis	ascendiereis
asciendan	asciendan	ascendieran-iesen	ascendieren

arrinconar arriostrar arrisar arriscar arrizar arrobar arrobinar arrobiñar arrocinar arrochelarse arrodajarse arrodear arrodelar arrodillar arrodrigar arrodrigonar arrogar arrojar arrollar arromadizar arromanzar arromar arromper arronar arronzar arropar arrostrar arroscar arroyar arroyarse arruar arrufar arrufianarse arrugar arruinar arrullar arrumar arrumazonarse arrumbar arruncharse arrunflar artesonar articular artigar artillar artizar aruñar asaborgar asacar asaetear asainetear asalariar asalmerar asaltar asaltear asar asear asechar asedar asediar aseglararse aseglarizar asegundar

* *Imitar la voz, modales, etc., de alguien.*

INFINITIVO	INDICATIVO			POTENCIAL
simple	presente	pret. indefinido	fut. imperfecto	simple o imp.
ASEGUIR asiguiendo aseguido	asigo asigues asigue aseguimos aseguís asiguen	aseguí aseguiste asiguió aseguimos aseguisteis asiguieron	aseguiré aseguirás aseguirá aseguiremos aseguiréis aseguirán	aseguiría aseguirías aseguiría aseguiríamos aseguiríais aseguirían
ASENTAR asentando asentado	asiento asientas asienta asentamos asentáis asientan	asenté asentaste asentó asentamos asentasteis asentaron	asentaré asentarás asentará asentaremos asentaréis asentarán	asentaría asentarías asentaría asentaríamos asentaríais asentarían
ASENTIR asintiendo asentido	asiento asientas asienta asentimos asentís asienten	asentí asentiste asintió asentimos asentisteis asintieron	asentiré asentirás asentirá asentiremos asentiréis asentirán	asentiría asentirías asentiría asentiríamos asentiríais asentirían
ASERRAR aserrando aserrado	asierro asierras asierra aserramos aserráis asierran	aserré aserraste aserró aserramos aserrasteis aserraron	aserraré aserrarás aserrará aserraremos aserraréis aserrarán	aserraría aserrarías aserraría aserraríamos aserraríais aserrarían
ASIR asiendo asido	asgo ases ase asimos asís asen	así asiste asió asimos asisteis asieron	asiré asirás asirá asiremos asiréis asirán	asiría asirías asiría asiríamos asiríais asirían
ASOLAR asolando asolado	asuelo asuelas asuela asolamos asoláis asuelan	asolé asolaste asoló asolamos asolasteis asolaron	asolaré asolarás asolará asolaremos asolaréis asolarán	asolaría asolarías asolaría asolaríamos asolaríais asolarían
ASOLDAR asoldando asoldado	asueldo asueldas asuelda asoldamos asoldáis asueldan	asoldé asoldaste asoldó asoldamos asoldasteis asoldaron	asoldaré asoldarás asoldará asoldaremos asoldaréis asoldarán	asoldaría asoldarías asoldaría asoldaríamos asoldaríais asoldarían

asegurar aselarse asemejar asemillar asenderear aseriarse aserenar aserruchar asesar
asesinar asesorar asestar aseverar asfaltar asfixiar asgar asignar asiguatarse asilar
asimilar asistir asnear asobarcar asobiar asobinarse asocairarse asocar asociar aso-

IMPERATIVO	SUBJUNTIVO		
presente	presente	pretérito imperfecto	fut. imperfecto
	asiga	asiguiera-iese	asiguiere
asigue	asigas	asiguieras-ieses	asiguieres
asiga	asiga	asiguiera-iese	asiguiere
asigamos	asigamos	asiguiéramos-iésemos	asiguiéremos
aseguid	asigáis	asiguierais-ieseis	asiguiereis
asigan	asigan	asiguieran-iesen	asiguieren
	asiente	asentara-ase	asentare
asienta	asientes	asentaras-ases	asentares
asiente	asiente	asentara-ase	asentare
asentemos	asentemos	asentáramos-ásemos	asentáremos
asentad	asentéis	asentarais-aseis	asentareis
asienten	asientan	asentaran-asen	asentaren
	asienta	asintiera-iese	asintiere
asiente	asientas	asintieras-ieses	asintieres
asienta	asienta	asintiera-iese	asintiere
asintamos	asintamos	asintiéramos-iésemos	asintiéremos
asentid	asintáis	asintierais-ieseis	asintiereis
asientan	asientan	asintieran-iesen	asintieren
	asierre	aserrara-ase	aserrare
asierra	asierres	aserraras-ases	aserrares
asierre	asierre	aserrara-ase	aserrare
aserremos	aserremos	aserráramos-ásemos	aserráremos
aserrad	aserréis	aserrarais-aseis	aserrareis
asierren	asierren	aserraran-asen	aserraren
	asga	asiera-iese	asiere
ase	asgas	asieras-ieses	asieres
asga	asga	asiera-iese	asiere
asgamos	asgamos	asiéramos-iésemos	asiéremos
asid	asgáis	asierais-ieseis	asiereis
asgan	asgan	asieran-iesen	asieren
	asuele	asolara-ase	asolare
asuela	asueles	asolaras-ases	asolares
asuele	asuele	asolara-ase	asolare
asolemos	asolemos	asoláramos-ásemos	asoláremos
asolad	asoléis	asolarais-aseis	asolareis
asuelen	asuelen	asolaran-asen	asolaren
	asuelde	asoldara-ase	asoldare
asuelda	asueldes	asoldaras-ases	asoldares
asuelde	asuelde	asoldara-ase	asoldare
asoldemos	asoldemos	asoldáramos-ásemos	asoldáremos
asoldad	asoldéis	asoldarais-aseis	asoldareis
asuelden	asuelden	asoldaran-asen	asoldaren

---

lanar asolapar asolar * asolear asomar asollamar asombrar asonantar asordar asorocharse

* *Secar los campos o frutos.*

INFINITIVO	INDICATIVO			POTENCIAL
simple	presente	pret. indefinido	fut. imperfecto	simple o imp.
ASONAR asonando asonado	asueno asuenas asuena asonamos asonáis asuenan	asoné asonaste asonó asonamos asonasteis asonaron	asonaré asonarás asonará asonaremos asonaréis asonarán	asonaría asonarías asonaría asonaríamos asonaríais asonarían
ASPAVENTAR aspaventando aspaventado	aspaviento aspavientas aspavienta aspaventamos aspaventáis aspavientan	aspaventé aspaventaste aspaventó aspaventamos aspaventasteis aspaventaron	aspaventaré aspaventarás aspaventará aspaventaremos aspaventaréis aspaventarán	aspaventaría aspaventarías aspaventaría aspaventaríamos aspaventaríais aspaventarían
ASTREÑIR astreñiendo astreñido	astriño astriñes astriñe astreñimos astreñís astriñen	astreñí astreñiste astriñó astreñimos astreñisteis astriñeron	astreñiré astreñirás astreñirá astreñiremos astreñiréis astreñirán	astreñiría astreñirías astreñiría astreñiríamos astreñiríais astreñirían
ASTRIÑIR astriñendo astriñido	astriño astriñes astriñe astriñimos astriñís astriñen	astriñí astriñiste astriñó astriñimos astriñisteis astriñeron	astriñiré astriñirás astriñirá astriñiremos astriñiréis astriñirán	astriñiría astriñirías astriñiría astriñiríamos astriñiríais astriñirían
ATAÑER atañiendo atañido	atañe atañen	atañó atañeron	atañerá atañerán	atañería atañerían
ATARDECER atardeciendo atardecido	atardece	atardeció	atardecerá	atardecería
ATENDER atendiendo atendido	atiendo atiendes atiende atendemos atendéis atienden	atendí atendiste atendió atendimos atendisteis atendieron	atenderé atenderás atenderá atenderemos atenderéis atenderán	atendería atenderías atendería atenderíamos atenderíais atenderían

asotanar aspar aspear aspearse asperear aspergear asperger aspergiar asperjar aspillear aspirar asquear astear astillar astringir astrolabiar astrologar asubiar asumir asurar asurcar asustar atabalear atabardillarse atabillar atablar atacar atafagar atagallar

IMPERATIVO	SUBJUNTIVO		
presente	presente	pretérito imperfecto	fut. imperfecto
	asuene	asonara-ase	asonare
asuena	asuenes	asonaras-ases	asonares
asuene	asuene	asonara-ase	asonare
asonemos	asonemos	asonáramos-ásemos	asonáremos
asonad	asonéis	asonarais-aseis	asonareis
asuenen	asuenen	asonaran-asen	asonaren
	aspaviente	aspaventara-ase	aspaventare
aspavienta	aspavientes	aspaventaras-ases	aspaventares
aspaviente	aspaviente	aspaventara-ase	aspaventare
aspaventemos	aspaventemos	aspaventáramos-ásemos	aspaventáremos
aspaventad	aspaventéis	aspaventarais-aseis	aspaventareis
aspavienten	aspavienten	aspaventaran-asen	aspaventaren
	astriña	astriñera-ese	astriñere
astriñe	astriñas	astriñeras-eses	astriñeres
astriña	astriña	astriñera-ese	astriñere
astriñamos	astriñamos	astriñéramos-ésemos	astriñéremos
astreñid	astriñáis	astriñerais-eseis	astriñereis
astriñan	astriñan	astriñeran-esen	astriñeren
	astriña	astriñera-ese	astriñere
astriñe	astriñas	astriñeras-eses	astriñeres
astriña	astriña	astriñera-ese	astriñere
astriñamos	astriñamos	astriñéramos-ésemos	astriñéremos
astriñid	astriñáis	astriñerais-eseis	astriñereis
astriñan	astriñan	astriñeran-esen	astriñeren
ataña	ataña	atañera-ese	atañere
atañan	atañan	atañeran-esen	atañeren
atardezca	atardezca	atardeciera-iese	atardeciere
	atienda	atendiera-iese	atendiere
atiende	atiendas	atendieras-ieses	atendieres
atienda	atienda	atendiera-iese	atendiere
atendamos	atendamos	atendiéramos-iésemos	atendiéremos
atended	atendáis	atendierais-ieseis	atendiereis
atiendan	atiendan	atendieran-iesen	atendieren

INFINITIVO	INDICATIVO			POTENCIAL
simple	presente	pret. indefinido	fut. imperfecto	simple o imp.
ATENER	atengo	atuve	atendré	atendría
ateniendo	atienes	atuviste	atendrás	atendrías
atenido	atiene	atuvo	atendrá	atendría
	atenemos	atuvimos	atendremos	atendríamos
	atenéis	atuvisteis	atendréis	atendríais
	atienen	atuvieron	atendrán	atendrían
ATENTAR	atiento	atenté	atentaré	atentaría
atentando	atientas	atentaste	atentarás	atentarías
atentado	atienta	atentó	atentará	atentaría
	atentamos	atentamos	atentaremos	atentaríamos
	atentáis	atentasteis	atentaréis	atentaríais
	atientan	atentaron	atentarán	atentarían
ATERECER	aterezco	aterecí	atereceré	aterecería
atereciendo	atereces	atereciste	aterecerás	aterecerías
aterecido	aterece	atereció	aterecerá	aterecería
	aterecemos	aterecimos	atereceremos	atereceríamos
	aterecéis	aterecisteis	atereceréis	atereceríais
	aterecen	aterecieron	aterecerán	aterecerían
ATERIR		aterí	ateriré	ateriría
ateriendo		ateriste	aterirás	aterirías
aterido		aterió	aterirá	ateriría
	aterimos	aterimos	ateriremos	ateriríamos
	aterís	ateristeis	ateriréis	ateriríais
		aterieron	aterirán	aterirían
ATERNECER	aternezco	aternecí	aterneceré	aternecería
aterneciendo	aterneces	aterneciste	aternecerás	aternecerías
aternecido	aternece	aterneció	aternecerá	aternecería
	aternecemos	aternecimos	aterneceremos	aterneceríamos
	aternecéis	aternecisteis	aterneceréis	aterneceríais
	aternecen	aternecieron	aternecerán	aternecerían
ATERRAR	atierro	aterré	aterraré	aterraría
aterrando	atierras	aterraste	aterrarás	aterrarías
aterrado	atierra	aterró	aterrará	aterraría
	aterramos	aterramos	aterraremos	aterraríamos
	aterráis	aterrasteis	aterraréis	aterraríais
	atierran	aterraron	aterrarán	aterrarían
ATERRECER	aterrezco	aterrecí	aterreceré	aterrecería
aterreciendo	aterreces	aterreciste	aterrecerás	aterrecerías
aterrecido	aterrece	aterreció	aterrecerá	aterrecería
	aterrecemos	aterrecimos	aterreceremos	aterreceríamos
	aterrecéis	aterrecisteis	aterreceréis	aterreceríais
	aterrecen	aterrecieron	aterrecerán	aterrecerían

atemperar	atenacear	atenazar	atenebrarse	atentalar	atentar *	atenuar
ateperetarse	aterrajar	aterrar **	aterrear	aterrerar	aterrillarse	aterrizar

IMPERATIVO	SUBJUNTIVO		
presente	presente	pretérito imperfecto	fut. imperfecto
	atenga	atuviera-iese	atuviere
aten	atengas	atuvieras-ieses	atuvieres
atenga	atenga	atuviera-iese	atuviere
atengamos	atengamos	atuviéramos-iésemos	atuviéremos
atened	atengáis	atuvierais-ieseis	atuviereis
atengan	atengan	atuvieran-iesen	atuvieren
	atiente	atentara-ase	atentare
atienta	atientes	atentaras-ases	atentares
atiente	atiente	atentara-ase	atentare
atentemos	atentemos	atentáramos-ásemos	atentáremos
atentad	atentéis	atentarais-aseis	atentareis
atienten	atienten	atentaran-asen	atentaren
	aterezca	aterciera-iese	atereciere
aterece	aterezcas	aterecieras-ieses	aterecieres
aterezca	aterezca	aterciera-iese	atereciere
aterezcamos	aterezcamos	atereciéramos-iésemos	atereciéremos
atereced	aterezcáis	aterecierais-ieseis	atereciereis
aterezcan	aterezcan	aterecieran-iesen	aterecieren
		ateriera-iese	ateriere
		aterieras-ieses	aterieres
		ateriera-iese	ateriere
		ateriéramos-iésemos	ateriéremos
aterid ,		aterierais-ieseis	ateriereis
		aterieran-iesen	aterieren
	aternezca	aterneciera-iese	aterneciere
aternece	aternezcas	aternecieras-ieses	aternecieres
aternezca	aternezca	aterneciera-iese	aterneciere
aternezcamos	aternezcamos	aterneciéramos-iésemos	aterneciéremos
aterneced	aternezcáis	aternecierais-ieseis	aterneciereis
aternezcan	aternezcan	aternecieran-iesen	aternecieren
	atierre	aterrara-ase	aterrare
atierra	atierres	aterraras-ases	äterrares
atierre	atierre	aterrara-ase	aterrare
aterremos	aterremos	aterráramos-ásemos	aterráremos
aterrad	aterréis	aterrarais-aseis	aterrareis
atierren	atierren	aterraran-asen	aterraren
	aterrezca	aterreciera-iese	aterreciere
aterrece	aterrezcas	aterrecieras-ieses	aterrecieres
aterrezca	aterrezca	aterreciera-iese	aterreciere
aterrezcamos	aterrezcamos	aterreciéramos-iésemos	aterreciéremos
aterreced	aterrezcáis	aterrecierais-ieseis	aterreciereis
aterrezcan	aterrezcan	aterrecieran-iesen	aterrecieren

aterronar   aterrorizar   atesorar   atestar***   atestiguar   atetar   atetillar
*   Contra la vida, propiedad, etc.   ** Aterrorizar. *** Testificar.

INFINITIVO	INDICATIVO			POTENCIAL
simple	presente	pret. indefinido	fut. imperfecto	simple o imp.
ATESAR atesando atesado	atieso atiesas atiesa atesamos atesáis atiesan	atesé atesaste atesó atesamos atesasteis atesaron	atesaré atesarás atesará atesaremos atesaréis atesarán	atesaría atesarías atesaría atesaríamos atesaríais atesarían
ATESTAR atestando atestado	atiesto atiestas atiesta atestamos atestáis atiestan	atesté atestaste atestó atestamos atestasteis atestaron	atestaré atestarás atestará atestaremos atestaréis atestarán	atestaría atestarías atestaría atestaríamos atestaríais atestarían
ATOLLECER atolleciendo atollecido	atollezco atolleces atollece atollecemos atollecéis atollecen	atollecí atolleciste atolleció atollecimos atollecisteis atollecieron	atolleceré atollecerás atollecerá atolleceremos atolleceréis atollecerán	atollecería atollecerías atollecería atolleceríamos atolleceríais atollecerían
ATOMECER atomeciendo atomecido	atomezco atomeces atomece atomecemos atomecéis atomecen	atomecí atomeciste atomeció atomecimos atomecisteis atomecieron	atomeceré atomecerás atomecerá atomeceremos atomeceréis atomecerán	atomecería atomecerías atomecería atomeceríamos atomeceríais atomecerían
ATOMIR atomiendo atomido	atomimos atomís	atomí atomiste atomió atomimos atomisteis atomieron	atomiré atomirás atomirá atomiremos atomiréis atomirán	atomiría atomirías atomiría atomiríamos atomiríais atomirían
ATONTECER atonteciendo atontecido	atontezco atonteces atontece atontecemos atontecéis atontecen	atontecí atonteciste atonteció atontecimos atontecisteis atontecieron	atonteceré atontecerás atontecerá atonteceremos atonteceréis atontecerán	atontecería atontecerías atontecería atonteceríamos atonteceríais atontecerían
ATRAER atrayendo atraído	atraigo atraes atrae atraemos atraéis atraen	atraje atrajiste atrajo atrajimos atrajisteis atrajeron	atraeré atraerás atraerá atraeremos atraeréis atraerán	atraería atraerías atraería atraeríamos atraeríais atraerían

a|torcer

atezar atibar atiborrar atiesar atildar atinar atincar atinconar atingir atiplar atirantar atiriciarse atisbar atizar atizonar atoar atocar atocinar atochar atojar atojinar ato-

IMPERATIVO	SUBJUNTIVO		
presente	presente	pretérito imperfecto	fut. imperfecto
	atiese	atesara-ase	atesare
atiesa	atieses	atesaras-ases	atesares
atiese	atiese	atesara-ase	atesare
atesemos	atesemos	atesáramos-ásemos	atesáremos
atesad	ateséis	atesarais-aseis	atesareis
atiesen	atiesen	atesaran-asen	atesaren
	atieste	atestara-ase	atestare
atiesta	atiestes	atestaras-ases	atestares
atieste	atieste	atestara-ase	atestare
atestemos	atestemos	atestáramos-ásemos	atestáremos
atestad	atestéis	atestarais-aseis	atestareis
atiesten	atiesten	atestaran-asen	atestaren
	atollezca	atolleciera-iese	atolleciere
atollece	atollezcas	atollecieras-ieses	atollecieres
atollezca	atollezca	atolleciera-iese	atolleciere
atollezcamos	atollezcamos	atolleciéramos-iésemos	atolleciéremos
atolleced	atollezcáis	atollecierais-ieseis	atolleciereis
atollezcan	atollezcan	atollecieran-iesen	atollecieren
	atomezca	atomeciera-iese	atomeciere
atomece	atomezcas	atomecieras-ieses	atomecieres
atomezca	atomezca	atomeciera-iese	atomeciere
atomezcamos	atomezcamos	atomeciéramos-iésemos	atomeciéremos
atomeced	atomezcáis	atomecierais-ieseis	atomeciereis
atomezcan	atomezcan	atomecieran-iesen	atomecieren
		atomiera-iese	atomiere
		atomieras-ieses	atomieres
		atomiera-iese	atomiere
		atomiéramos-iésemos	atomiéremos
atomid		atomierais-ieseis	atomiereis
		atomieran-iesen	atomieren
	atontezca	atonteciera-iese	atonteciere
atontece	atontezcas	atontecieras-ieses	atontecieres
atontezca	atontezca	atonteciera-iese	atonteciere
atontezcamos	atontezcamos	atonteciéramos-iésemos	atonteciéremos
atonteced	atontezcáis	atontecierais-ieseis	atonteciereis
atontezcan	atontezcan	atontecieran-iesen	atontecieren
	atraiga	atrajera-jese	atrajere
atrae	atraigas	atrajeras-jeses	atrajeres
atraiga	atraiga	atrajera-jese	atrajere
atraigamos	atraigamos	atrajéramos-jésemos	atrajéremos
atraed	atraigáis	atrajerais-jeseis	atrajereis
atraigan	atraigan	atrajeran-jesen	atrajeren

londrar atollar atomizar atondar atontar atorar atorgar atormentar atornillar atorozo-
narse atortejar atortillar atortojar atortolar atortorar atortujar atosigar atoxicar
atrabancar atracar atrafagar atragantar atraicionar atraillar atralacarse atramojar

INFINITIVO	INDICATIVO			POTENCIAL
simple	presente	pret. indefinido	fut. imperfecto	simple o imp.
ATRAVESAR	atravieso	atravesé	atravesaré	atravesaría
atravesando	atraviesas	atravesaste	atravesarás	atravesarías
atravesado	atraviesa	atravesó	atravesará	atravesaría
	atravesamos	atravesamos	atravesaremos	atravesaríamos
	atravesáis	atravesasteis	atravesaréis	atravesaríais
	atraviesan	atravesaron	atravesarán	atravesarían
ATRIBUIR	atribuyo	atribuí	atribuiré	atribuiría
atribuyendo	atribuyes	atribuiste	atribuirás	atribuirías
atribuido	atribuye	atribuyó	atribuirá	atribuiría
	atribuimos	atribuimos	atribuiremos	atribuiríamos
	atribuís	atribuisteis	atribuiréis	atribuiríais
	atribuyen	atribuyeron	atribuirán	atribuirían
ATRONAR	atrueno	atroné	atronaré	atronaría
atronando	atruenas	atronaste	atronarás	atronarías
atronado	atruena	atronó	atronará	atronaría
	atronamos	atronamos	atronaremos	atronaríamos
	atronáis	atronasteis	atronaréis	atronaríais
	atruenan	atronaron	atronarán	atronarían
AVENIR	avengo	avine	avendré	avendría
aviniendo	avienes	aviniste	avendrás	avendrías
avenido	aviene	avino	avendrá	avendría
	avenimos	avinimos	avendremos	avendríamos
	avenís	avinisteis	avendréis	avendríais
	avienen	avinieron	avendrán	avendrían
AVENTAR	aviento	aventé	aventaré	aventaría
aventando	avientas	aventaste	aventarás	aventarías
aventado	avienta	aventó	aventará	aventaría
	aventamos	aventamos	aventaremos	aventaríamos
	aventáis	aventasteis	aventaréis	aventaríais
	avientan	aventaron	aventarán	aventarían
AVERGONZAR	avergüenzo	avergoncé	avergonzaré	avergonzaría
avergonzando	avergüenzas	avergonzaste	avergonzarás	avergonzarías
avergonzado	avergüenza	avergonzó	avergonzará	avergonzaría
	avergonzamos	avergonzamos	avergonzaremos	avergonzaríamos
	avergonzáis	avergonzasteis	avergonzaréis	avergonzaríais
	avergüenzan	avergonzaron	avergonzarán	avergonzarían

a|vanecerse

atrampar atrancar atrapar atrasar atraznalar atreguar atresnalar atreverse atribular
atrillar atrincar atrincherar atrochar atrofiarse atrojar atroncar atronerar atropar
atropellar atrozar atruhanarse atufar atumultuar aturar aturbantar aturbonarse aturdir
aturrullar aturullar atusar augurar aullar aumentar aunar aupar aureolar auscultar
ausentarse autenticar autocopiar autografiar autorizar auxiliar avadar avagarse avahar
avalar avaliar avalizar avalorar avaluar avallar avanzar avasallar avecinar avecindar

IMPERATIVO	SUBJUNTIVO		
presente	presente	pretérito imperfecto	fut. imperfecto
	atraviese	atravesara-ase	atravesare
atraviesa	atravieses	atravesaras-ases	atravesares
atraviese	atraviese	atravesara-ase	atravesare
atravesemos	atravesemos	atravesáramos-ásemos	atravesáremos
atravesad	atraveséis	atravesarais-aseis	atravesareis
atraviesen	atraviesen	atravesaran-asen	atravesaren
	atribuya	atribuyera-yese	atribuyere
atribuye	atribuyas	atribuyeras-yeses	atribuyeres
atribuya	atribuya	atribuyera-yese	atribuyere
atribuyamos	atribuyamos	atribuyéramos-yésemos	atribuyéremos
atribuid	atribuyáis	atribuyerais-yeseis	atribuyereis
atribuyan	atribuyan	atribuyeran-yesen	atribuyeren
	atruene	atronara-ase	atronare
atruena	atruenes	atronaras-ases	atronares
atruene	atruene	atronara-ase	atronare
atronemos	atronemos	atronáramos-ásemos	atronáremos
atronad	atronéis	atronarais-aseis	atronareis
atruenen	atruenen	atronaran-asen	atronaren
	avenga	aviniera-iese	aviniere
avén	avengas	avinieras-ieses	avinieres
avenga	avenga	aviniera-iese	aviniere
avengamos	avengamos	aviniéramos-iésemos	aviniéremos
avenid	avengáis	avinierais-ieseis	aviniereis
avengan	avengan	avinieran-iesen	avinieren
	aviente	aventara-ase	aventare
avienta	avientes	aventaras-ases	aventares
aviente	aviente	aventara-ase	aventare
aventemos	aventemos	aventáramos-ásemos	aventáremos
aventad	aventéis	aventarais-aseis	aventareis
avienten	avienten	aventaran-asen	aventaren
	avergüence	avergonzara-ase	avergonzare
avergüenza	avergüences	avergonzaras-ases	avergonzares
avergüence	avergüence	avergonzara-ase	avergonzare
avergoncemos	avergoncemos	avergonzáramos-ásemos	avergonzáremos
avergonzad	avergoncéis	avergonzarais-aseis	avergonzareis
avergüencen	avergüencen	avergonzaran-asen	avergonzaren

---

avejentar avejigar avellanar avenar avenenar aventajar aventurar averdugar averiarse
averiguar averrugarse avezar aviar aviejar avigorar avillanar avinagrar avinzarse
avisar avispar avispedar avistar avitolar avituallar avivar avizorar avocar avosar
ayear ayermar ayudar ayunar ayustar azacanarse azadonar azafranar azainar
azarandar azarar azararse azarearse azemar azcar azocalar azocar azogar azolvar
azomar azonzar azorar azorencarse azorocarse azorrar azorrarse azotar

INFINITIVO	INDICATIVO			POTENCIAL
simple	presente	pret. indefinido	fut. imperfecto	simple o imp.
AZOLAR	azuelo	azolé	azolaré	azolaría
azolando	azuelas	azolaste	azolarás	azolarías
azolado	azuela	azoló	azolará	azolaría
	azolamos	azolamos	azolaremos	azolaríamos
	azoláis	azolasteis	azolaréis	azolaríais
	azuelan	azolaron	azolarán	azolarían
BALBUCIR		balbucí	balbuciré	balbuciría
balbuciendo	balbuces	balbuciste	balbucirás	balbucirías
balbucido	balbuce	balbució	balbucirá	balbuciría
	balbucimos	balbucimos	balbuciremos	balbuciríamos
	balbucís	balbucisteis	balbuciréis	balbuciríais
	balbucen	balbucieron	balbucirán	balbucirían
BELDAR	bieldo	beldé	beldaré	beldaría
beldando	bieldas	beldaste	beldarás	beldarías
beldado	bielda	beldó	beldará	beldaría
	beldamos	beldamos	beldaremos	beldaríamos
	beldáis	beldasteis	beldaréis	beldaríais
	bieldan	beldaron	beldarán	beldarían
BENDECIR	bendigo	bendije	bendeciré	bendeciría
bendiciendo	bendices	bendijiste	bendecirás	bendecirías
bendecido|bendito	bendice	bendijo	bendecirá	bendeciría
	bendecimos	bendijimos	bendeciremos	bendeciríamos
	bendecís	bendijisteis	bendeciréis	bendeciríais
	bendicen	bendijeron	bendecirán	bendecirían
BLANDIR *		blandí	blandiré	blandiría
blandiendo		blandiste	blandirás	blandirías
blandido		blandió	blandirá	blandiría
	blandimos	blandimos	blandiremos	blandiríamos
	blandís	blandisteis	blandiréis	blandiríais
		blandieron	blandirán	blandirían
BLANQUECER	blanquezco	blanquecí	blanqueceré	blanquecería
blanqueciendo	blanqueces	blanqueciste	blanquecerás	blanquecerías
blanquecido	blanquece	blanqueció	blanquecerá	blanquecería
	blanquecemos	blanquecimos	blanqueceremos	blanqueceríamos
	blanquecéis	blanquecisteis	blanqueceréis	blanqueceríais
	blanquecen	blanquecieron	blanquecerán	blanquecerían

* *Este verbo, según muchos gramáticos, es defectivo y sólo se usa en los mismos tiempos*

bar|bullir   bien|querer   bis|traer

azozobrar azucarar azufrar azular azulear azulejar azumar azurronarse azuzar babear
babosear babusear bachear bachillerar badajear badulaquear bagar bailar bailotear bajar
baladrar baladronar baladronear balancear balaquear balar balastar balaustrar balbucear
balcanizar baldar baldear baldonar baldosar balear baliar balizar balotar balsamizar
balsear ballestar ballestear bambalear bambanear bambolear bambonear bandarse bandear
banderillear banderizar banquear banquetear bañar baquear baquetear baquiar barajar
baratear baraustar barbar barbarizar barbasquear barbear barbechar barbollar barbotar
barbullar barcinar bardar barloar barloventear barnizar barquear barracarse barranquear
barraquear barrar barrear barrearse barrenar barrenear barrer barretear barriscar
barrisquear barruntar bartolear bartular bartulear basar bascular basificar basquear

IMPERATIVO	SUBJUNTIVO		
presente	presente	pretérito imperfecto	fut. imperfecto
	azuele	azolara-ase	azolare
azuela	azueles	azolaras-ases	azolares
azuele	azuele	azolara-ase	azolare
azolemos	azolemos	azoláramos-ásemos	azoláremos
azolad	azoléis	azolarais-aseis	azolareis
azuelen	azuelen	azolaran-asen	azolaren
		balbuciera-iese	balbuciere
balbuce		balbucieras-ieses	balbucieres
		balbuciera-iese	balbuciere
		balbuciéramos-iésemos	balbuciéremos
balbucid		balbucierais-ieseis	balbuciereis
		balbucieran-iesen	balbucieren
	bielde	beldara-ase	beldare
bielda	bieldes	beldaras-ases	beldares
bielde	bielde	beldara-ase	beldare
beldemos	beldemos	beldáramos-ásemos	beldáremos
beldad	beldéis	beldarais-aseis	beldareis
bielden	bielden	beldaran-asen	beldaren
	bendiga	bendijera-jese	bendijere
bendice	bendigas	bendijeras-jeses	bendijeres
bendiga	bendiga	bendijera-jese	bendijere
bendigamos	bendigamos	bendijéramos-jésemos	bendijéremos
bendecid	bendigáis	bendijerais-jeseis	bendijereis
bendigan	bendigan	bendujeran-jesen	bendijeren
		blandiera-iese	blandiere
		blandieras-ieses	blandieres
		blandiera-iese	blandiere
		blandiéramos-iésemos	blandiéremos
blandid		blandierais-ieseis	blandiereis
		blandieran-iesen	blandieren
	blanquezca	blanqueciera-iese	blanqueciere
blanquece	blanquezcas	blanquecieras-ieses	blanquecieres
blanquezca	blanquezca	blanqueciera-iese	blanqueciere
blanquezcamos	blanquezcamos	blanqueciéramos-iésemos	blanqueciéremos
blanqueced	blanquezcáis	blanquecierais-ieseis	blanqueciereis
blanquezcan	blanquezcan	blanquecieran-iesen	blanquecieren

y personas que abolir. (En el sentido de halagar, adular, lisonjear.)

---

bastantear bastar bastardear bastear bastillar bastillear bastimentar bastonear batallar
batanar batanear batiportar batir batochar batojar batucar bautizar bazucar bazuquear
beatificar beber beborrotear befar bejuquear beltranear bellaquear bellotear bemolar
bemolizar beneficiar berlingar bermejear berrear berrendearse besar besotear bestia-
lizarse besucar besuquear betumear betuminizar bibir bichar bichear bieldar bienquistar
bienvivir bifurcarse bigardear bigardonear bilmar bilocarse biltrotear binar biografiar
birlar birolar bisar bisbisar bisbisear bisecar biselar bitar bituminizar bizarrear
bizcar bizcochar bizmar bizquear blandear blandir blanquear blasfemar blasonar blindar
bloquear blufear bobear bocadear bocartear bocear bocelar bocezar bocinar bochar
bodegonear bofetear bogar boguear boicotear bojar bojear bohordar bolear boletar

INFINITIVO	INDICATIVO			POTENCIAL
simple	presente	pret. indefinido	fut. imperfecto	simple o imp.
BRUÑIR bruñendo bruñido	bruño bruñes bruñe bruñimos bruñís bruñen	bruñí bruñiste bruñó bruñimos bruñisteis bruñeron	bruñiré bruñirás bruñirá bruñiremos bruñiréis bruñirán	bruñiría bruñirías bruñiría bruñiríamos bruñiríais bruñirían
BUIR * buyendo buido	buyo buyes buye buimos buís buyen	bui buiste buyó buimos buisteis buyeron	buiré buirás buirá buiremos buiréis buirán	buiría buirías buiría buiríamos buiríais buirían
BULLIR bullendo bullido	bullo bulles bulle bullimos bullís bullen	bullí bulliste bulló bullimos bullisteis bulleron	bulliré bullirás bullirá bulliremos bulliréis bullirán	bulliría bullirías bulliría bulliríamos bulliríais bullirían
CABER cabiendo cabido	quepo cabes cabe cabemos cabéis caben	cupe cupiste cupo cupimos cupisteis cupieron	cabré cabrás cabrá cabremos cabréis cabrán	cabría cabrías cabría cabríamos cabríais cabrían
CAER cayendo caído	caigo caes cae caemos caéis caen	caí caíste cayó caímos caísteis cayeron	caeré caerás caerá caeremos caeréis caerán	caería caerías caería caeríamos caeríais caerían
CALECER caleciendo calecido	calezco caleces calece calecemos calecéis calecen	calecí caleciste caleció calecimos calecisteis calecieron	caleceré calecerás calecerá caleceremos caleceréis calecerán	calecería calecerías calecería caleceríamos caleceríais calecerían

c|alentar

bolichear bolinear bolsear bolsiquear bollar bombar bombardear bombear boquear boquetear borbollar borbollear borbollonear borboritar borbotar bordar bordear bordonear borlearse bornear borrachear borrajear borrar borreguear borronear boscajear bosquejar bostear bostezar botacuchar botar botonar boxear boyar boycotear bracear bragar bramar brandar brascar bravear brear brechar bregar brescar bribonear brillar brincar brindar briscar brizar brocearse brochar bromar bromear broncear broquelarse brotar brozar brujear brujir brujulear brumar brutalizarse bruzar bucear bufar bufonearse bufonizar bugir buhar buitrear bullar burbujear burear burilar burlar burrajear buscar buzar cabalgar cabalizar caballear caballerear cabecear cabellar cabestrar cabestrear

IMPERATIVO	SUBJUNTIVO		
presente	presente	pretérito imperfecto	fut. imperfecto
	bruña	bruñera-ese	bruñere
bruñe	bruñas	bruñeras-eses	bruñeres
bruña	bruña	bruñera-ese	bruñere
bruñamos	bruñamos	bruñéramos-ésemos	bruñéremos
bruñid	bruñáis	bruñerais-eseis	bruñereis
bruñan	bruñan	bruñeran-esen	bruñeren
	buya	buyera-yese	buyere
buye	buyas	buyeras-yeses	buyeres
buya	buya	buyera-yese	buyere
buyamos	buyamos	buyéramos-yésemos	buyéremos
buid	buyáis	buyerais-yeseis	buyereis
buyan	buyan	buyeran-yesen	buyeren
	bulla	bullera-ese	bullere
bulle	bullas	bulleras-eses	bulleres
bulla	bulla	bullera-ese	bullere
bullamos	bullamos	bulléramos-ésemos	bulléremos
bullid	bulláis	bullerais-eseis	bullereis
bullan	bullan	bulleran-esen	bulleren
	quepa	cupiera-iese	cupiere
cabe	quepas	cupieras-ieses	cupieres
quepa	quepa	cupiera-iese	cupiere
quepamos	quepamos	cupiéramos-iésemos	cupiéremos
cabed	quepáis	cupierais-ieseis	cupiereis
quepan	quepan	cupieran-iesen	cupieren
	caiga	cayera-yese	cayere
cae	caigas	cayeras-yeses	cayeres
caiga	caiga	cayera-yese	cayere
caigamos	caigamos	cayéramos-yésemos	cayéremos
caed	caigáis	cayerais-yeseis	cayereis
caigan	caigan	cayeran-yesen	cayeren
	calezca	caleciera-iese	caleciere
calece	calezcas	calecieras-ieses	calecieres
calezca	calezca	caleciera-iese	caleciere
calezcamos	calezcamos	caleciéramos-iésemos	caleciéremos
caleced	calezcáis	calecierais-ieseis	caleciereis
calezcan	calezcan	calecieran-iesen	calecieren

cabildear   cabizbajarse   cablegrafiar   cabrahigar   cabrear   cabrestar   cabrevar   cabrillear
cabriolar   cabriolear   cabrionar   cabruñar   cacarañar   cacaraquear   cacarear   cacear
cachañar   cachar   cachear   cachetear   cachifollar   cachondearse   cachuar   cachuchear
cadenear   caducar   caduquear   cafar   cagar   cagarrusarse   cairelar   cajear   cajonear   cala-
bacear   calabriar   calabrotar   calafatear   calandrar   calar   calaverar   calaverear   calcar
calcificar   calcinar   calcitrar   calcografiar   calcorrear   calcular   caldear   caler   calibrar
calificar   calimbar   calmar   calmear   calosfriarse   calotear   calumbrarse   calumniar   calvar
* *La Academia sólo recoge el participio como adjetivo.*

INFINITIVO	INDICATIVO			POTENCIAL
simple	presente	pret. indefinido	fut. imperfecto	simple o imp.
CALUMBRECERSE	calumbrezco	calumbrecí	calumbreceré	calumbrecería
calumbreciéndose	calumbreces	calumbreciste	calumbrecerás	calumbrecerías
calumbrecido	calumbrece	calumbreció	calumbrecerá	calumbrecería
	calumbrecemos	calumbrecimos	calumbreceremos	calumbreceríamos
	calumbrecéis	calumbrecisteis	calumbreceréis	calumbreceríais
	calumbrecen	calumbrecieron	calumbrecerán	calumbrecerían
CARECER	carezco	carecí	careceré	carecería
careciendo	careces	careciste	carecerás	carecerías
carecido	carece	careció	carecerá	carecería
	carecemos	carecimos	careceremos	careceríamos
	carecéis	carecisteis	careceréis	careceríais
	carecen	carecieron	carecerán	carecerían
CEGAR	ciego	cegué	cegaré	cegaría
cegando	ciegas	cegaste	cegarás	cegarías
cegado	ciega	cegó	cegará	cegaría
	cegamos	cegamos	cegaremos	cegaríamos
	cegáis	cegasteis	cegaréis	cegaríais
	ciegan	cegaron	cegarán	cegarían
CEÑIR	ciño	ceñí	ceñiré	ceñiría
ciñendo	ciñes	ceñiste	ceñirás	ceñirías
ceñido	ciñe	ciñó	ceñirá	ceñiría
	ceñimos	ceñimos	ceñiremos	ceñiríamos
	ceñís	ceñisteis	ceñiréis	ceñiríais
	ciñen	ciñeron	ceñirán	ceñirían
CERNER	cierno	cerní	cerneré	cernería
cerniendo	ciernes	cerniste	cernerás	cernerías
cernido	cierne	cernió	cernerá	cernería
	cernemos	cernimos	cerneremos	cerneríamos
	cernéis	cernisteis	cerneréis	cerneríais
	ciernen	cernieron	cernerán	cernerían
CERNIR	cierno	cerní	cerniré	cerniría
cerniendo	ciernes	cerniste	cernirás	cernirías
cernido	cierne	cernió	cernirá	cerniría
	cernimos	cernimos	cerniremos	cerniríamos
	cernís	cernisteis	cerniréis	cerniríais
	ciernen	cernieron	cernirán	cernirían

calzar callar callear callejear camandular camastrear cambalachar cambalachear cambar cambiar cambizar camelar caminar camochar camodar camorrear campanear campani- llear campar campear canalizar cancanear cancelar cancerar canchar canchear candar candiletear candonguear cangallar cangar cangrenarse canjear canonizar cansar cantalear cantaletear cantar cantear cantonar cantonear cantonearse canturrear canturriar caña- verear cañonear capacitar capar capear capialzar capirotear capitalizar capitanear capitular capitulear capolar caponar caponarse capotear captar capturar capuzar cara- binear caracolear caracterizar carambolear caramelizar carbonar carbonatar carbonear carbonizar carburar carcajear carcavar carcavear carcomer cardar cardenalizar carduzar

IMPERATIVO	SUBJUNTIVO		
presente	presente	pretérito imperfecto	fut. imperfecto
	calumbrezca	calumbreciera-iese	calumbreciere
calumbrécete	calumbrezcas	calumbrecieras-ieses	calumbrecieres
calumbrézcase	calumbrezca	calumbreciera-iese	calumbreciere
calumbrezcámonos	calumbrezcamos	calumbreciéramos-iésemos	calumbreciéremos
calumbreceos	calumbrezcáis	calumbrecierais-ieseis	calumbreciereis
calumbrézcanse	calumbrezcan	calumbrecieran-iesen	calumbrecieren
	carezca	careciera-iese	careciere
carece	carezcas	carecieras-ieses	carecieres
carezca	carezca	careciera-iese	careciere
carezcamos	carezcamos	careciéramos-iésemos	careciéremos
careced	carezcáis	carecierais-ieseis	careciereis
carezcan	carezcan	carecieran-iesen	carecieren
	ciegue	cegara-ase	cegare
ciega	ciegues	cegaras-ases	cegares
ciegue	ciegue	cegara-ase	cegare
ceguemos	ceguemos	cegáramos-ásemos	cegáremos
cegad	ceguéis	cegarais-aseis	cegareis
cieguen	cieguen	cegaran-asen	cegaren
	ciña	ciñera-ese	ciñere
ciñe	ciñas	ciñeras-eses	ciñeres
ciña	ciña	ciñera-ese	ciñere
ciñamos	ciñamos	ciñéramos-ésemos	ciñéremos
ceñid	ciñáis	ciñerais-eseis	ciñereis
ciñan	ciñan	ciñeran-esen	ciñeren
	cierna	cerniera-iese	cerniere
cierne	ciernas	cernieras-ieses	cernieres
cierna	cierna	cerniera-iese	cerniere
cernamos	cernamos	cerniéramos-iésemos	cerniéremos
cerned	cernáis	cernierais-ieseis	cerniereis
ciernan	ciernan	cernieran-iesen	cernieren
	cierna	cerniera-iese	cerniere
cierne	ciernas	cernieras-ieses	cernieres
cierna	cierna	cerniera-iese	cerniere
cernamos	cernamos	cerniéramos-iésemos	cerniéremos
cernid	cernáis	cernierais-ieseis	cerniereis
ciernan	ciernan	cernieran-iesen	cernieren

---

carear carenar cargar cargosear cariar caricaturar caricaturizar carlear carmenar
carnear carnerear carnificarse carochar carpintear carpir carraspear carrillar carrochar
carroñar cartear casar cascabelear cascamajar cascar cascarear caseificar castañetear
castellanizar castigar castizar castrar casualizar catalanizar catalogar catanear catar
catarrear catatar catear catequizar cateterizar catolizar caucionar causar causear
causticar caustificar cautelar cauterizar cautivar cavar cavilar cayapear cayaschar
cayaschir cayapear cazar cazcalear cazumbrar cebadar cebar cecear ceder cedular
cejar celar celebrar cellisquear cementar cenar cencerrear censurar centellar centellear centesimar centonar centralizar centrar centrifugar centuplicar ceñar cepillar
ceprenar cercar cercenar cerciorar cerchar cerchearse cerdear cerificar cerotear

INFINITIVO	INDICATIVO			POTENCIAL
simple	presente	pret. indefinido	fut. imperfecto	simple o imp.
CERRAR cerrando cerrado	cierro cierras cierra cerramos cerráis cierran	cerré cerraste cerró cerramos cerrasteis cerraron	cerraré cerrarás cerrará cerraremos cerraréis cerrarán	cerraría cerrarías cerraría cerraríamos cerraríais .cerrarían
CIRCUIR circuyendo circuido	circuyo circuyes circuye circuimos circuís circuyen	circuí circuiste circuyó circuimos circuisteis circuyeron	circuiré circuirás circuirá circuiremos circuiréis circuirán	circuiría circuirías circuiría circuiríamos circuiríais circuirían
CIRCUNFERIR circunfiriendo circunferido	circunfiero circunfieres circunfiere circunferimos circunferís circunfieren	circunferí circunferiste circunfirió circunferimos circunferisteis circunfirieron	circunferiré circunferirás circunferirá circunferiremos circunferiréis circunferirán	circunferiría circunferirías circunferiría circunferiríamos circunferiríais circunferirían
CIRCUNSCRIBIR circunscribiendo circunscrito	circunscribo circunscribes circunscribe circunscribimos circunscribís circunscriben	circunscribí circunscribiste circunscribió circunscribimos circunscribisteis circunscribieron	circunscribiré circunscribirás circunscribirá circunscribiremos circunscribiréis circunscribirán	circunscribiría circunscribirías circunscribiría circunscribiríamos circunscribiríais circunscribirían
CLARECER clareciendo clarecido	clarezco clareces clarece clarecemos clarecéis clarecen	clarecí clareciste clareció clarecimos clarecisteis clarecieron	clareceré clarecerás clarecerá clareceremos clareceréis clarecerán	clarecería clarecerías clarecería clareceríamos clareceríais clarecerían
CLOCAR clocando clocado	clueco cluecas clueca clocamos clocáis cluecan	cloqué clocaste clocó clocamos clocasteis clocaron	clocaré clocarás clocará clocaremos clocaréis clocarán	clocaría clocarías clocaría clocaríamos clocaríais clocarían
COCER cociendo cocido	cuezco cueces cuece cocemos cocéis cuecen	cocí cociste coció cocimos cocisteis cocieron	coceré cocerás cocerá coceremos coceréis cocerán	cocería cocerías cocería coceríamos coceríais cocerían

ci|mentar   circun|ceñir   circun|(e)scribir   circun|venir   co|adquirir   co|arrendar   coex|tenderse

cerrajear cerrillar certificar cesar cespitar cianquear ciar cicatear cicaterear cicatrizar cicurar ciendoblar cifrar ciguatarse cigüeñar cigüeñear cilindrar cimarrear cimarronear cimbrar cimbrear cinchar cineficar cingar cinglar cintar cintarear circar circular circuncidar circundar circunloquear circunnavegar circunstanciar circunvalar circunvolar ciscar cisionar citar civilizar cizallar cizañar clamar clamorear claquear clarar clarear

IMPERATIVO	SUBJUNTIVO		
presente	presente	pretérito imperfecto	fut. imperfecto
	cierre	cerrara-ase	cerrare
cierra	cierres	cerraras-ases	cerrares
cierre	cierre	cerrara-ase	cerrare
cerremos	cerremos	cerráramos-ásemos	cerráremos
cerrad	cerréis	cerrarais-aseis	cerrareis
cierren	cierren	cerraran-asen	cerraren
	circuya	circuyera-yese	circuyere
circuye	circuyas	circuyeras-yeses	circuyeres
circuya	circuya	circuyera-yese	circuyere
circuyamos	circuyamos	circuyéramos-yésemos	circuyéremos
circuid	circuyáis	circuyerais-yeseis	circuyereis
circuyan	circuyan	circuyeran-yesen	circuyeren
	circunfiera	circunfiriera-iese	circunfiriere
circunfiere	circunfieras	circunfirieras-ieses	circunfirieres
circunfiera	circunfiera	circunfiriera-iese	circunfiriere
circunfiramos	circunfiramos	circunfiriéramos-iésemos	circunfiriéremos
circunferid	circunfiráis	circunfirierais-ieseis	circunfiriereis
circunfieran	circunfieran	circunfirieran-iesen	circunfirieren
	circunscriba	circunscribiera-iese	circunscribiere
circunscribe	circunscribas	circunscribieras-ieses	circunscribieres
circunscriba	circunscriba	circunscribiera-iese	circunscribiere
circunscribamos	circunscribamos	circunscribiéramos-iésemos	circunscribiéremos
circunscribid	circunscribáis	circunscribierais-ieseis	circunscribiereis
circunscriban	circunscriban	circunscribieran-iesen	circunscribieren
	clarezca	clareciera-iese	clareciere
clarece	clarezcas	clarecieras-ieses	clarecieres
clarezca	clarezca	clareciera-iese	clareciere
clarezcamos	clarezcamos	clareciéramos-iésemos	clareciéremos
clareced	clarezcáis	clarecierais-ieseis	clareciereis
clarezcan	clarezcan	clarecieran-iesen	clarecieren
	clueque	clocara-ase	clocare
clueca	clueques	clocaras-ases	clocares
clueque	clueque	clocara-ase	clocare
cloquemos	cloquemos	clocáramos-ásemos	clocáremos
clocad	cloquéis	clocarais-aseis	clocareis
cluequen	cluequen	clocaran-asen	clocaren
	cuezca	cociera-iese	cociere
cuece	cuezcas	cocieras-ieses	cocieres
cuezca	cuezca	cociera-iese	cociere
cozcamos	cozcamos	cociéramos-iésemos	cociéremos
coced	cozcáis	cocierais-ieseis	cociereis
cuezcan	cuezcan	cocieran-iesen	cocieren

clarificar clasificar clatolear claudicar clauquillar clausular clausurar clavar clavetear
clisar clisarse clisterizar cloquear cloroformar cloroformizar clorurar coacervar coactar
coacusar coadunar coadyuvar coagular coalicionar coartar coasociarse cobardear cobechar
cobijar cobrar cocar cocarar cocear cocinar cocobolear cochear cochinear cochizarse
codear codemandar codetentar codiciar codicilar codificar coercer coexistir coger cogollar

INFINITIVO	INDICATIVO			POTENCIAL
simple	presente	pret. indefinido	fut. imperfecto	simple o imp.
COLAR colando colado	cuelo cuelas cuela colamos coláis cuelan	colé colaste coló colamos colasteis colaron	colaré colarás colará colaremos colaréis colarán	colaría colarías colaría colaríamos colaríais colarían
COLEGIR coligiendo colegido	colijo coliges colige colegimos colegís coligen	colegí colegiste coligió colegimos colegisteis coligieron	colegiré colegirás colegirá colegiremos colegiréis colegirán	colegiría colegirías colegiría colegiríamos colegiríais colegirían
COLGAR colgando colgado	cuelgo cuelgas cuelga colgamos colgáis cuelgan	colgué colgaste colgó colgamos colgasteis colgaron	colgaré colgarás colgará colgaremos colgaréis colgarán	colgaría colgarías colgaría colgaríamos colgaríais colgarían
COLICUECER colicueciendo colicuecido	colicuezco colicueces colicuece colicuecemos colicuecéis colicuecen	colicuecí colicueciste colicueció colicuecimos colicuecisteis colicuecieron	colicueceré colicuecerás colicuecerá colicueceremos colicueceréis colicuecerán	colicuecería colicuecerías colicuecería colicueceríamos colicueceríais colicuecerían
COMENZAR comenzando comenzado	comienzo comienzas comienza comenzamos comenzáis comienzan	comencé comenzaste comenzó comenzamos comenzasteis comenzaron	comenzaré comenzarás comenzará comenzaremos comenzaréis comenzarán	comenzaría comenzarías comenzaría comenzaríamos comenzaríais comenzarían
COMPETIR compitiendo competido	compito compites compite competimos competís compiten	competí competiste compitió competimos competisteis compitieron	competiré competirás competirá competiremos competiréis competirán	competiría competirías competiría competiríamos competiríais competirían

co|medir   com|padecer

cohabitar cohechar coheredar cohesionar cohetear cohibir cohobar cohombrar cohonestar cohortar coincidir coindicar coinquinar cojear colaborar colacionar colar * colchar colear coleccionar colectar colectivizar colegiarse colerizar colicuar coligarse colindar colmar colmatar colmenear colocar colonizar colorar colorear colorir coludir columbrar columpiar comadrear comandar comanditar comarcar combalacharse combar combatir combinar comear comediar comentariar comer comerciar cometer cominear comiquear comisar comiscar comisionar comisquear comorar compactar compadrar compadrear compaginar

IMPERATIVO	SUBJUNTIVO		
presente	presente	pretérito imperfecto	fut. imperfecto
	cuele	colara-ase	colare
cuela	cueles	colaras-ases	colares
cuele	cuele	colara-ase	colare
colemos	colemos	coláramos-ásemos	coláremos
colad	coléis	colarais-aseis	colareis
cuelen	cuelen	colaran-asen	colaren
	colija	coligiera-iese	coligiere
colige	colijas	coligieras-ieses	coligieres
colija	colija	coligiera-iese	coligiere
colijamos	colijamos	coligiéramos-iésemos	coligiéremos
colegid	colijáis	coligierais-ieseis	coligiereis
colijan	colijan	coligieran-iesen	coligieren
	cuelgue	colgara-ase	colgare
cuelga	cuelgues	colgaras-ases	colgares
cuelgue	cuelgue	colgara-ase	colgare
colguemos	colguemos	colgáramos-ásemos	colgáremos
colgad	colguéis	colgarais-aseis	colgareis
cuelguen	cuelguen	colgaran-asen	colgaren
	colicuezca	colicueciera-iese	colicueciere
colicuece	colicuezcas	colicuecieras-ieses	colicuecieres
colicuezca	colicuezca	colicueciera-iese	colicueciere
colicuezcamos	colicuezcamos	colicueciéramos-iésemos	colicueciéremos
colicueced	colicuezcáis	colicuecierais-ieseis	colicueciereis
colicuezcan	colicuezcan	colicuecieran-iesen	colicuecieren
	comience	comenzara-ase	comenzare
comienza	comiences	comenzaras-ases	comenzares
comience	comience	comenzara-ase	comenzare
comencemos	comencemos	comenzáramos-ásemos	comenzáremos
comenzad	comencéis	comenzarais-aseis	comenzareis
comiencen	comiencen	comenzaran-asen	comenzaren
	compita	compitiera-iese	compitiere
compite	compitas	compitieras-ieses	compitieres
compita	compita	compitiera-iese	compitiere
compitamos	compitamos	compitiéramos-iésemos	compitiéremos
competid	compitáis	compitierais-ieseis	compitiereis
compitan	compitan	compitieran-iesen	compitieren

comparar compartir compasar compasear compeler compelir compendiar compendizar
compenetrarse compensar compermutar competer compilar complanar complementar
completar complexionar complicar complotar compodar comportar comprar
comprender comprometer compulsar compungir compurgar computar comulgar

*   *Conferir beneficio eclesiástico o escolar.*

INFINITIVO	INDICATIVO			POTENCIAL
simple	presente	pret. indefinido	fut. imperfecto	simple o imp.
CONCEBIR	concibo	concebí	concebiré	concebiría
concibiendo	concibes	concebiste	concebirás	concebirías
concebido	concibe	concibió	concebirá	concebiría
	concebimos	concebimos	concebiremos	concebiríamos
	concebís	concebisteis	concebiréis	concebiríais
	conciben	concibieron	concebirán	concebirían
CONCERNIR	concierne	concernió	concernirá	concerniría
concerniendo				
concernido				
	conciernen	concernieron	concernirán	concernirían
CONCERTAR	concierto	concerté	concertaré	concertaría
concertando	conciertas	concertaste	concertarás	concertarías
concertado	concierta	concertó	concertará	concertaría
	concertamos	concertamos	concertaremos	concertaríamos
	concertáis	concertasteis	concertaréis	concertaríais
	conciertan	concertaron	concertarán	concertarían
CONCLUIR	concluyo	concluí	concluiré	concluiría
concluyendo	concluyes	concluiste	concluirás	concluirías
concluido	concluye	concluyó	concluirá	concluiría
	concluimos	concluimos	concluiremos	concluiríamos
	concluís	concluisteis	concluiréis	concluiríais
	concluyen	concluyeron	concluirán	concluirían
CONCORDAR	concuerdo	concordé	concordaré	concordaría
concordando	concuerdas	concordaste	concordarás	concordarías
concordado	concuerda	concordó	concordará	concordaría
	concordamos	concordamos	concordaremos	concordaríamos
	concordáis	concordasteis	concordaréis	concordaríais
	concuerdan	concordaron	concordarán	concordarían
CONDOLECERSE	condolezco	condolecí	condoleceré	condolecería
condoleciéndose	condoleces	condoleciste	condolecerás	condolecerías
condolecido	condolece	condoleció	condolecerá	condolecería
	condolecemos	condolecimos	condoleceremos	condoleceríamos
	condolecéis	condolecisteis	condoleceréis	condoleceríais
	condolecen	condolecieron	condolecerán	condolecerían
CONDUCIR	conduzco	conduje	conduciré	conduciría
conduciendo	conduces	condujiste	conducirás	conducirías
conducido	conduce	condujo	conducirá	conduciría
	conducimos	condujimos	conduciremos	conduciríamos
	conducís	condujisteis	conduciréis	conduciríais
	conducen	condujeron	conducirán	conducirían

com|placer   com|poner   co|(i)mprimir   com|probar   con|descender   con|dolerse

comunicar   concadenar   concavar   conceder   concelebrar   concenar   concentrar   conceptear
conceptuar   concertar   conciliar   concitar   concomerse   concrecionar   concretar   concuasar
conculcar   concurrir   concursar   conchabar   conchabear   conchavar   conchucharse   condecorar

IMPERATIVO	SUBJUNTIVO		
presente	presente	pretérito imperfecto	fut. imperfecto
	conciba	concibiera-iese	concibiere
concibe	concibas	concibieras-ieses	concibieres
conciba	conciba	concibiera-iese	concibiere
concibamos	concibamos	concibiéramos-iésemos	concibiéremos
concebid	concibáis	concibierais-ieseis	concibiereis
conciban	conciban	concibieran-iesen	concibieren
concierna	concierna	concerniera-iese	concerniere
conciernan	conciernan	concernieran-iesen	concernieren
	concierte	concertara-ase	concertare
concierta	conciertes	concertaras-ases	concertares
concierte	concierte	concertara-ase	concertare
concertemos	concertemos	concertáramos-ásemos	concertáremos
concertad	concertéis	concertarais-aseis	concertareis
concierten	concierten	concertaran-asen	concertaren
	concluya	concluyera-yese	concluyere
concluye	concluyas	concluyeras-yeses	concluyeres
concluya	concluya	concluyera-yese	concluyere
concluyamos	concluyamos	concluyéramos-yésemos	concluyéremos
concluid	concluyáis	concluyerais-yeseis	concluyereis
concluyan	concluyán	concluyeran-yesen	concluyeren
	concuerde	concordara-ase	concordare
concuerda	concuerdes	concordaras-ases	concordares
concuerde	concuerde	concordara-ase	concordare
concordemos	concordemos	concordáramos-ásemos	concordáremos
concordad	concordéis	concordarais-aseis	concordareis
concuerden	concuerden	concordaran-asen	concordaren
	condolezca	condoleciera-iese	condoleciere
condolécete	condolezcas	condolecieras-ieses	condolecieres
condolézcase	condolezca	condoleciera-iese	condoleciere
condolezcámonos	condolezcamos	condoleciéramos-iésemos	condoleciéremos
condoleceos	condolezcáis	condolecierais-ieseis	condoleciereis
condolézcanse	condolezcan	condolecieran-iesen	condolecieren
	conduzca	condujera-jese	condujere
conduce	conduzcas	condujeras-jeses	condujeres
conduzca	conduzca	condujera-jese	condujere
conduzcamos	conduzcamos	condujéramos-jésemos	condujéremos
conducid	conduzcáis	condujerais-jeseis	condujereis
conduzcan	conduzcan	condujeran-jesen	condujeren

con|fluir

condenar condensar condicionar condimentar condonar conectar conejear conexionar confabular confeccionar confederar conferenciar confiar confidenciar configurar confinar confingir confirmar confiscar confitar conflagrar conformar confortar confraguar confraternar

INFINITIVO	INDICATIVO			POTENCIAL
simple	presente	pret. indefinido	fut. imperfecto	simple o imp.
CONFERIR	confiero	conferí	conferiré	conferiría
confiriendo	confieres	conferiste	conferirás	conferirías
conferido	confiere	confirió	conferirá	conferiría
	conferimos	conferimos	conferiremos	conferiríamos
	conferís	conferisteis	conferiréis	conferiríais
	confieren	confirieron	conferirán	conferirían
CONFESAR	confieso	confesé	confesaré	confesaría
confesando	confiesas	confesaste	confesarás	confesarías
confesado	confiesa	confesó	confesará	confesaría
	confesamos	confesamos	confesaremos	confesaríamos
	confesáis	confesasteis	confesaréis	confesaríais
	confiesan	confesaron	confesarán	confesarían
CONOCER	conozco	conocí	conoceré	conocería
conociendo	conoces	conociste	conocerás	conocerías
conocido	conoce	conoció	conocerá	conocería
	conocemos	conocimos	cono..remos	conoceríamos
	conocéis	conocisteis	conoceréis	conoceríais
	conocen	conocieron	conocerán	conocerían
CONSOLAR	consuelo	consolé	consolaré	consolaría
consolando	consuelas	consolaste	consolarás	consolarías
consolado	consuela	consoló	consolará	consolaría
	consolamos	consolamos	consolaremos	consolaríamos
	consoláis	consolasteis	consolaréis	consolaríais
	consuelan	consolaron	consolarán	consolarían
CONSTITUIR	constituyo	constituí	constituiré	constituiría
constituyendo	constituyes	constituiste	constituirás	constituirías
constituido	constituye	constituyó	constituirá	constituiría
	constituimos	constituimos	constituiremos	constituiríamos
	constituís	constituisteis	constituiréis	constituiríais
	constituyen	constituyeron	constituirán	constituirían
CONSTREÑIR	constriño	constreñí	constreñiré	constreñiría
constriñendo	constriñes	constreñiste	constreñirás	constreñirías
constreñido	constriñe	constriñó	constreñirá	constreñiría
	constreñimos	constreñimos	constreñiremos	constreñiríamos
	constreñís	constreñisteis	constreñiréis	constreñiríais
	constriñen	constriñeron	constreñirán	constreñirían
CONSTRIÑIR	constriño	constriñí	constriñiré	constriñiría
constriñendo	constriñes	constriñiste	constriñirás	constriñirías
constriñido	constriñe	constriñó	constriñirá	constriñiría
	constriñimos	constriñimos	constriñiremos	constriñiríamos
	constriñís	constriñisteis	constriñiréis	constriñiríais
	constriñen	constriñeron	constriñirán	constriñirían

con|mover   con|seguir   con|sentir   con|sonar

confraternizar confricar confrontar confundir confutar congelar congeniar congestionar
conglobar conglomerar congloriar conglutinar congojar congraciar congratular congregar
conificar conjeturar conjugar conjuntar conjuramentar conjurar conloar conllevar conllorar

IMPERATIVO	SUBJUNTIVO		
presente	presente	pretérito imperfecto	fut. imperfecto

	confiera	confiriera-iese	confiriere
confiere	confieras	confirieras-ieses	confirieres
confiera	confiera	confiriera-iese	confiriere
confiramos	confiramos	confiriéramos-iésemos	confiriéremos
conferid	confiráis	confirierais-ieseis	confiriereis
confieran	confieran	confirieran-iesen	confirieren

	confiese	confesara-ase	confesare
confiesa	confieses	confesaras-ases	confesares
confiese	confiese	confesara-ase	confesare
confesemos	confesemos	confesáramos-ásemos	confesáremos
confesad	confeséis	confesarais-aseis	confesareis
confiesen	confiesen	confesaran-asen	confesaren

	conozca	conociera-iese	conociere
conoce	conozcas	conocieras-ieses	conocieres
conozca	conozca	conociera-iese	conociere
conozcamos	conozcamos	conociéramos-iésemos	conociéremos
conoced	conozcáis	conocierais-ieseis	conociereis
conozcan	conozcan	conocieran-iesen	conocieren

	consuele	consolara-ase	consolare
consuela	consueles	consolaras-ases	consolares
consuele	consuele	consolara-ase	consolare
consolemos	consolemos	consoláramos-ásemos	consoláremos
consolad	consoléis	consolarais-aseis	consolareis
consuelen	consuelen	consolaran-asen	consolaren

	constituya	constituyera-yese	constituyere
constituye	constituyas	constituyeras-yeses	constituyeres
constituya	constituya	constituyera-yese	constituyere
constituyamos	constituyamos	constituyéramos-yésemos	constituyéremos
constituid	constituyáis	constituyerais-yeseis	constituyereis
constituyan	constituyan	constituyeran-yesen	constituyeren

	constriña	constriñera-ese	constriñere
constriñe	constriñas	constriñeras-eses	constriñeres
constriña	constriña	constriñera-ese	constriñere
constriñamos	constriñamos	constriñéramos-ésemos	constriñéremos
constreñid	constriñáis	constriñerais-eseis	constriñereis
constriñan	constriñan	constriñeran-esen	constriñeren

	constriña	constriñera-ese	constriñere
constriñe	constriñas	constriñeras-eses	constriñeres
constriña	constriña	constriñera-ese	constriñere
constriñamos	constriñamos	constriñéramos-ésemos	constriñéremos
constriñid	constriñáis	constriñerais-eseis	constriñereis
constriñan	constriñan	constriñeran-esen	constriñeren

conmemorar conmensurar conminar conmutar connaturalizarse connivir connotar connu-
merar conquistar conrear conreinar consagrar conservar considerar consignar consistir
consolidar consonantizar conspirar constar constatar constelar consternar constipar

INFINITIVO	INDICATIVO			POTENCIAL
simple	presente	pret. indefinido	fut. imperfecto	simple o imp.
CONSTRUIR construyendo construido	construyo construyes construye construimos construís construyen	construí construiste construyó construimos construisteis construyeron	construiré construirás construirá construiremos construiréis construirán	construiría construirías construiría construiríamos construiríais construirían
CONTAR contando contado	cuento cuentas cuenta contamos contáis cuentan	conté contaste contó contamos contasteis contaron	contaré contarás contará contaremos contaréis contarán	contaría contarías contaría contaríamos contaríais contarían
CONTRIBUIR contribuyendo contribuido	contribuyo contribuyes contribuye contribuimos contribuís contribuyen	contribuí contribuiste contribuyó contribuimos contribuisteis contribuyeron	contribuiré contribuirás contribuirá contribuiremos contribuiréis contribuirán	contribuiría contribuirías contribuiría contribuiríamos contribuiríais contribuirían
CONTROVERTIR controvertiendo controvertido	controvierto controviertes controvierte controvertimos controvertís controvierten	controvertí controvertiste controvirtió controvertimos controvertisteis controvirtieron	controvertiré controvertirás controvertirá controvertiremos controvertiréis controvertirán	controvertiría controvertirías controvertiría controvertiríamos controvertiríais controvertirían
CONVALECER convaleciendo convalecido	convalezco convaleces convalece convalecemos convalecéis convalecen	convalecí convaleciste convaleció convalecimos convalecisteis convalecieron	convaleceré convalecerás convalecerá convaleceremos convaleceréis convalecerán	convalecería convalecerías convalecería convaleceríamos convaleceríais convalecerían
CONVERTIR convirtiendo convertido	convierto conviertes convierte convertimos convertís convierten	convertí convertiste convirtió convertimos convertisteis convirtieron	convertiré convertirás convertirá convertiremos convertiréis convertirán	convertiría convertirías convertiría convertiríamos convertiríais convertirían

con|tender   con|tener   con|torcerse   contra|abrir   contr|acordar   contra|decir   con|traer   con-
tra|hacer   contra|poner   contra|probar   contra|(r)requerir   contra|venir   con|venir   con|volverse

constuprar   consuegrar   consultar   consumar   consumir   contabilizar   contagiar   contaminar
contemperar   contemplar   contemporizar   contentar   contestar   continuar   contonearse   contornar
contornear   contraacuartelar   contraafianzar   contraatacar   contrabalancear   contrabandear
contrabatir   contrabracear   contracalcar   contracambiar   contraendosar   contraescarpar   contra-
esmaltar   contraestimular   contrafallar   contrafirmar   contraforjar   contragruar   contraguiñar
contrahoradar   contraindicar   contralibrar   contralorear   contrallevar   contramallar   contramandar
contramarcar   contramarchar   contramatar   contraminar   contramurar   contraordenar   contra-
pasar   contrapear   contrapechar   contraperfilar   contrapesar   contraproyectar   contrapuntarse

IMPERATIVO	SUBJUNTIVO		
presente	presente	pretérito imperfecto	fut. imperfecto
	construya	construyera-yese	construyere
construye	construyas	construyeras-yeses	construyeres
construya	construya	construyera-yese	construyere
construyamos	construyamos	construyéramos-yésemos	construyéremos
construid	construyáis	construyerais-yeseis	construyereis
construyan	construyan	construyeran-yesen	construyeren
	cuente	contara-ase	contare
cuenta	cuentes	contaras-ases	contares
cuente	cuente	contara-ase	contare
contemos	contemos	contáramos-ásemos	contáremos
contad	contéis	contarais-aseis	contareis
cuenten	cuenten	contaran-asen	contaren
	contribuya	contribuyera-yese	contribuyere
contribuye	contribuyas	contribuyeras-yeses	contribuyeres
contribuya	contribuya	contribuyera-yese	contribuyere
contribuyamos	contribuyamos	contribuyéramos-yésemos	contribuyéremos
contribuid	contribuyáis	contribuyerais-yeseis	contribuyereis
contribuyan	contribuyan	contribuyeran-yesen	contribuyeren
	controvierta	controvirtiera-iese	controvirtiere
controvierte	controviertas	controvirtieras-ieses	controvirtieres
controvierta	controvierta	controvirtiera-iese	controvirtiere
controvirtamos	controvirtamos	controvirtiéramos-iésemos	controvirtiéremos
controvertid	controvirtáis	controvirtierais-ieseis	controvirtiereis
controviertan	controviertan	controvirtieran-iesen	controvirtieren
	convalezca	convaleciera-iese	convaleciere
convalece	convalezcas	convalecieras-ieses	convalecieres
convalezca	convalezca	convaleciera-iese	convaleciere
convalezcamos	convalezcamos	convaleciéramos-iésemos	convaleciéremos
convaleced	convalezcáis	convalecierais-ieseis	convaleciereis
convalezcan	convalezcan	convalecieran-iesen	convalecieren
	convierta	convirtiera-iese	convirtiere
convierte	conviertas	convirtieras-ieses	convirtieres
convierta	convierta	convirtiera-iese	convirtiere
convirtamos	convirtamos	convirtiéramos-iésemos	convirtiéremos
convertid	convirtáis	convirtierais-ieseis	convirtiereis
conviertan	conviertan	convirtieran-iesen	convirtieren

co|(r)regir   co|(r)roer

contrapuntear contrapunzar contrariar contrarrayar contrarrestar contrarrevolucionar contrasellar contraseñar contrasignar contrastar contratar contravalar contravirar contristar controlar contundir conturbar contusionar convalidar convelerse convencer converger convergir conversar convidar convivir convocar convoyar convulsar cooperar coordinar copar copear copelar copiar copilar copinar coplear copular coquetear corar corcarse corcovar corcovear corcusir corchar cordear corear coriar coriear corlar corlear cornear coronar corporificar correar correlacionar correntiar correr corresponder corretajear corretear corroborar corrocar corromper corsear cortar cortejar coruscar corvetear

INFINITIVO	INDICATIVO			POTENCIAL
simple	presente	pret. indefinido	fut. imperfecto	simple o imp.
COSTAR	cuesto	costé	costaré	costaría
costando	cuestas	costaste	costarás	costarías
costado	cuesta	costó	costará	costaría
	costamos	costamos	costaremos	costaríamos
	costáis	costasteis	costaréis	costaríais
	cuestan	costaron	costarán	costarían
CRECER	crezco	crecí	creceré	crecería
creciendo	creces	creciste	crecerás	crecerías
crecido	crece	creció	crecerá	crecería
	crecemos	crecimos	creceremos	creceríamos
	crecéis	crecisteis	creceréis	creceríais
	crecen	crecieron	crecerán	crecerían
CUBRIR	cubro	cubrí	cubriré	cubriría
cubriendo	cubres	cubriste	cubrirás	cubrirías
cubierto	cubre	cubrió	cubrirá	cubriría
	cubrimos	cubrimos	cubriremos	cubriríamos
	cubrís	cubristeis	cubriréis	cubriríais
	cubren	cubrieron	cubrirán	cubrirían
DAR	doy	di	daré	daría
dando	das	diste	darás	darías
dado	da	dio	dará	daría
	damos	dimos	daremos	daríamos
	dais	disteis	daréis	daríais
	dan	dieron	darán	darían
DECENTAR	deciento	decenté	decentaré	decentaría
decentando	decientas	decentaste	decentarás	decentarías
decentado	decienta	decentó	decentará	decentaría
	decentamos	decentamos	decentaremos	decentaríamos
	decentáis	decentasteis	decentaréis	decentaríais
	decientan	decentaron	decentarán	decentarían

cost|reñir de|caer

coscachear coscarse cosechar coser cosquillar cosquillear costalearse costear costuronear cotejar cotillear cotizar cotorrear cotripular counirse crear creer creosotar crepitar criar cribar criminalizar criminar crinar crisolar crispar crispir cristalizar cristianar cristianizar criticar critiquizar croar crocitar cromolitografiar croscitar crotorar cruciar crucificar crujir cruzar cuabear cuacar cuadrar cuadrear cuadricular cuadrillar cuadriplicar cuadruplicar cuajar cuaresmar cuarrear cuartaguear cuartar cuartear cuartelar cuatrodoblar cuatropear cubanizar cubar cubicar cubijar cubilar cubiletear cucar cucarrear cuchar cucharear cucharetear cuchichear cuchichiar cuchuchear cuchufletear cuentear cuequear cuerear cuestionar cuetearse cuidar cujear culatear culebrear culincar culminar culpar cultiparlar cultivar culturar cullincar cumiar cumplimentar cumplir cumular cundir cunear cuñar cuprificar cuquear curar curcusir cursar curtir curucutear cuscurrear cusir cuspar cuspetear custodiar cutir chacanear chacarrear chacear chacolotear chacotear chacualear chacurruscar chacharear chafallar chafar chafarrinar chaflanar chalanear chalarse challar chamar chamarrear chambear chambonear chamarrear chamorrar chamoscar champar chamuscar chancar chancear chancletear chanchar chanfiar changar changuear chantar chañar chapalear chapaletear chaparrear

IMPERATIVO	SUBJUNTIVO		
presente	presente	pretérito imperfecto	fut. imperfecto
	cueste	costara-ase	costare
cuesta	cuestes	costaras-ases	costares
cueste	cueste	costara-ase	costare
costemos	costemos	costáramos-ásemos	costáremos
costad	costéis	costarais-aseis	costareis
cuesten	cuesten	costaran-asen	costaren
	crezca	creciera-iese	creciere
crece	crezcas	crecieras-ieses	crecieres
crezca	crezca	creciera-iese	creciere
crezcamos	crezcamos	creciéramos-iésemos	creciéremos
creced	crezcáis	crecierais-ieseis	creciereis
crezcan	crezcan	crecieran-iesen	crecieren
	cubra	cubriera-iese	cubriere
cubre	cubras	cubrieras-ieses	cubrieres
cubra	cubra	cubriera-iese	cubriere
cubramos	cubramos	cubriéramos-iésemos	cubriéremos
cubrid	cubráis	cubrierais-ieseis	cubriereis
cubran	cubran	cubrieran-iesen	cubrieren
	dé	diera-iese	diere
da	des	dieras-ieses	dieres
dé	dé	diera-iese	diere
demos	demos	diéramos-iésemos	diéremos
dad	deis	dierais-ieseis	diereis
den	den	dieran-iesen	dieren
	deciente	decentara-ase	decentare
decienta	decientes	decentaras-ases	decentares
deciente	deciente	decentara-ase	decentare
decentemos	decentemos	decentáramos-ásemos	decentáremos
decentad	decentéis	decentarais-aseis	decentareis
decienten	decienten	decentaran-asen	decentaren

chapatalear chapatear chapear chapecar chapescar chapetonear chaplear chapodar chapotear chapucear chapurrar chapurrear chapuzar chaquear charlar charlatanear charlotear charolar charquear charranear chascar chasconear chasquear chazar chechear cherchar chiar chibar chiclear chicolear chicotear chicharrar chichear chichinar chichisbear chichonear chiflar chijetear chilenizar chilinguear chillar chimar chimbar chimiscolear chinampear chinchar chinchinear chinchorrear chinchosear chindar chinear chinganear chingar chingarar chinguear chiñincar chipiar chiquear chirigotear chirijar chirijimar chiripear chirlar chirlatar chirriar chismear chismorrear chismosear chispar chispear chisporretear chisporrotear chistar chitar chitearse chivatear chivatear chocar chocarrear choclar choclear chochar chochear choflar cholloncarse chonguear chopear choquear chorear chorrear chotear chozar chozpar chucanear chucear chuchar chuchear chuequear chufar chufear chufletear chulear chulpajear chumandiar chumar chumpar chungar chungarse chunguear chupar chupetear churrascarse churrasquear churretear churrupear churruscarse chusearse chutear chuzar dactilografiar daguerreotipar dallar damasquinar damnificar danzar dañar datar davalar deambular debatir debelar deber debilitar debrocar debutar decalvar decampar decantar decapitar decarbonatar decarburar deceder decepcionar decervigar

INFINITIVO	INDICATIVO			POTENCIAL
simple	presente	pret. indefinido	fut. imperfecto	simple o imp.
DECIR diciendo dicho	digo dices dice decimos decís dicen	dije dijiste dijo dijimos dijisteis dijeron	diré dirás dirá diremos diréis dirán	diría dirías diría diríamos diríais dirían
DEDUCIR deduciendo deducido	deduzco deduces deduce deducimos deducís deducen	deduje dedujiste dedujo dedujimos dedujisteis dedujeron	deduciré deducirás deducirá deduciremos deduciréis deducirán	deduciría deducirías deduciría deduciríamos deduciríais deducirían
DEFENDER defendiendo defendido	defiendo defiendes defiende defendemos defendéis defienden	defendí defendiste defendió defendimos defendisteis defendieron	defenderé defenderás defenderá defenderemos defenderéis defenderán	defendería defenderías defendería defenderíamos defenderíais defenderían
DEFERIR defiriendo deferido	defiero defieres defiere deferimos deferís defieren	deferí deferiste defirió deferimos deferisteis defirieron	deferiré deferirás deferirá deferiremos deferiréis deferirán	deferiría deferirías deferiría deferiríamos deferiríais deferirían
DEGOLLAR degollando degollado	degüello degüellas degüella degollamos degolláis degüellan	degollé degollaste degolló degollamos degollasteis degollaron	degollaré degollarás degollará degollaremos degollaréis degollarán	degollaría degollarías degollaría degollaríamos degollaríais degollarían
DENOSTAR denostando denostado	denuesto denuestas denuesta denostamos denostáis denuestan	denosté denostaste denostó denostamos denostasteis denostaron	denostaré denostarás denostará denostaremos denostaréis denostarán	denostaría denostarías denostaría denostaríamos denostaríais denostarían
DENTAR dentando dentado	diento dientas dienta dentamos dentáis dientan	denté dentaste dentó dentamos dentasteis dentaron	dentaré dentarás dentará dentaremos dentaréis dentarán	dentaría dentarías dentaría dentaríamos dentaríais dentarían

de|crecer de|fenecer de|fluir de|mentar de|moler de|mostrar de|negar de|negrecer de|poner

decidir declamar declarar declinar decolorar decomisar decorar decrepitar decretar de-
cuplar decuplicar dedicar defalcar defecar defeccionar definir deflagrar deflegmar deflo-
gisticar deformar defosforar defraudar degenerar deglutir degradar dehesar deificar dejar
delatar delectar delegar deleitar deletrear deliberar delibrar delimitar delinear delinquir
delirar deludir demacrarse demandar demarcar demasiarse dementar* democratizar demorar

IMPERATIVO	SUBJUNTIVO		
presente	presente	pretérito imperfecto	fut. imperfecto
	diga	dijera-jese	dijere
di	digas	dijeras-jeses	dijeres
diga	diga	dijera-jese	dijere
digamos	digamos	dijéramos-jésemos	dijéremos
decid	digáis	dijerais-jeseis	dijereis
digan	digan	dijeran-jesen	dijeren
	deduzca	dedujera-jese	dedujere
deduce	deduzcas	dedujeras-jeses	dedujeres
deduzca	deduzca	dedujera-jese	dedujere
deduzcamos	deduzcamos	dedujéramos-jésemos	dedujéremos
deducid	deduzcáis	dedujerais-jeseis	dedujereis
deduzcan	deduzcan	dedujeran-jesen	dedujeren
	defienda	defendiera-iese	defendiere
defiende	defiendas	defendieras-ieses	defendieres
defienda	defienda	defendiera-iese	defendiere
defendamos	defendamos	defendiéramos-iésemos	defendiéremos
defended	defendáis	defendierais-ieseis	defendiereis
defiendan	defiendan	defendieran-iesen	defendieren
	defiera	defiriera-iese	defiriere
defiere	defieras	defirieras-ieses	defirieres
defiera	defiera	defiriera-iese	defiriere
defiramos	defiramos	defiriéramos-iésemos	defiriéremos
deferid	defiráis	defirierais-ieseis	defiriereis
defieran	defieran	defirieran-iesen	defirieren
	degüelle	degollara-ase	degollare
degüella	degüelles	degollaras-ases	degollares
degüelle	degüelle	degollara-ase	degollare
degollemos	degollemos	degolláramos-ásemos	degolláremos
degollad	degolléis	degollarais-aseis	degollareis
degüellen	degüellen	degollaran-asen	degollaren
	denueste	denostara-ase	denostare
denuesta	denuestes	denostaras-ases	denostares
denueste	denueste	denostara-ase	denostare
denostemos	denostemos	denostáramos-ásemos	denostáremos
denostad	denostéis	denostarais-aseis	denostareis
denuesten	denuesten	denostaran-asen	denostaren
	diente	dentara-ase	dentare
dienta	dientes	dentaras-ases	dentares
diente	diente	dentara-ase	dentare
dentemos	dentemos	dentáramos-ásemos	dentáremos
dentad	dentéis	dentarais-aseis	dentareis
dienten	dienten	dentaran-asen	dentaren

demudar denegrir denigrar denominar denotar densificar dentellar dentellear denudar
denunciar deparar departir depauperar depender depilar deplorar deportar depositar de-
pravar deprecar depreciar depredar deprimar deprimir depurar deputar derivar derogar

INFINITIVO	INDICATIVO			POTENCIAL
simple	presente	pret. indefinido	fut. imperfecto	simple o imp.
DERRENGAR	derriengo	derrengué	derrengaré	derrengaría
derrengando	derriengas	derrengaste	derrengarás	derrengarías
derrengado	derrienga	derrengó	derrengará	derrengaría
	derrengamos	derrengamos	derrengaremos	derrengaríamos
	derrengáis	derrengasteis	derrengaréis	derrengaríais
	derriengan	derrengaron	derrengarán	derrengarían
DERRETIR	derrito	derretí	derretiré	derretiría
derritiendo	derrites	derretiste	derretirás	derretirías
derretido	derrite	derritió	derretirá	derretiría
	derretimos	derretimos	derretiremos	derretiríamos
	derretís	derretisteis	derretiréis	derretiríais
	derriten	derritieron	derretirán	derretirían
DERRUIR	derruyo	derruí	derruiré	derruiría
derruyendo	derruyes	derruiste	derruirás	derruirías
derruido	derruye	derruyó	derruirá	derruiría
	derruimos	derruimos	derruiremos	derruiríamos
	derruís	derruisteis	derruiréis	derruiríais
	derruyen	derruyeron	derruirán	derruirían
DESAFERRAR	desafierro	desaferré	desaferraré	desaferraría
desaferrando	desafierras	desaferraste	desaferrarás	desaferrarías
desaferrado	desafierra	desaferró	desaferrará	desaferraría
	desaferramos	desaferramos	desaferraremos	desaferraríamos
	desaferráis	desaferrasteis	desaferraréis	desaferraríais
	desafierran	desaferraron	desaferrarán	desaferrarían
DESAFORAR	desafuero	desaforé	desaforaré	desaforaría
desaforando	desafueras	desaforaste	desaforarás	desaforarías
desaforado	desafuera	desaforó	desaforará	desaforaría
	desaforamos	desaforamos	desaforaremos	desaforaríamos
	desaforáis	desaforasteis	desaforaréis	desaforaríais
	desafueran	desaforaron	desaforarán	desaforarían
DESBRAVECER	desbravezco	desbravecí	desbraveceré	desbravecería
desbraveciendo	desbraveces	desbraveciste	desbravecerás	desbravecerías
desbravecido	desbravece	desbraveció	desbravecerá	desbravecería
	desbravecemos	desbravecimos	desbraveceremos	desbraveceríamos
	desbravecéis	desbravecisteis	desbraveceréis	desbraveceríais
	desbravecen	desbravecieron	desbravecerán	desbravecerían

derre|negar   des|abastecer   des|acollar   des|acordar   des|adormecer   des|agradecer   des|alentar
des|amoblar   des|amortecer   des|andar   des|aparecer   des|apretar   des|aprobar   des|arrendar

derrabar   derraizar   derramar   derrelinquir   derribar   derrocar   derrochar   derrostrarse
derrotar   derrubiar   derrumbar   desabarrancar   desabejar   desabocar   desabollar   desabonar
desabordarse   desaborar   desabotonar   desabovedar   desabrigar   desabrillantar   desabrir   des-
abrochar   desacalorarse   desacantonar   desacatar   desacatarrarse   desaceitar   desacerar   des-
acerbar   desacidificar   desacidular   desaclimatar   desacobardar   desacollarar   desacomodar
desacompañar   desacondicionar   desaconsejar   desacoplar   desacordonar   desacorralar   desacos-
tumbrar   desacotar   desacreditar   desacuartelar   desacumular   desacuñar   desachiguar   desachispar
desaderezar   desadeudar   desadoquinar   desadorar   desadornar   desadujar   desadvertir   desafamar
desafear   desafianzar   desafiar   desaficionar   desafijar   desafilar   desafinar   desaforrar   des-
afrancesar   desagarrar   desagitar   desagraciar   desagradar   desagraviar   desagregar   desagriar
desaguar   desaguazar   desaherrojar   desahijar   desahitarse   desahogar   desahuciar   desahumar

IMPERATIVO	SUBJUNTIVO		
presente	presente	pretérito imperfecto	fut. imperfecto
	derriengue	derrengara-ase	derrengare
derrienga	derriengues	derrengaras-ases	derrengares
derriengue	derriengue	derrengara-ase	derrengare
derrenguemos	derrenguemos	derrengáramos-ásemos	derrengáremos
derrengad	derrenguéis	derrengarais-aseis	derrengareis
derrienguen	derrienguen	derrengaran-asen	derrengaren
	derrita	derritiera-iese	derritiere
derrite	derritas	derritieras-ieses	derritieres
derrita	derrita	derritiera-iese	derritiere
derritamos	derritamos	derritiéramos-iésemos	derritiéremos
derretid	derritáis	derritierais-ieseis	derritiereis
derritan	derritan	derritieran-iesen	derritieren
	derruya	derruyera-yese	derruyere
derruye	derruyas	derruyeras-yeses	derruyeres
derruya	derruya	derruyera-yese	derruyere
derruyamos	derruyamos	derruyéramos-yésemos	derruyéremos
derruid	derruyáis	derruyerais-yeseis	derruyereis
derruyan	derruyan	derruyeran-yesen	derruyeren
	desafierre	desaferrara-ase	desaferrare
desafierra	desafierres	desaferraras-ases	desaferrares
desafierre	desafierre	desaferrara-ase	desaferrare
desaferremos	desaferremos	desaferráramos-ásemos	desaferráremos
desaferrad	desaferréis	desaferrarais-aseis	desaferrareis
desafierren	desafierren	desaferraran-asen	desaferraren
	desafuere	desaforara-ase	desaforare
desafuera	desafueres	desaforaras-ases	desaforares
desafuere	desafuere	desaforara-ase	desaforare
desaforemos	desaforemos	desaforáramos-ásemos	desaforáremos
desaforad	desaforéis	desaforarais-aseis	desaforareis
desafueren	desafueren	desaforaran-asen	desaforaren
	desbravezca	desbraveciera-iese	desbraveciere
desbravece	desbravezcas	desbravecieras-ieses	desbravecieres
desbravezca	desbravezca	desbraveciera-iese	desbraveciere
desbravezcamos	desbravezcamos	desbraveciéramos-iésemos	desbraveciéremos
desbraveced	desbravezcáis	desbravecierais-ieseis	desbraveciereis
desbravezcan	desbravezcan	desbravecieran-iesen	desbravecieren

des|asentar   des|asir   desarre|volver   desa|sosegar   des|atender   des|atentar   des|aterirse
des|aterrar   des|atraer   desa|venir

desainar desairar desaislarse desajacarse desajarrar desajustar desalabar desalabear
desalagar desalar desalbardar desalcoholizar desalfilerar desalfombrar desalforjar des-
alhajar desalinear desaliñar desalisar desalivar desalmacenar desalmar desalmenar
desalmidonar desalojar desalquilar desalterar desalucinar desamanerarse desamar desa-
marrar desamazacotar desamelgar desamistarse desamodorrar desamojelar desamoldar
desamontonar desamorar desamorrar desamortajar desamortizar desamotinarse desamparar
desamueblar desamurar desanaguarse desanclar desancorar desanejarse desangrar desanidar
desanillar desanimar desanublar desanudar desañudar desaojar desapadrinar desapañar
desaparear desaparejar desaparroquiar desapartar desapasionar desapegar desapegualar
desapercibirse desapestar desapiadarse desapiolar desaplicar desaplomar desapoderar
desapolillar desaponzar desaporcar desaposentar desaposesionar desapostemar desapoyar

INFINITIVO	INDICATIVO			POTENCIAL
simple	presente	pret. indefinido	fut. imperfecto	simple o imp.
DESCAECER	descaezco	descaecí	descaeceré	descaecería
descaeciendo	descaeces	descaeciste	descaecerás	descaecerías
descaecido	descaece	descaeció	descaecerá	descaecería
	descaecemos	descaecimos	descaeceremos	descaeceríamos
	descaecéis	descaecisteis	descaeceréis	descaeceríais
	descaecen	descaecieron	descaecerán	descaecerían
DESCENDER	desciendo	descendí	descenderé	descendería
descendiendo	desciendes	descendiste	descenderás	descenderías
descendido	desciende	descendió	descenderá	descendería
	descendemos	descendimos	descenderemos	descenderíamos
	descendéis	descendisteis	descenderéis	descenderíais
	descienden	descendieron	descenderán	descenderían
DESCOLLAR	descuello	descollé	descollaré	descollaría
descollando	descuellas	descollaste	descollarás	descollarías
descollado	descuella	descolló	descollará	descollaría
	descollamos	descollamos	descollaremos	descollaríamos
	descolláis	descollasteis	descollaréis	descollaríais
	descuellan	descollaron	descollarán	descollarían

desca|bullirse des|caer desc|alentarse des|ceñir des|cerrar desci|mentar des|cocer des|colgar
desco|medirse descom|poner des|concertar des|conocer descon|sentir des|consolar des|contar
descon|venir des|(a)cordar des|(a)cornar des|costarse des|crecer d|escribir des|cubrir

desapreciar desaprender desaprensar desapretinar desaprisionar desapropiar desaprovechar
desapuntalar desapuntar desaquellarse desarbolar desarchivar desarenar desargentar des-
armar desarmonizar desarraigar desarrancarse desarrebozar desarrebujar desarreglar
desarrimar desarrinconar desarrollar desarropar desarrugar desarrumar desarticular
desartillar desarzonar desasar desasear desasegurar desasenderearse desasfaltar des-
asimilar desasistir desasnar desasociar desastar desatacar desatar desatascar
desataviar desatesorar desatestar desatibar desatinar desatolondrar desatollar desatontarse
desatorar desatornillar desatracar desatraillar desatrampar desatrancar desatufarse
desaturdir desatusar desautorizar desavahar desavecindarse desaviar desavisar desayudar
desayunarse desayustar desazogar desazonar desazufrar desbabar desbagar desbalagar
desbancar desbandarse desbarahustar desbarajustar desbaratar desbarbar desbarbillar
desbardar desbarnizar desbarrancar desbarrar desbarretar desbarrigar desbastar des-
bautizar desbeber desbecerrar desbezar desbinzar desbisagrarse desbocar desbonetarse
desboquillar desbordar desbornizar desborrar desboscar desbotonar desbragar desgravar
desbravear desbrazarse desbreñar desbrevarse desbridar desbriznar desbrotar desbrozar
desbruar desbrujar desbuchar desbullar descabalar descabalgar descabellar descabestrar
descabezar descabritar descacilar descachar descachazar descaderar descadillar descafilar
descalabazarse descalabrar descalandrajar descalcar descalificar descalzar descambiar
descaminar descamisar descanar descansar descantar descantear descanterar descantillar
descantonar descañonar descaperuzar descapillar descapirotar descapitalizar descapuchonar
descararse descarbonatar descarbonizar descarburar descarcañalar descardar descargar
descariñarse descarmenar descarnar descarozar descarretillar descarriar descarrilar
descarrillar descartar descasar descascar descascarar descascarillar descaspar descastar
descastrar descatolizar descebar descentralizar descentrar descepar descercar descercar
descerezar descerrajar descerrumarse descervigar descifrar descimbrar descinchar des-
cintrar descivilizar desclavar descoagular descobajar descobijar descocar descocarse
descodar descoger descogollar descogotar descohesionar descolar descolchar descolmar
descolmillar descolorar descolorir descombrar descomer descompadrar descompaginar
descompasar descompasarse descompletar descomprimir descomulgar desconceptuar des-
conchabar desconchar desconectar desconfiar desconformar descongelar descongestionar
descongojar desconsiderar descontagiar descontentar descontinuar descontrapesar desconvidar

IMPERATIVO	SUBJUNTIVO		
presente	presente	pretérito imperfecto	fut. imperfecto
	descaezca	descaeciera-iese	descaeciere
descaece	descaezcas	descaecieras-ieses	descaecieres
descaezca	descaezca	descaeciera-iese	descaeciere
descaezcamos	descaezcamos	descaeciéramos-iésemos	descaeciéremos
descaeced	descaezcáis	descaecierais-ieseis	descaeciereis
descaezcan	descaezcan	descaecieran-iesen	descaecieren
	descienda	descendiera-iese	descendiere
desciende	desciendas	descendieras-ieses	descendieres
descienda	descienda	descendiera-iese	descendiere
descendamos	descendamos	descendiéramos-iésemos	descendiéremos
descended	descendáis	descendierais-ieseis	descendiereis
desciendan	desciendan	descendieran-iesen	descendieren
	descuelle	descollara-ase	descollare
descuella	descuelles	descollaras-ases	descollares
descuelle	descuelle	descollara-ase	descollare
descollemos	descollemos	descolláramos-ásemos	descolláremos
descollad	descolléis	descollarais-aseis	descollareis
descuellen	descuellen	descollaran-asen	descollaren

des|decir des|dentar des|embebecerse des|embellecer des|embravecer des|embrutecer des|em-
pedrar des|empobrecer desen|carecer desen|cerrar des|encordar des|encovar des|enfurecer
des|engrosar desen|mohecer des|enmudecer des|ensoberbecer desen|tenderse des|enterrar

descopar descorazonar descorchar descorderar descorrear descorrer descortezar descortinar
descoser descostarse descostillar descostrar descotar descoyuntar descreer descremar
descrestar descriar descrinar descrismar descristianar descristianizar descrucificar des-
cruzar descuacharrangarse descuadernar descuadrar descuadrilarse descuadrillarse descuajar
descuajaringarse descuartelar descuartizar descuerar descuernar descuidar descular des-
culatar deschapar descharchar deschavetarse deschepicar deschuponar desdeñar desdevanar
desdibujar desdientar desdoblar desdoncellar desdorar desear desebar desecar desechar
desedificar desejarse deselectrizar desellar desembalar desembaldosar desemballestar
desembanastar desembarazar desembarcar desembargar desembarrancar desembarrar
desembaular desembelesarse desembocar desembojar desembolsar desemborrachar desem-
borrar desemboscarse desembotar desembozar desembragar desembrazar desembriagar
desembridar desembrollar desembrocar desembrozar desembuchar desembudar desembu-
ñegarse desemejar desempacar desempachar desempajar desempalagar
desempañar desempapelar desempaquetar desemparejar desemparvar desempastar desem-
pastelar desempatar desempavonar desempegar desempeñar desempeorarse desemperezar
desempernar desempertigar desempolvar desempolvorar desempollar desemponzoñar des-
empotrar desempozar desempulgar desenalbardar desenamorar desenastar desencabalgar
desencabestrar desencadenar desencajar desencajonar desencalabrinar desencalcar desen-
callar desencaminar desencandilar desencantar desencantarar desencapillar desencapotar
desencaprichar desencarcelar desencargar desencarnar desencanastillar desencenagar
desencentrar desenchinchar desencintar desenclavar desenclavijar desencoger desencolar
desencolerizar desenconar desencordelar desencorvar desencrespar desencuadernar desen-
cuartar desenchuecar desendemoniar desendiablar desendiosar desenejar desenfadar desen-
faldar desenfardar desenfardelar desenfilar desenfrailar desenfrenar desenfundar desen-
ganchar desengañar desengañilar desengarrafar desengarzar desengastar desengazar desen-
gomar desengoznar desengranar desengrasar desengrudar desenguantarse desenguaracar
desenhadar desenhastiar desenhebrar desenhechizar desenhornar desenjaezar desenjalmar
desenjaular desenlabonar desenladrillar desenlazar desenlodar desenlosar desenlutar desen-
malezar desenmallar desenmarañar desenmascarar desenojar desenredar desenrizar
desenrollar desenronar desenroscar desensabanar desensamblar desensañar desensartar
desensebar desenseñar desensillar desentablar desentaligar desentarimar desentechar

INFINITIVO	INDICATIVO			POTENCIAL
simple	presente	pret. indefinido	fut. imperfecto	simple o imp.
DESFLAQUECER	desflaquezco	desflaquecí	desflaqueceré	desflaquecería
desflaqueciendo	desflaqueces	desflaqueciste	desflaquecerás	desflaquecerías
desflaquecido	desflaquece	desflaqueció	desflaquecerá	desflaquecería
	desflaquecemos	desflaquecimos	desflaqueceremos	desflaqueceríamos
	desflaquecéis	desflaquecisteis	desflaqueceréis	desflaqueceríais
	desflaquecen	desflaquecieron	desflaquecerán	desflaquecerían
DESFLOCAR	desflueco	desfloqué	desflocaré	desflocaría
desflocando	desfluecas	desflocaste	desflocarás	desflocarías
desflocado	desflueca	desflocó	desflocará	desflocaría
	desflocamos	desflocamos	desflocaremos	desflocaríamos
	desflocáis	desflocasteis	desflocaréis	desflocaríais
	desfluecan	desflocaron	desflocarán	desflocarían
DESLEIR	deslío	desleí	desleiré	desleiría
desliendo	deslíes	desleíste	desleirás	desleirías
desleído	deslíe	deslió	desleirá	desleiría
	deslEímos	desleímos	desleiremos	desleiríamos
	desleís	desleísteis	desleiréis	desleiríais
	deslíen	deslieron	desleirán	desleirían
DESLENDRAR	desliendro	deslendré	deslendraré	deslendraría
deslendrando	desliendras	deslendraste	deslendrarás	deslendrarías
deslendrado	desliendra	deslendró	deslendrará	deslendraría
	deslendramos	deslendramos	deslendraremos	deslendraríamos
	deslendráis	deslendrasteis	deslendraréis	deslendraríais
	desliendran	deslendraron	deslendrarán	deslendrarían
DESMEMBRAR	desmiembro	desmembré	desmembraré	desmembraría
desmembrando	desmiembras	desmembraste	desmembrarás	desmembrarías
desmembrado	desmiembra	desmembró	desmembrará	desmembraría
	desmembramos	desmembramos	desmembraremos	desmembraríamos
	desmembráis	desmembrasteis	desmembraréis	desmembraríais
	desmiembran	desmembraron	desmembrarán	desmembrarían

des|entorpecer des|entristecer des|entumecer desen|volver de|servir des|fallecer des|favorecer des|florecer des|fortalecer des|forzarse des|gobernar des|guarnecer des|hacer des|helar

desentejar desentelar desentoldar desentonar desentornillar desentrampar desentrañar desentronizar desentumir desenvainar desenvelejar desenvendar desenvergar desenviolar desenviudar desenyesar desenyugar desenzarzar desenzolvar desequilibrar deserizar desertar deseslabonar desespaldar desespañolizar desesperanzar desesperar desestancar desestañar desesterar desestimar deseternizar desfajar desfalcar desfanatizar desfibrar desfigurar desfijar desfilachar desfilar desfinzar desflecar desflemar desflorar desfogar desfogonar desfollonar desfondar desformar desforrar desfosforar desfrenar desgajar desgalgar desganar desganchar desgañifarse desgañitarse desgargantarse desgargolar desgaritar desgarrar desgastar desgatar desgaznatarse desglosar desgolletar desgomar desgonzar desgorrarse desgozar desgraciar desgramar desgranar desgranzar desgrasar desgreñar desguabilar desguabinar desguanzar desguañar desguañangar desguarnir desguasar desguatar desguazar desguindar desguinzar deshabitar deshabituar deshebillar deshebrar deshechizar desheredar deshermanar desherrumbrar deshidratar deshidrogenar deshijar deshilachar deshilar deshilvanar deshincar deshinchar deshipnotizar deshipotecar deshojar deshollejar deshollinar

IMPERATIVO	SUBJUNTIVO		
presente	presente	pretérito imperfecto	fut. imperfecto
	desflaquezca	desflaqueciera-iese	desflaqueciere
desflaquece	desflaquezcas	desflaquecieras-ieses	desflaquecieres
desflaquezca	desflaquezca	desflaqueciera-iese	desflaqueciere
desflaquezcamos	desflaquezcamos	desflaqueciéramos-iésemos	desflaqueciéremos
desflaqueced	desflaquezcáis	desflaquecierais-ieseis	desflaqueciereis
desflaquezcan	desflaquezcan	desflaquecieran-iesen	desflaquecieren
	desflueque	desflocara-ase	desflocare
desflueca	desflueques	desflocaras-ases	desflocares
desflueque	desflueque	desflocara-ase	desflocare
desfloquemos	desfloquemos	desflocáramos-ásemos	desflocáremos
desflocad	desfloquéis	desflocarais-aseis	desflocareis
desfluequen	desfluequen	desflocaran-asen	desflocaren
	deslíe	desliera-iese	desliere
deslíe	deslíes	deslieras-ieses	deslieres
deslíe	deslíe	desliera-iese	desliere
desliamos	deslíamos	desliéramos-iésemos	desliéremos
desleíd	desliáis	deslierais-ieseis	desliereis
deslíen	deslíen	deslieran-iesen	deslieren
	desliendre	deslendrara-ase	deslendrare
desliendra	desliendres	deslendraras-ases	deslendrares
desliendre	desliendre	deslendrara-ase	deslendrare
deslendremos	deslendremos	deslendráramos-ásemos	deslendráremos
deslendrad	deslendréis	deslendrarais-aseis	deslendrareis
desliendren	desliendren	deslendraran-asen	dreslendraren
	desmiembre	desmembrara-ase	desmembrare
desmiembra	desmiembres	desmembraras-ases	desmembrares
desmiembre	desmiembre	desmembrara-ase	desmembrare
desmembremos	desmembremos	desmembráramos-ásemos	desmembráremos
desmembrad	desmembréis	desmembrarais-aseis	desmembrareis
desmiembren	desmiembren	desmembraran-asen	desmembraren

---

des|herbar   des|herrar   des|humedecer   desim|poner   des|invernar   des|lucir   des|majolar
des|medirse   des|melar   des|mentir   des|merecer   des|moler   des|mullir   des|negar   des|nevar

deshonorar deshonrar deshornar deshuesar deshumanarse deshumanizar deshumarse deshumillar designar desigualar desilusionar desimaginar desimanar desimantar desimpresionar desinclinar desincorporar desincrustar desinfeccionar desinfectar desinficionar desinfisar desinflamar desinflar desinsacular desinteresarse desintoxicar desistir desjarciar desjarretar desjuanetar desjugar desjuntar deslabonar desladrillar deslamar deslastrar deslatar deslavar deslavazar deslazar deslechar deslechugar deslechuguillar deslenguar desliar desligar deslinajar deslinar deslindar deslindar deslizar desloar deslomar deslumbrar deslustrar desmadejar desmagnetizar desmajolar desmalezar desmalingrar desmalrar desmallar desmamar desmamonar desmanar desmandar desmanear desmangar desmanguillar desmaniguar desmantecar desmantelar desmarañar desmarojar desmarrirse desmatar desmayar desmechar desmedrar desmejorar desmelancolizar desmelenar desmemoriarse desmenguar desmenudear desmenuzar desmeollar desmesurar desmicar desmigajar desmigar desmilitarizar desmocar desmochar desmogar desmoler desmondongar desmonetizar desmontar desmoñar desmoralizar desmoronar desmostarse

INFINITIVO	INDICATIVO			POTENCIAL
simple	presente	pret. indefinido	fut. imperfecto	simple o imp.
DESMORECER	desmorezco	desmorecí	desmoreceré	desmorecería
desmoreciendo	desmoreces	desmoreciste	desmorecerás	desmorecerías
desmorecido	desmorece	desmoreció	desmorecerá	desmorecería
	desmorecemos	desmorecimos	desmoreceremos	desmoreceríamos
	desmorecéis	desmorecisteis	desmoreceréis	desmoreceríais
	desmorecen	desmorecieron	desmorecerán	desmorecerían
DESNOBLECER	desnoblezco	desnoblecí	desnobleceré	desnoblecería
desnobleciendo	desnobleces	desnobleciste	desnoblecerás	desnoblecerías
desnoblecido	desnoblece	desnobleció	desnoblecerá	desnoblecería
	desnoblecemos	desnoblecimos	desnobleceremos	desnobleceríamos
	desnoblecéis	desnoblecisteis	desnobleceréis	desnobleceríais
	desnoblecen	desnoblecieron	desnoblecerán	desnoblecerían
DESOLLAR	desuello	desollé	desollaré	desollaría
desollando	desuellas	desollaste	desollarás	desollarías
desollado	desuella	desolló	desollará	desollaría
	desollamos	desollamos	desollaremos	desollaríamos
	desolláis	desollasteis	desollaréis	desollaríais
	desuellan	desollaron	desollarán	desollarían
DESOSAR	deshueso	desosé	desosaré	desosaría
desosando	deshuesas	desosaste	desosarás	desosarías
desosado	deshuesa	desosó	desosará	desosaría
	desosamos	desosamos	desosaremos	desosaríamos
	desosáis	desosasteis	desosaréis	desosaríais
	deshuesan	desosaron	desosarán	desosarían
DESPAVORIR		despavorí	despavoriré	despavoriría
despavoriendo		despavoriste	despavorirás	despavorirías
despavorido		despavorió	despavorirá	despavoriría
	despavorimos	despavorimos	despavoriremos	despavoriríamos
	despavorís	despavoristeis	despavoriréis	despavoriríais
		despavorieron	despavorirán	despavorirían
DESPEDRAR	despiedro	despedré	despedraré	despedraría
despedrando	despiedras	despedraste	despedrarás	despedrarías
despedrado	despiedra	despedró	despedrará	despedraría
	despedramos	despedramos	despedraremos	despedraríamos
	despedráis	despedrasteis	despedraréis	despedraríais
	despiedran	despedraron	despedrarán	despedrarían
DESPERNAR	despierno	desperné	despernaré	despernaría
despernando	despiernas	despernaste	despernarás	despernarías
despernado	despierna	despernó	despernará	despernaría
	despernamos	despernamos	despernaremos	despernaríamos
	despernáis	despernasteis	despernaréis	despernaríais
	despiernan	despernaron	despernarán	despernarían

des|obedecer   des|obstruir   des|oír   de|solar   de|soldar   des|aparecer   des|pedir

desmotar desmovilizar desmurar desnacionalizar desnalgar desnarigar desnatar desnaturalizar desnaturar desnervar desnivelar desnucar desnudar desnutrirse desobligar desocupar desojar desolazar desonzar desopilar desopinar desoprimir desorbitar desordenar desorejar desorganizar desorientar desorillar desortijar desovar desovillar desoxidar desoxigenar despabilar despachar despachurrar despagar despajar despaldar despaldillar

IMPERATIVO	SUBJUNTIVO		
presente	presente	pretérito imperfecto	fut. imperfecto
	desmorezca	desmoreciera-iese	desmoreciere
desmorece	desmorezcas	desmorecieras-ieses	desmorecieres
desmorezca	desmorezca	desmoreciera-iese	desmoreciere
desmorezcamos	desmorezcamos	desmoreciéramos-iésemos	desmoreciéremos
desmoreced	desmorezcáis	desmorecierais-ieseis	desmoreciereis
desmorezcan	desmorezcan	desmorecieran-iesen	desmorecieren
	desnoblezca	desnobleciera-iese	desnobleciere
desnoblece	desnoblezcas	desnoblecieras-ieses	desnoblecieres
desnoblezca	desnoblezca	desnobleciera-iese	desnobleciere
desnoblezcamos	desnoblezcamos	desnobleciéramos-iésemos	desnobleciéremos
desnobleced	desnoblezcáis	desnoblecierais-ieseis	desnobleciereis
desnoblezcan	desnoblezcan	desnoblecieran-iesen	desnoblecieren
	desuelle	desollara-ase	desollare
desuella	desuelles	desollaras-ases	desollares
desuelle	desuelle	desollara-ase	desollare
desollemos	desollemos	desolláramos-ásemos	desolláremos
desollad	desolléis	desollarais-aseis	desollareis
desuellen	desuellen	desollaran-asen	desollaren
	deshuese	desosara-ase	desosare
deshuesa	deshueses	desosaras-ases	desosares
deshuese	deshuese	desosara-ase	desosare
desosemos	desosemos	desosáramos-ásemos	desosáremos
desosad	desoséis	desosarais-aseis	desosareis
deshuesen	deshuesen	desosaran-asen	desosaren
		despavoriera-iese	despavoriere
		despavorieras-ieses	despavorieres
		despavoriera-iese	despavoriere
		despavoriéramos-iésemos	despavoriéremos
despavorid		despavorierais-ieseis	despavoriereis
		despavorieran-iesen	despavorieren
	despiedre	despedrara-ase	despedrare
despiedra	despiedres	despedraras-ases	despedrares
despiedre	despiedre	despedrara-ase	despedrare
despedremos	despedremos	despedráramos-ásemos	despedráremos
despedrad	despedréis	despedrarais-aseis	despedrareis
despiedren	despiedren	despedraran-asen	despedraren
	despierne	despernara-ase	despernare
despierna	despiernes	despernaras-ases	despernares
despierne	despierne	despernara-ase	despernare
despernemos	despernemos	despernáramos-ásemos	despernáremos
despernad	despernéis	despernarais-aseis	despernareis
despiernen	despiernen	despernaran-asen	despernaren

despaletillar despalillar despalmar despampanar despampanillar desplamplonar despanar despancar despancijar despanzurrar despapar desparejar desparpajar desparramar despartir desparvar despasar despasionarse despasmar despastar despatarrar despatillar despaturrar despavesar despearse despechar despechugar despedazar despedregar despegar despeinar despejar despelotar despelucar despeluzar despeluznar despellejar despenar

INFINITIVO	INDICATIVO			POTENCIAL
simple	presente	pret. indefinido	fut. imperfecto	simple o imp.
DESPERTAR	despierto	desperté	despertaré	despertaría
despertando	despiertas	despertaste	despertarás	despertarías
despertado	despierta	despertó	despertará	despertaría
	despertamos	despertamos	despertaremos	despertaríamos
	despertáis	despertasteis	despertaréis	despertaríais
	despiertan	despertaron	despertarán	despertarían
DESPEZAR	despiezo	despecé	despezaré	despezaría
despezando	despiezas	despezaste	despezarás	despezarías
despezado	despieza	despezó	despezará	despezaría
	despezamos	despezamos	despezaremos	despezaríamos
	despezáis	despezasteis	despezaréis	despezaríais
	despiezan	despezaron	despezarán	despezarían
DESTERRAR	destierro	desterré	desterraré	desterraría
desterrando	destierras	desterraste	desterrarás	desterrarías
desterrado	destierra	desterró	desterrará	desterraría
	desterramos	desterramos	desterraremos	desterraríamos
	desterráis	desterrasteis	desterraréis	desterraríais
	destierran	desterraron	desterrarán	desterrarían
DESTITUIR	destituyo	destituí	destituiré	destituiría
destituyendo	destituyes	destituiste	destituirás	destituirías
destituido	destituye	destituyó	destituirá	destituiría
	destituimos	destituimos	destituiremos	destituiríamos
	destituís	destituisteis	destituiréis	destituiríais
	destituyen	destituyeron	destituirán	destituirían
DESTRUIR	destruyo	destruí	destruiré	destruiría
destruyendo	destruyes	destruiste	destruirás	destruirías
destruido	destruye	destruyó	destruirá	destruiría
	destruimos	destruimos	destruiremos	destruiríamos
	destruís	destruisteis	destruiréis	destruiríais
	destruyen	destruyeron	destruirán	destruirían
DESTULLECER	destullezco	destullecí	destulleceré	destullecería
destulleciendo	destulleces	destulleciste	destullecerás	destullecerías
destullecido	destullece	destulleció	destullecerá	destullecería
	destullecemos	destullecimos	destulleceremos	destulleceríamos
	destullecéis	destullecisteis	destulleceréis	destulleceríais
	destullecen	destullecieron	destullecerán	destullecerían

des|perecer des|obstruir des|placer des|plegar des|poblar despre|venir des|proveer des|quebrar

despender despenolar despeñar despepitarse despercatarse despercudir desperdiciar desperdigar desperezarse desperfeccionar desperfilar despernancar despestañar despetrificar despezonar despezuñarse despiarse despicar despicarazar despichar despiezar despilarar despilfarrar despilonar despimpollar despintar despinzar despiojar despistar despistojarse despizcar desplanchar desplatar desplatear desplayar desplazar despleguetear desplomar desplumar despoetizar despojar despolarizar despolvar despolvorear despopularizar desporroncigarse desportillar desposar desposeer despostar despostillar despotizar despotricar despreciar despredicar desprender desprensar despreocuparse despresar desprestigiar despretinar desproporcionar despulgar despulir despulmonarse despulsar despumar despuntar desquebrajar desquejar desquemar desquiciar desquijarar desquijarrar desquijerar desquilatar desquilibrar desquitar desrabar desrabotar desramar desramillar desrancharse

IMPERATIVO	SUBJUNTIVO		
presente	presente	pretérito imperfecto	fut. imperfecto
	despierte	despertara-ase	despertare
despierta	despiertes	despertaras-ases	despertares
despierte	despierte	despertara-ase	despertare
despertemos	despertemos	despertáramos-ásemos	despertáremos
despertad	despertéis	despertarais-aseis	despertareis
despierten	despierten	despertaran-asen	despertaren
	despiece	despezara-ase	despezare
despieza	despieces	despezaras-ases	despezares
despiece	despiece	despezara-ase	despezare
despecemos	despecemos	despezáramos-ásemos	despezáremos
despezad	despecéis	despezarais-aseis	despezareis
despiecen	despiecen	despezaran-asen	despezaren
	destierre	desterrara-ase	desterrare
destierra	destierres	desterraras-ases	desterrares
destierre	destierre	desterrara-ase	desterrare
desterremos	desterremos	desterráramos-ásemos	desterráremos
desterrad	desterréis	desterrarais-aseis	desterrareis
destierren	destierren	desterraran-asen	desterraren
	destituya	destituyera-yese	destituyere
destituye	destituyas	destituyeras-yeses	destituyeres
destituya	destituya	destituyera-yese	destituyere
destituyamos	destituyamos	destituyéramos-yésemos	destituyéremos
destituid	destituyáis	destituyerais-yeseis	destituyereis
destituyan	destituyan	destituyeran-yesen	destituyeren
	destruya	destruyera-yese	destruyere
destruye	destruyas	destruyeras-yeses	destruyeres
destruya	destruya	destruyera-yese	destruyere
destruyamos	destruyamos	destruyéramos-yésemos	destruyéremos
destruid	destruyáis	destruyerais-yeseis	destruyereis
destruyan	destruyan	destruyeran-yesen	destruyeren
	destullezca	destulleciera-iese	destulleciere
destullece	destullezcas	destullecicras-ieses	destullecieres
destullezca	destullezca	destulleciera-iese	destulleciere
destullezcamos	destullezcamos	destulleciéramos-iésemos	destulleciéremos
destulleced	destullezcáis	destullecierais-ieseis	destulleciereis
destullezcan	destullezcan	destullecieran-iesen	destullecieren

des|querer   des|tender   des|tentar   des|teñir   des|torcer   des|tostarse   des|trocar   des|uñir

desranillar   desraspar   desrastrojar desratizar desrayar desrazonar desreglar desrelingar desrielar desriñonar desriscar desrizar desroblar desronchar desroñar desrostrar desrumbar   destabar   destablar destacar destaconar destachonar destajar destalonar destallar destapar destapiar destaponar destarar destartalar destazar destrebechar destechar destejar destejer destelar destelengar destellar destemplar desternar desternillarse desterronar destetar destetillar destilar destinar destiranizar destocar destocorar destongar destorgar destornillar destornudar destososerse destrabar destraillar destramar destrancar destrastar destratar destrejar destrenzar destrincar destripar destripular destriunfar destrizar destronar   destroncar destrozar destungar destustuzar destutanar desuardar desubstanciar desucar   desudar   desuelar desuerar desulfurar desuncir desunificar desunir desuñar desurcar   desurdir desusar desustanciar desvahar desvainar desvaír desvalijar desvalorar

INFINITIVO	INDICATIVO			POTENCIAL
simple	presente	pret. indefinido	fut. imperfecto	simple o imp.
DESVANECER	desvanezco	desvanecí	desvaneceré	desvanecería
desvaneciendo	desvaneces	desvaneciste	desvanecerás	desvanecerías
desvanecido	desvanece	desvaneció	desvanecerá	desvanecería
	desvanecemos	desvanecimos	desvaneceremos	desvaneceríamos
	desvanecéis	desvanecisteis	desvaneceréis	desvaneceríais
	desvanecen	desvanecieron	desvanecerán	desvanecerían
DESVENTAR	desviento	desventé	desventaré	desventaría
desventando	desvientas	desventaste	desventarás	desventarías
desventado	desvienta	desventó	desventará	desventaría
	desventamos	desventamos	desventaremos	desventaríamos
	desventáis	desventasteis	desventaréis	desventaríais
	desvientan	desventaron	desventarán	desventarían
DESVERGONZAR	desvergüenzo	desvergoncé	desvergonzaré	desvergonzaría
desvergonzando	desvergüenzas	desvergonzaste	desvergonzarás	desvergonzarías
desvergonzado	desvergüenza	desvergonzó	desvergonzará	desvergonzaría
	desvergonzamos	desvergonzamos	desvergonzaremos	desvergonzaríamos
	desvergonzáis	desvergonzasteis	desvergonzaréis	desvergonzaríais
	desvergüenzan	desvergonzaron	desvergonzarán	desvergonzarían
DEZMAR	diezmo	dezmé	dezmaré	dezmaría
dezmando	diezmas	dezmaste	dezmarás	dezmarías
dezmado	diezma	dezmó	dezmará	dezmaría
	dezmamos	dezmamos	dezmaremos	dezmaríamos
	dezmáis	dezmasteis	dezmaréis	desmaríais
	diezman	dezmaron	dezmarán	dezmarían
DIFERIR	difiero	diferí	diferiré	diferiría
difiriendo	difieres	diferiste	diferirás	diferirías
diferido	difiere	difirió	diferirá	diferiría
	diferimos	diferimos	diferiremos	diferiríamos
	diferís	diferisteis	diferiréis	diferiríais
	difieren	difirieron	diferirán	diferirían
DIGERIR	digiero	digerí	digeriré	digeriría
digiriendo	digieres	digeriste	digerirás	digerirías
digerido	digiere	digirió	digerirá	digeriría
	digerimos	digerimos	digeriremos	digeriríamos
	digerís	digeristeis	digeriréis	digeriríais
	digieren	digirieron	digerirán	digerirían

---

des|valer   des|vestir   des|volver   de|tener   de|traer   de|venir   de|volver   di|fluir   di|luir

---

desvalorizar   desvaporizar   desvarar   desvariar   desvedar   desvelar   desvenar   desvencijar
desvendar   desvezar   desviar   desviejar   desvigorizar   desvincular   desvirar   desvirgar   des-
virtuar   desvitrificar   desvivirse   desvolcanarse   desyemar   desyerbar   desyugar   desyuncir
deszafrar   detallar   detectar   detentar   deterger   deteriorar   determinar   detestar   detonar
detractar   devalar   devaluar   devanar   devanear   devastar   devengar   devisar   devorar   deyectar
dezocar   diablar   diablear   diaconar   diaconizar   diademar   diagnosticar   dializar   dializar

IMPERATIVO	SUBJUNTIVO		
presente	presente	pretérito imperfecto	fut. imperfecto
	desvanezca	desvaneciera-iese	desvaneciere
desvanece	desvanezcas	desvanecieras-ieses	desvanecieres
desvanezca	desvanezca	desvaneciera-iese	desvaneciere
desvanezcamos	desvanezcamos	desvaneciéramos-iésemos	desvaneciéremos
desvaneced	desvanezcáis	desvanecierais-ieseis	desvaneciereis
desvanezcan	desvanezcan	desvanecieran-iesen	desvanecieren
	desviente	desventara-ase	desventare
desvienta	desvientes	desventaras-ases	desventares
desviente	desviente	desventara-ase	desventare
desventemos	desventemos	desventáramos-ásemos	desventáremos
desventad	desventéis	desventarais-aseis	desventareis
desvienten	desvienten	desventaran-asen	desventaren
	desvergüence	desvergonzara-ase	desvergonzare
desvergüenza	desvergüences	desvergonzaras-ases	desvergonzares
desvergüence	desvergüence	desvergonzara-ase	desvergonzare
desvergoncemos	desvergoncemos	desvergonzáramos-ásemos	desvergonzáremos
desvergonzad	desvergoncéis	desvergonzarais-aseis	desvergonzareis
desvergüencen	desvergüencen	desvergonzaran-asen	desvergonzaren
	diezme	dezmara-ase	dezmare
diezma	diezmes	dezmaras-ases	dezmares
diezme	diezme	dezmara-ase	dezmare
dezmemos	dezmemos	dezmáramos-ásemos	dezmáremos
dezmad	dezméis	dezmarais-aseis	dezmareis
diezmen	diezmen	dezmaran-asen	dezmaren
	difiera	difiriera-iese	difiriere
difiere	difieras	difirieras-ieses	difirieres
difiera	difiera	difiriera-iese	difiriere
difiramos	difiramos	difiriéramos-iésemos	difiriéremos
diferid	difiráis	difirierais-ieseis	difiriereis
difieran	difieran	difirieran-iesen	difirieren
	digiera	digiriera-iese	digiriere
digiere	digieras	digirieras-ieses	digirieres
digiera	digiera	digiriera-iese	digiriere
digiramos	digiramos	digiriéramos-iésemos	digiriéremos
digerid	digiráis	digirierais-ieseis	digiriereis
digieran	digieran	digirieran-iesen	digirieren

---

dialogar   dialogizar   diamantear   diapentar   diatribar   dibujar   dictaminar   dictar   diezmar
difamar   difariar   diferenciar   dificultar   difinir   difractar   difumar   difuminar
difundir   digitalizar   digitar   dignarse   dignificar   digresar   digresionar   dilacerar
dilapidar   dilatar   diligenciar   dilucidar   diluviar *   dimanar   dimidiar   dimir

* *Esencialmente impersonal.*

INFINITIVO	INDICATIVO			POTENCIAL
simple	presente	pret. indefinido	fut. imperfecto	simple o imp.
DIMINUIR	diminuyo	diminuí	diminuiré	diminuiría
diminuyendo	diminuyes	diminuiste	diminuirás	diminuirías
diminuido	diminuye	diminuyó	diminuirá	diminuiría
	diminuimos	diminuimos	diminuiremos	diminuiríamos
	diminuís	diminuisteis	diminuiréis	diminuiríais
	diminuyen	diminuyeron	diminuirán	diminuirían
DIRRUIR	dirruyo	dirruí	dirruiré	dirruiría
dirruyendo	dirruyes	dirruiste	dirruirás	dirruirías
dirruido	dirruye	dirruyó	dirruirá	dirruiría
	dirruimos	dirruimos	dirruiremos	dirruiríamos
	dirruís	dirruisteis	dirruiréis	dirruiríais
	dirruyen	dirruyeron	dirruirán	dirruirían
DISCERNIR	discierno	discerní	discerniré	discerniría
discerniendo	disciernes	discerniste	discernirás	discernirías
discernido	discierne	discernió	discernirá	discerniría
	discernimos	discernimos	discerniremos	discerniríamos
	discernís	discernisteis	discerniréis	discerniríais
	disciernen	discernieron	discernirán	discernirían
DISCORDAR	discuerdo	discordé	discordaré	discordaría
discordando	discuerdas	discordaste	discordarás	discordarías
discordado	discuerda	discordó	discordará	discordaría
	discordamos	discordamos	discordaremos	discordaríamos
	discordáis	discordasteis	discordaréis	discordaríais
	discuerdan	discordaron	discordarán	discordarían
DISMEMBRAR	dismiembro	dismembré	dismembraré	dismembraría
dismembrando	dismiembras	dismembraste	dismembrarás	dismembrarías
dismembrado	dismiembra	dismembró	dismembrará	dismembraría
	dismembramos	dismembramos	dismembraremos	dismembraríamos
	dismembráis	dismembrasteis	dismembraréis	dismembraríais
	dismiembran	dismembraron	dismembrarán	dismembrarían
DISMINUIR	disminuyo	disminuí	disminuiré	disminuiría
disminuyendo	disminuyes	disminuiste	disminuirás	disminuirías
disminuido	disminuye	disminuyó	disminuirá	disminuiría
	disminuimos	disminuimos	disminuiremos	disminuiríamos
	disminuís	disminuisteis	disminuiréis	disminuiríais
	disminuyen	disminuyeron	disminuirán	disminuirían
DISPERTAR	dispierto	disperté	dispertaré	dispertaría
dispertando	dispiertas	dispertaste	dispertarás	dispertarías
dispertado	dispierta	dispertó	dispertará	dispertaría
	dispertamos	dispertamos	dispertaremos	dispertaríamos
	dispertáis	dispertasteis	dispertaréis	dispertaríais
	dispiertan	dispertaron	dispertarán	dispertarían

discon|venir   di|sentir   di|solver   di|sonar   dis|placer   dis|poner   dis|tender   dis|traer

dimitir   dintelar   dinumerar   diplomar   diptongar   diputar   dirigir   dirimir   dirradiar   dis-
cantar disceptar disciplinar discontinuar discrepar discretear disculpar discurrir discursar

IMPERATIVO	SUBJUNTIVO		
presente	presente	pretérito imperfecto	fut. imperfecto
	diminuya	diminuyera-yese	diminuyere
diminuye	diminuyas	diminuyeras-yeses	diminuyeres
diminuya	diminuya	diminuyera-yese	diminuyere
diminuyamos	diminuyamos	diminuyéramos-yésemos	diminuyéremos
diminuid	diminuyáis	diminuyerais-yeseis	diminuyereis
diminuyan	diminuyan	diminuyeran-yesen	diminuyeren
	dirruya	dirruyera-yese	dirruyere
dirruye	dirruyas	dirruyeras-yeses	dirruyeres
dirruya	dirruya	dirruyera-yese	dirruyere
dirruyamos	dirruyamos	dirruyéramos-yésemos	dirruyéremos
dirruid	dirruyáis	dirruyerais-yeseis	dirruyereis
dirruyan	dirruyan	dirruyeran-yesen	dirruyeren
	discierna	discerniera-iese	discerniere
discierne	disciernas	discernieras-ieses	discernieres
discierna	discierna	discerniera-iese	discerniere
discernamos	discernamos	discerniéramos-iésemos	discerniéremos
discernid	discernáis	discernierais-ieseis	discerniereis
disciernan	disciernan	discernieran-iesen	discernieren
	discuerde	discordara-ase	discordare
discuerda	discuerdes	discordaras-ases	discordares
discuerde	discuerde	discordara-ase	discordare
discordemos	discordemos	discordáramos-ásemos	discordáremos
discordad	discordéis	discordarais-aseis	discordareis
discuerden	discuerden	discordaran-asen	discordaren
	dismiembre	dismembrara-ase	dismembrare
dismiembra	dismiembres	dismembraras-ases	dismembrares
dismiembre	dismiembre	dismembrara-ase	dismembrare
dismembremos	dismembremos	dismembráramos-ásemos	dismembráremos
dismembrad	dismembréis	dismembrarais-aseis	dismembrareis
dismiembren	dismiembren	dismembraran-asen	dismembraren
	disminuya	disminuyera-yese	disminuyere
disminuye	disminuyas	disminuyeras-yeses	disminuyeres
disminuya	disminuya	disminuyera-yese	disminuyere
disminuyamos	disminuyamos	disminuyéramos-yésemos	disminuyéremos
disminuid	disminuyáis	disminuyerais-yeseis	disminuyereis
disminuyan	disminuyan	disminuyeran-yesen	disminuyeren
	dispierte	dispertara-ase	dispertare
dispierta	dispiertes	dispertaras-ases	dispertares
dispierte	dispierte	dispertara-ase	dispertare
dispertemos	dispertemos	dispertáramos-ásemos	dispertáremos
dispertad	dispertéis	dispertarais-aseis	dispertareis
dispierten	dispierten	dispertaran-asen	dispertaren

---

discursear discutir disecar diseminar diseñar disertar disfamar disformar disfrazar
disfrutar disgregar disgustar disidir disimular disipar dislacerar dislocar disociar
disparar disparatar disparatear dispensar dispersar disputar distanciar distar distinguir

INFINITIVO	INDICATIVO			POTENCIAL
simple	presente	pret. indefinido	fut. imperfecto	simple o imp.
DISTRIBUIR distribuyendo distribuido	distribuyo distribuyes distribuye distribuimos distribuís distribuyen	distribuí distribuiste distribuyó distribuimos distribuisteis distribuyeron	distribuiré distribuirás distribuirá distribuiremos distribuiréis distribuirán	distribuiría distribuirías distribuiría distribuiríamos distribuiríais distribuirían
DIVERTIR divirtiendo divertido	divierto diviertes divierte divertimos divertís divierten	divertí divertiste divirtió divertimos divertisteis divirtieron	divertiré divertirás divertirá divertiremos divertiréis divertirán	divertiría divertirías divertiría divertiríamos divertiríais divertirían
DOLAR dolando dolado	duelo duelas duela dolamos doláis duelan	dolé dolaste doló dolamos dolasteis dolaron	dolaré dolarás dolará dolaremos dolaréis dolarán	dolaría dolarías dolaría dolaríamos dolaríais dolarían
DOLER doliendo dolido	duelo dueles duele dolemos doléis duelen	dolí doliste dolió dolimos dolisteis dolieron	doleré dolerás dolerá doleremos doleréis dolerán	dolería dolerías dolería doleríamos doleríais dolerían
DORMIR durmiendo dormido	duermo duermes duerme dormimos dormís duermen	dormí dormiste durmió dormimos dormisteis durmieron	dormiré dormirás dormirá dormiremos doremiréis dormirán	dormiría dormirías dormiría dormiríamos dormiríais dormirían
EDUCIR educiendo educido	eduzco educes educe educimos educís educen	eduje edujiste edujo edujimos edujisteis edujeron	educiré educirás educirá educiremos educiréis educirán	educiría educirías educiría educiríamos educiríais educirían
ELEGIR eligiendo elegido	elijo eliges elige elegimos elegís eligen	elegí elegiste eligió elegimos elegisteis eligieron	elegiré elegirás elegirá elegiremos elegiréis elegirán	elegiría elegirías elegiría elegiríamos elegiríais elegirían

e|florecerse

disturbar disuadir divagar divaricar divergir diversificar dividir divinizar divisar divorciar divulgar dobladillar doblar doblegar docilitar doctorar doctrinar documentar dogmatizar domar domeñar domesticar domiciliar domificar dominar donar doñear dorar dormitar dosificar dotar dovelar dragar dragonear dramatizar drizar drogar duchar dudar dulcificar dulcir dulzorar dulzurar duplicar durar ebanificar ebanizar eburnificar eclesias-

IMPERATIVO	SUBJUNTIVO		
presente	**presente**	**pretérito imperfecto**	**fut. imperfecto**
	distribuya	distribuyera-yese	distribuyere
distribuye	distribuyas	distribuyeras-yeses	distribuyeres
distribuya	distribuya	distribuyera-yese	distribuyere
distribuyamos	distribuyamos	distribuyéramos-yésemos	distribuyéremos
distribuíd	distribuyáis	distribuyerais-yeseis	distribuyereis
distribuyan	distribuyan	distribuyeran-yesen	distribuyeren
	divierta	divirtiera-iese	divirtiere
divierte	diviertas	divirtieras-ieses	divirtieres
divierta	divierta	divirtiera-iese	divirtiere
divirtamos	divirtamos	divirtiéramos-iésemos	divirtiéremos
divertid	divirtáis	divirtierais-ieseis	divirtiereis
diviertan	diviertan	divirtieran-iesen	divirtieren
	duele	dolara-ase	dolare
duela	dueles	dolaras-ases	dolares
duele	duele	dolara-ase	dolare
dolemos	dolemos	doláramos-ásemos	doláremos
dolad	doléis	dolarais-aseis	dolareis
duelen	duelen	dolaran-asen	dolaren
	duela	doliera-iese	doliere
duele	duelas	dolieras-ieses	dolieres
duela	duela	doliera-iese	doliere
dolamos	dolamos	doliéramos-iésemos	doliéremos
doled	doláis	dolierais-ieseis	doliereis
duelan	duelan	dolieran-iesen	dolieren
	duerma	durmiera-iese	durmiere
duerme	duermas	durmieras-ieses	durmieres
duerma	duerma	durmiera-iese	durmiere
durmamos	durmamos	durmiéramos-iésemos	durmiéremos
dormid	durmáis	durmierais-ieseis	durmiereis
duerman	duerman	durmieran-iesen	durmieren
	eduzca	edujera-jese	edujere
educe	eduzcas	edujeras-jeses	edujeres
eduzca	eduzca	edujera-jese	edujere
eduzcamos	eduzcamos	edujéramos-jésemos	edujéremos
educid	eduzcáis	edujerais-jeseis	edujereis
eduzcan	eduzcan	edujeran-jesen	edujeren
	elija	eligiera-iese	eligiere
elige	elijas	eligieras-ieses	eligieres
elija	elija	eligiera-iese	eligiere
elijamos	elijamos	eligiéramos-iésemos	eligiéremos
elegid	elijáis	eligierais-ieseis	eligiereis
elijan	elijan	eligieran-iesen	eligieren

tizar eclipsar economizar echacorvear echar edificar editar edrar educar edulcorar
efectuar efeminar efundir egresar eguar ejarrar ejecutar ejecutoriar ejemplar ejemplarizar
ejemplificar ejercer ejercitar elaborar elastificar eleborizar electrificar electrizar elec-
trocutar electrolizar elegantizar elementarse elevar elidir elijar eliminar elogiar elucidar
eludir emanar emancipar emascular embabucar embachar embadazar embadurnar embalar

INFINITIVO	INDICATIVO			POTENCIAL
simple	presente	pret. indefinido	fut. imperfecto	simple o imp.
EMBAÍR embayendo embaído		embaí embaiste embayó	embairé embairás embairá	embairía embairías embairía
	embaímos embaís	embaímos embaísteis embayeron	embairemos embairéis embairán	embairíamos embairíais embairían
EMBARBECER embarbeciendo embarbecido	embarbezco embarbeces embarbece embarbecemos embarbecéis embarbecen	embarbecí embarbeciste embarbeció embarbecimos embarbecisteis embarbecieron	embarbeceré embarbecerás embarbecerá embarbeceremos embarbeceréis embarbecerán	embarbecería embarbecerías embarbecería embarbeceríamos embarbeceríais embarbecerían
EMBARNECER embarneciendo embarnecido	embarnezco embarneces embarnece embarnecemos embarnecéis embarnecen	embarnecí embarneciste embarneció embarnecimos embarnecisteis embarnecieron	embarneceré embarnecerás embarnecerá embarneceremos embarneceréis embarnecerán	embarnecería embarnecerías embarnecería embarneceríamos embarneceríais embarnecerían
EMBASTECER embasteciendo embastecido	embastezco embasteces embastece embastecemos embastecéis embastecen	embastecí embasteciste embasteció embastecimos embastecisteis embastecieron	embasteceré embastecerás embastecerá embasteceremos embasteceréis embastecerán	embastecería embastecerías embastecería embasteceríamos embasteceríais embastecerían
EMBEBECER embebeciendo embebecido	embebezco embebeces embebece embebecemos embebecéis embebecen	embebecí embebeciste embebeció embebecimos embebecisteis embebecieron	embebeceré embebecerás embebecerá embebeceremos embebeceréis embebecerán	embebecería embebecerías embebecería embebeceríamos embebeceríais embebecerían
EMBELLAQUECER embellaqueciendo embellaquecido	embellaquezco embellaqueces embellaquece embellaquecemos embellaquecéis embellaquecen	embellaquecí embellaqueciste embellaqueció embellaquecimos embellaquecisteis embellaquecieron	embellaqueceré embellaquecerás embellaquecerá embellaqueceremos embellaqueceréis embellaquecerán	embellaquecería embellaquecerías embellaquecería embellaqueceríamos embellaqueceríais embellaquecerían
EMBELLECER embelleciendo embellecido	embellezco embelleces embellece embellecemos embellecéis embellecen	embellecí embelleciste embelleció embellecimos embellecisteis embellecieron	embelleceré embellecerás embellecerá embelleceremos embelleceréis embellecerán	embellecería embellecerías embellecería embelleceríamos embelleceríais embellecerían

---

embaldosar embalsamar embalsar embalumar emballenar emballestarse embanastar
embancar embanderar embanquetar embarazar embarbascar embarbascarse embarbillar
embarcar embardar embargar embarnizar embarrancar embarrar embarrilar embarrotar

IMPERATIVO	SUBJUNTIVO		
presente	presente	pretérito imperfecto	fut. imperfecto
		embayera-yese	embayere
		embayeras-yeses	embayeres
		embayera-yese	embayere
		embayéramos-yésemos	embayéremos
embaíd		embayerais-yeseis	embayereis
		embayeran-yesen	embayeren
	embarbezca	embarbeciera-iese	embarbeciere
embarbece	embarbezcas	embarbecieras-ieses	embarbecieres
embarbezca	embarbezca	embarbeciera-iese	embarbeciere
embarbezcamos	embarbezcamos	embarbeciéramos-iésemos	embarbeciéremos
embarbeced	embarbezcáis	embarbecierais-ieseis	embarbeciereis
embarbezcan	embarbezcan	embarbecieran-iesen	embarbecieren
	embarnezca	embarneciera-iese	embarneciere
embarnece	embarnezcas	embarnecieras-ieses	embarnecieres
embarnezca	embarnezca	embarneciera-iese	embarneciere
embarnezcamos	embarnezcamos	embarneciéramos-iésemos	embarneciéremos
embarneced	embarnezcáis	embarnecierais-ieseis	embarneciereis
embarnezcan	embarnezcan	embarnecieran-iesen	embarnecieren
	embastezca	embasteciera-iese	embasteciere
embastece	embastezcas	embastecieras-ieses	embastecieres
embastezca	embastezca	embasteciera-iese	embasteciere
embastezcamos	embastezcamos	embasteciéramos-iésemos	embasteciéremos
embasteced	embastezcáis	embastecierais-ieseis	embasteciereis
embastezcan	embastezcan	embastecieran-iesen	embastecieren
	embebezca	embebeciera-iese	embebeciere
embebece	embebezcas	embebecieras-ieses	embebecieres
embebezca	embebezca	embebeciera-iese	embebeciere
embebezcamos	embebezcamos	embebeciéramos-iésemos	embebeciéremos
embebeced	embebezcáis	embebecierais-ieseis	embebeciereis
embebezcan	embebezcan	embebecieran-iesen	embebecieren
	embellaquezca	embellaqueciera-iese	embellaqueciere
embellaquece	embellaquezcas	embellaquecieras-ieses	embellaquecieres
embellaquezca	embellaquezca	embellaqueciera-iese	embellaqueciere
embellaquezcamos	embellaquezcamos	embellaqueciéramos-iésemos	embellaqueciéremos
embellaqueced	embellaquezcáis	embellaquecierais-ieseis	embellaqueciereis
embellaquezcan	embellaquezcan	embellaquecieran-iesen	embellaquecieren
	embellezca	embelleciera-iese	embelleciere
embellece	embellezcas	embellecieras-ieses	embellecieres
embellezca	embellezca	embelleciera-iese	embelleciere
embellezcamos	embellezcamos	embelleciéramos-iésemos	embelleciéremos
embelleced	embellezcáis	embellecierais-ieseis	embelleciereis
embellezcan	embellezcan	embellecieran-iesen	embellecieren

embarrunar   embarullar   embasar   embastar   embastardar   embasurar   embatirse   embaucar
embaular   embayarse   embazar   embazarse   embeber   embelecar   embeleñar   embelesar
embellacarse   emberar   embermejar   embermellonar   emberrenchinarse   emberrincharse

INFINITIVO	INDICATIVO			POTENCIAL
simple	presente	pret. indefinido	fut. imperfecto	simple o imp.
EMBERMEJECER embermejeciendo embermejecido	embermejezco embermejeces embermejece embermejecemos embermejecéis embermejecen	embermejecí embermejeciste embermejeció embermejecimos embermejecisteis embermejecieron	embermejeceré embermejecerás embermejecerá embermejeceremos embermejeceréis embermejecerán	embermejecería embermejecerías embermejecería embermejeceríamos embermejeceríais embermejecerían
EMBESTIR embistiendo embestido	embisto embistes embiste embestimos embestís embisten	embestí embestiste embistió embestimos embestisteis embistieron	embestiré embestirás embestirá embestiremos embestiréis embestirán	embestiría embestirías embestiría embestiríamos embestiríais embestirían
EMBLANDECER emblandeciendo emblandecido	emblandezco emblandeces emblandece emblandecemos emblandecéis emblandecen	emblandecí emblandeciste emblandeció emblandecimos emblandecisteis emblandecieron	emblandeceré emblandecerás emblandecerá emblandeceremos emblandeceréis emblandecerán	emblandecería emblandecerías emblandecería emblandeceríamos emblandeceríais emblandecerían
EMBOBECER embobeciendo embobecido	embobezco embobeces embobece embobecemos embobecéis embobecen	embobecí embobeciste embobeció embobecimos embobecisteis embobecieron	embobeceré embobecerás embobecerá embobeceremos embobeceréis embobecerán	embobecería embobecerías embobecería embobeceríamos embobeceríais embobecerían
EMBOSQUECER embosqueciendo embosquecido	embosquezco embosqueces embosquece embosquecemos embosquecéis embosquecen	embosquecí embosqueciste embosqueció embosquecimos embosquecisteis embosquecieron	embosqueceré embosquecerás embosquecerá embosqueceremos embosqueceréis embosquecerán	embosquecería embosquecerías embosquecería embosqueceríamos embosqueceríais embosquecerían
EMBRAVECER embraveciendo embravecido	embravezco embraveces embravece embravecemos embravecéis embravecen	embravecí embraveciste embraveció embravecimos embravecisteis embravecieron	embraveceré embravecerás embravecerá embraveceremos embraveceréis embravecerán	embravecería embravecerías embravecería embraveceríamos embraveceríais embravecerían
EMBRUTECER embruteciendo embrutecido	embrutezco embruteces embrutece embrutecemos embrutecéis embrutecen	embrutecí embruteciste embruteció embrutecimos embrutecisteis embrutecieron	embruteceré embrutecerás embrutecerá embruteceremos embruteceréis embrutecerán	embrutecería embrutecerías embrutecería embruteceríamos embruteceríais embrutecerían

em|blanquecer

embetunar   embicar   embigotar   embijar   embizarrarse   emblegmatizar   embobar   embocar
embocicarse   embochicar   embochinchar   embodarse   embodegar   embojar   embojotar   embolar
embolatar   embolicar   embolinarse   embolismar   embolsar   embolsicar   embollar   embombillar
embonar   emboñigar   emboquillar   emborrachar   emborrar   emborrascar   emborrazar   embo-
rricarse   emborrizar   emborronar   emborrullarse   emboscar   embostar   embotar   embotarse

IMPERATIVO	SUBJUNTIVO		
presente	presente	pretérito imperfecto	fut. imperfecto
	embermejezca	embermejeciera-iese	embermejeciere
embermejece	embermejezcas	embermejecieras-ieses	embermejecieres
embermejezca	embermejezca	embermejeciera-iese	embermejeciere
embermejezcamos	embermejezcamos	embermejeciéramos-iésemos	embermejeciéremos
embermejeced	embermejezcáis	embermejecierais-ieseis	embermejeciereis
embermejezcan	embermejezcan	embermejecieran-iesen	embermejecieren
	embista	embistiera-iese	embistiere
embiste	embistas	embistieras-ieses	embistieres
embista	embista	embistiera-iese	embistiere
embistamos	embistamos	embistiéramos-iésemos	embistiéremos
embestid	embistáis	embistierais-ieseis	embistiereis
embistan	embistan	embistieran-iesen	embistieren
	emblandezca	emblandeciera-iese	emblandeciere
emblandece	emblandezcas	emblandecieras-ieses	emblandecieres
emblandezca	emblandezca	emblandeciera-iese	emblandeciere
emblandezcamos	emblandezcamos	emblandeciéramos-iésemos	emblandeciéremos
emblandeced	emblandezcáis	emblandecierais-ieseis	emblandeciereis
emblandezcan	emblandezcan	emblandecieran-iesen	emblandecieren
	embobezca	embobeciera-iese	embobeciere
embobece	embobezcas	embobecieras-ieses	embobecieres
embobezca	embobezca	embobeciera-iese	embobeciere
embobezcamos	embobezcamos	embobeciéramos-iésemos	embobeciéremos
embobeced	embobezcáis	embobecierais-ieseis	embobeciereis
embobezcan	embobezcan	embobecieran-iesen	embobecieren
	embosquezca	embosqueciera-iese	embosqueciere
embosquece	embosquezcas	embosquecieras-ieses	embosquecieres
embosquezca	embosquezca	embosqueciera-iese	embosqueciere
embosquezcamos	embosquezcamos	embosqueciéramos-iésemos	embosqueciéremos
embosqueced	embosquezcáis	embosquecierais-ieseis	embosqueciereis
embosquezcan	embosquezcan	embosquecieran-iesen	embosquecieren
	embravezca	embraveciera-iese	embraveciere
embravece	embravezcas	embravecieras-ieses	embravecieres
embravezca	embravezca	embraveciera-iese	embraveciere
embravezcamos	embravezcamos	embraveciéramos-iésemos	embraveciéremos
embraveced	embravezcáis	embravecierais-ieseis	embraveciereis
embravezcan	embravezcan	embravecieran-iesen	embravecieren
	embrutezca	embruteciera-iese	embruteciere
embrutece	embrutezcas	embrutecieras-ieses	embrutecieres
embrutezca	embrutezca	embruteciera-iese	embruteciere
embrutezcamos	embrutezcamos	embruteciéramos-iésemos	embruteciéremos
embruteced	embrutezcáis	embrutecierais-ieseis	embruteciereis
embrutezcan	embrutezcan	embrutecieran-iesen	embrutecieren

embotellar emboticar embotijar embotinar embotonar embovedar embozalar embozar embracilar embragar embramar embrasar embravar embrazalar embrazar embrear embregarse embreñarse embretar embriagar embribar embridar embrisar embriscar embrocalar embrocar embrochalar embrollar embromar embroquelarse embroquetar embrosquilar embrozar embrujar embuciar embuchacarse embuchar embudar embullar embullonar embuñegar

INFINITIVO	INDICATIVO			POTENCIAL
simple	presente	pret. indefinido	fut. imperfecto	simple o imp.
EMENDAR emendando emendado	emiendo emiendas emienda emendamos emendáis emiendan	emendé emendaste emendó emendamos emendasteis emendaron	emendaré emendarás emendará emendaremos emendaréis emendarán	emendaría emendarías emendaría emendaríamos emendaríais emendarían
EMPAJOLAR empajolando empajolado	empajuelo empajuelas empajuela empajolamos empajoláis empajuelan	empajolé empajolaste empajoló empajolamos empajolasteis empajolaron	empajolaré empajolarás empajolará empajolaremos empajolaréis empajolarán	empajolaría empajolarías empajolaría empajolaríamos empajolaríais empajolarían
EMPARENTAR emparentando emparentado	empariento emparientas emparienta emparentamos emparentáis emparientan	emparenté emparentaste emparentó emparentamos emparentasteis emparentaron	emparentaré emparentarás emparentará emparentaremos emparentaréis emparentarán	emparentaría emparentarías emparentaría emparentaríamos emparentaríais emparentarían
EMPAVORECER empavoreciendo empavorecido	empavorezco empavoreces empavorece empavorecemos empavorecéis empavorecen	empavorecí empavoreciste empavoreció empavorecimos empavorecisteis empavorecieron	empavoreceré empavorecerás empavorecerá empavoreceremos empavoreceréis empavorecerán	empavorecería empavorecerías empavorecería empavoreceríamos empavoreceríais empavorecerían
EMPECER empeciendo empecido	empezco empeces empece empecemos empecéis empecen	empecí empeciste empeció empecimos empecisteis empecieron	empeceré empecerás empecerá empeceremos empeceréis empecerán	empecería empecerías empecería empeceríamos empeceríais empecerían
EMPEDERNECER empederneciendo empedernecido	empedernezco empederneces empedernece empedernecemos empedernecéis empedernecen	empedernecí empederneciste empederneció empedernecimos empedernecisteis empedernecieron	empederneceré empedernecerás empedernecerá empederneceremos empederneceréis empedernecerán	empedernecería empedernecerías empedernecería empederneceríamos empederneceríais empedernecerían
EMPEDERNIR empederniendo empedernido	 empedernimos empedernís	empederní empederniste empedernió empedernimos empedernisteis empedernieron	empederniré empedernirás empedernirá empederniremos empederniréis empedernirán	empederniría empedernirías empederniría empederniríamos empederniríais empedernirían

em|palidecer

emburrar emburriar emburujar embustear embustir embutir emerger emetizar emigrar emitir emocionar emolumentar empacar empachar empadronar empajar empalagar empalar empaliar empalicar empalizar empalmar empalmillar empalomar empalustrar empalletar empampanarse empaparse empanar empancinarse empandar empandillar empandorgar empanerar empanetar empangar empanjarse empantalonarse empantanar empanturrarse em-

IMPERATIVO	SUBJUNTIVO		
presente	presente	pretérito imperfecto	fut. imperfecto
	emiende	emendara-ase	emendare
emienda	emiendes	emendaras-ases	emendares
emiende	emiende	emendara-ase	emendare
cmendemos	emendemos	emendáramos-ásemos	emendáremos
emendad	emendéis	emendarais-aseis	emendareis
emienden	emienden	emendaran-asen	emendaren
	empajuele	empajolara-ase	empajolare
empajuela	empajueles	empajolaras-ases	empajolares
empajuele	empajuele	empajolara-ase	empajolare
empajolemos	empajolemos	empajoláramos-ásemos	empajoláremos
empajolad	empajoléis	empajolarais-aseis	empajolareis
empajuelen	empajuelen	empajolaran-asen	empajolaren
	empariente	emparentara-ase	emparentare
emparienta	emparientes	emparentaras-ases	emparentares
empariente	empariente	emparentara-ase	emparentare
emparentemos	emparentemos	emparentáramos-ásemos	emparentáremos
emparentad	emparentéis	emparentarais-aseis	emparentareis
emparienten	emparienten	emparentaran-asen	emparentaren
	empavorezca	empavoreciera-iese	empavoreciere
empavorece	empavorezcas	empavorecieras-ieses	empavorecieres
empavorezca	empavorezca	empavoreciera-iese	empavoreciere
empavorezcamos	empavorezcamos	empavoreciéramos-iésemos	empavoreciéremos
empavoreced	empavorezcáis	empavorecierais-ieseis	empavoreciereis
empavorezcan	empavorezcan	empavorecieran-iesen	empavorecieren
	empezca	empeciera-iese	empeciere
empece	empezcas	empecieras-ieses	empecieres
empezca	empezca	empeciera-iese	empeciere
empezcamos	empezcamos	empeciéramos-iésemos	empeciéremos
empeced	empezcáis	empecierais-ieseis	empeciereis
empezcan	empezcan	empecieran-iesen	empecieren
	empedernezca	empederneciera-iese	empederneciere
empedernece	empedernezcas	empedernecieras-ieses	empedernecieres
empedernezca	empedernezca	empederneciera-iese	empederneciere
empedernezcamos	empedernezcamos	empederneciéramos-iésemos	empederneciéremos
empederneced	empedernezcáis	empedernecierais-ieseis	empederneciereis
empedernezcan	empedernezcan	empedernecieran-iesen	empedernecieren
		empederniera-iese	empederniere
		empedernieras-ieses	empedernieres
		empederniera-iese	empederniere
		empederniéramos-iésemos	empederniéremos
empedernid		empedernierais-ieseis	empederniereis
		empedernieran-iesen	empedernieren

panzarse empañar empañetar empañicar empapagayarse empapar empapelar empapirotar empapuciar empapujar empapuzar empaquetar emparamarse emparamentar emparar emparchar empardar emparedar emparejar emparrar emparrillar emparvar empascuarse empastar empastelar empatar empatillar empatronar empatronizar empavar empavesar empavonar empecinar empechar empedarse empegar empeguntar empelar empelazgarse

INFINITIVO	INDICATIVO			POTENCIAL
simple	presente	pret. indefinido	fut. imperfecto	simple o imp.
EMPEDRAR	empiedro	empedré	empedraré	empedraría
empedrando	empiedras	empedraste	empedrarás	empedrarías
empedrado	empiedra	empedró	empedrará	empedraría
	empedramos	empedramos	empedraremos	empedraríamos
	empedráis	empedrasteis	empedraréis	empedraríais
	empiedran	empedraron	empedrarán	empedrarían
EMPELLER	empello	empellí	empelleré	empellería
empellendo	empelles	empelliste	empellerás	empellerías
empellido	empelle	empelló	empellerá	empellería
	empellemos	empellimos	empelleremos	empelleríamos
	empelléis	empellisteis	empelleréis	empelleríais
	empellen	empelleron	empellerán	empellerían
EMPEQUEÑECER	empequeñezco	empequeñecí	empequeñeceré	empequeñecería
empequeñeciendo	empequeñeces	empequeñeciste	empequeñecerás	empequeñecerías
empequeñecido	empequeñece	empequeñeció	empequeñecerá	empequeñecería
	empequeñecemos	empequeñecimos	empequeñeceremos	empequeñeceríamos
	empequeñecéis	empequeñecisteis	empequeñeceréis	empequeñeceríais
	empequeñecen	empequeñecieron	empequeñecerán	empequeñecerían
EMPEZAR	empiezo	empecé	empezaré	empezaría
empezando	empiezas	empezaste	empezarás	empezarías
empezado	empieza	empezó	empezará	empezaría
	empezamos	empezamos	empezaremos	empezaríamos
	empezáis	empezasteis	empezaréis	empezaríais
	empiezan	empezaron	empezarán	empezarían
EMPLUMECER	emplumezco	emplumecí	emplumeceré	emplumecería
emplumeciendo	emplumeces	emplumeciste	emplumecerás	emplumecerías
emplumecido	emplumece	emplumeció	emplumecerá	emplumecería
	emplumecemos	emplumecimos	emplumeceremos	emplumeceríamos
	emplumecéis	emplumecisteis	emplumeceréis	emplumeceríais
	emplumecen	emplumecieron	emplumecerán	emplumecerían
EMPOBRECER	empobrezco	empobrecí	empobreceré	empobrecería
empobreciendo	empobreces	empobreciste	empobrecerás	empobrecerías
empobrecido	empobrece	empobreció	empobrecerá	empobrecería
	empobrecemos	empobrecimos	empobreceremos	empobreceríamos
	empobrecéis	empobrecisteis	empobreceréis	empobreceríais
	empobrecen	empobrecieron	empobrecerán	empobrecerían
EMPOLTRONECERSE	empoltronezco	empoltronecí	empoltroneceré	empoltronecería
empoltroneciéndose	empoltroneces	empoltroneciste	empoltronecerás	empoltronecerías
empoltronecido	empoltronece	empoltroneció	empoltronecerá	empoltronecería
	empoltronecemos	empoltronecimos	empoltroneceremos	empoltroneceríamos
	empoltronecéis	empoltronecisteis	empoltroneceréis	empoltroneceríais
	empoltronecen	empoltronecieron	empoltronecerán	empoltronecerían

em|plastecer   em|podrecer

empelechar empelotarse empellar empellejar empellicar empenachar empendolar empentar
empeñar empeorar emperchar emperdigar emperejilar emperezar empergaminar empergar
empericarse emperifollar emperlar empernar emperrar emperrechinarse empersonar
empertigar empesebrar empestar empestiferar empetacar empetatar empetrencarse empiadar
empicar empicarse empicotar empicharse empigüelar empihuelar empilonar empiluchar

IMPERATIVO	SUBJUNTIVO		
presente	presente	pretérito imperfecto	fut. imperfecto
	empiedre	empedrara-ase	empedrare
empiedra	empiedres	empedraras-ases	empedrares
empiedre	empiedre	empedrara-ase	empedrare
empedremos	empedremos	empedráramos-ásemos	empedráremos
empedrad	empedréis	empedrarais-aseis	empedrareis
empiedren	empiedren	empedraran-asen	empedraren
	empella	empellera-ese	empellere
empelle	empellas	empelleras-eses	empelleres
empella	empella	empellera-ese	empellere
empellamos	empellamos	empelléramos-ésemos	empelléremos
empelled	empelláis	empellerais-eseis	empellereis
empellan	empellan	empelleran-esen	empelleren
	empequeñezca	empequeñeciera-iese	empequeñeciere
empequeñece	empequeñezcas	empequeñecieras-ieses	empequeñecieres
empequeñezca	empequeñezca	empequeñeciera-iese	empequeñeciere
empequeñezcamos	empequeñezcamos	empequeñeciéramos-iésemos	empequeñeciéremos
empequeñeced	empequeñezcáis	empequeñecierais-ieseis	empequeñeciereis
empequeñezcan	empequeñezcan	empequeñecieran-iesen	empequeñecieren
	empiece	empezara-ase	empezare
empieza	empieces	empezaras-ases	empezares
empiece	empiece	empezara-ase	empezare
empecemos	empecemos	empezáramos-ásemos	empezáremos
empezad	empecéis	empezarais-aseis	empezareis
empiecen	empiecen	empezaran-asen	empezaren
	emplumezca	emplumeciera-iese	emplumeciere
emplumece	emplumezcas	emplumecieras-ieses	emplumecieres
emplumezca	emplumezca	emplumeciera-iese	emplumeciere
emplumezcamos	emplumezcamos	emplumeciéramos-iésemos	emplumeciéremos
emplumeced	emplumezcáis	emplumecierais-ieseis	emplumeciereis
emplumezcan	emplumezcan	emplumecieran-iesen	emplumecieren
	empobrezca	empobreciera-iese	empobreciere
empobrece	empobrezcas	empobrecieras-ieses	empobrecieres
empobrezca	empobrezca	empobreciera-iese	empobreciere
empobrezcamos	empobrezcamos	empobreciéramos-iésemos	empobreciéremos
empobreced	empobrezcáis	empobrecierais-ieseis	empobreciereis
empobrezcan	empobrezcan	empobrecieran-iesen	empobrecieren
	empoltronezca	empoltroneciera-iese	empoltroneciere
empoltronécete	empoltronezcas	empoltronecieras-ieses	empoltronecieres
empoltronézcase	empoltronezca	empoltroneciera-iese	empoltroneciere
empoltronezcámonos	empoltronezcamos	empoltroneciéramos-iésemos	empoltroneciéremos
empoltroneceos	empoltronezcáis	empoltronecierais-ieseis	empoltroneciereis
empoltronézcanse	empoltronezcan	empoltronecieran-iesen	empoltronecieren

empinar empingorotar empiolar empipar empitar empitonar empizarrar empizcar emplan-
tillar emplastar emplazar emplazarse emplear emplomar emplumajar emplumar empochar
empoderar empojarse empolinar empolvar empolvillar empolvorar empolvorizar empollar
empollerarse emponcharse emponzoñar empopar emporretarse emporrongarse empotrar
empotrerar empozar empradizar emprender emprensar emprentar empreñar empresentar

INFINITIVO	INDICATIVO			POTENCIAL
simple	presente	pret. indefinido	fut. imperfecto	simple o imp.
EMPORCAR	empuerco	emporqué	emporcaré	emporcaría
emporcando	empuercas	emporcaste	emporcarás	emporcarías
emporcado	empuerca	emporcó	emporcará	emporcaría
	emporcamos	emporcamos	emporcaremos	emporcaríamos
	emporcáis	emporcasteis	emporcaréis	emporcaríais
	empuercan	emporcaron	emporcarán	emporcarían
EMPRETECER	empretezco	empretecí	empreteceré	empretecería
empreteciendo	empreteces	empreteciste	empretecerás	empretecerías
empretecido	empretece	empreteció	empretecerá	empretecería
	empretecemos	empretecimos	empreteceremos	empreteceríamos
	empretecéis	empretecisteis	empreteceréis	empreteceríais
	empretecen	empretecieron	empretecerán	empretecerían
EMPUÑIR	empuño	empuñí	empuñiré	empuñiría
empuñendo	empuñes	empuñiste	empuñirás	empuñirías
empuñido	empuñe	empuñó	empuñirá	empuñiría
	empuñimos	empuñimos	empuñiremos	empuñiríamos
	empuñís	empuñisteis	empuñiréis	empuñiríais
	empuñen	empuñieron	empuñirán	empuñirían
EMPUTECER	emputezco	emputecí	emputeceré	emputecería
emputeciendo	emputeces	emputeciste	emputecerás	emputecerías
emputecido	emputece	emputeció	emputecerá	emputecería
	emputecemos	emputecimos	emputeceremos	emputeceríamos
	emputecéis	emputecisteis	emputeceréis	emputeceríais
	emputecen	emputecieron	emputecerán	emputecerían
ENALTECER	enaltezco	enaltecí	enalteceré	enaltecería
enalteciendo	enalteces	enalteciste	enaltecerás	enaltecerías
enaltecido	enaltece	enalteció	enaltecerá	enaltecería
	enaltecemos	enaltecimos	enalteceremos	enalteceríamos
	enaltecéis	enaltecisteis	enalteceréis	enalteceríais
	enaltecen	enaltecieron	enaltecerán	enaltecerían
ENARDECER	enardezco	enardecí	enardeceré	enardecería
enardeciendo	enardeces	enardeciste	enardecerás	enardecerías
enardecido	enardece	enardeció	enardecerá	enardecería
	enardecemos	enardecimos	enardeceremos	enardeceríamos
	enardecéis	enardecisteis	enardeceréis	enardeceríais
	enardecen	enardecieron	enardecerán	enardecerían
ENCABELLECERSE	encabellezco	encabellecí	encabelleceré	encabellecería
encabelleciéndose	encabelleces	encabelleciste	encabellecerás	encabellecerías
encabellecido	encabellece	encabelleció	encabellecerá	encabellecería
	encabellecemos	encabellecimos	encabelleceremos	encabelleceríamos
	encabellecéis	encabellecisteis	encabelleceréis	encabelleceríais
	encabellecen	encabellecieron	encabellecerán	encabellecerían

en|amarillecer

emprestar emprestillar emprimar emprimerar empringar emprisionar empuchar empujar
empulgar empuntar empuñar empurpurar empurrarse empuyar emular emulsionar enaceitar
enacerar enaciyar enaguachar enaguar enaguazar enajenar enalbar enalbardar enalfombrar
enalforjar enalmagrar enalmenar enaltar enamorar enamoricarse enamoriscarse enanarse
enancarse enanchar enangostar enarbolar enarcar enarenar enarmonar enarquear enarrar

IMPERATIVO	SUBJUNTIVO		
presente	presente	pretérito imperfecto	fut. imperfecto

	empuerque	emporcara-ase	emporcare
empuerca	empuerques	emporcaras-ases	emporcares
empuerque	empuerque	emporcara-ase	emporcare
emporquemos	emporquemos	emporcáramos-ásemos	emporcáremos
emporcad	emporquéis	emporcarais-aseis	emporcareis
empuerquen	empuerquen	emporcaran-asen	emporcaren

	empretezca	empreteciera-iese	empreteciere
empretece	empretezcas	empretecieras-ieses	empretecieres
empretezca	empretezca	empreteciera-iese	empreteciere
empretezcamos	empretezcamos	empreteciéramos-iésemos	empreteciéremos
empreteced	empretezcáis	empretecierais-ieseis	empreteciereis
empretezcan	empretezcan	empretecieran-iesen	empretecieren

	empuña	empuñera-ese	empuñere
empuñe	empuñas	empuñeras-eses	empuñeres
empuña	empuña	empuñera-ese	empuñere
empuñamos	empuñamos	empuñéramos-ésemos	empuñéremos
empuñid	empuñáis	empuñerais-eseis	empuñereis
empuñan	empuñan	empuñeran-esen	empuñeren

	emputezca	emputeciera-iese	emputeciere
emputece	emputezcas	emputecieras-ieses	emputecieres
emputezca	emputezca	emputeciera-iese	emputeciere
emputezcamos	emputezcamos	emputeciéramos-iésemos	emputeciéremos
emputeced	emputezcáis	emputecierais-ieseis	emputeciereis
emputezcan	emputezcan	emputecieran-iesen	emputecieren

	enaltezca	enalteciera-iese	enalteciere
enaltece	enaltezcas	enaltecieras-ieses	enaltecieres
enaltezca	enaltezca	enalteciera-iese	enalteciere
enaltezcamos	enaltezcamos	enalteciéramos-iésemos	enalteciéremos
enalteced	enaltezcáis	enaltecierais-ieseis	enalteciereis
enaltezcan	enaltezcan	enaltecieran-iesen	enaltecieren

	enardezca	enardeciera-iese	enardeciere
enardece	enardezcas	enardecieras-ieses	enardecieres
enardezca	enardezca	enardeciera-iese	enardeciere
enardezcamos	enardezcamos	enardeciéramos-iésemos	enardeciéremos
enardeced	enardezcáis	enardecierais-ieseis	enardeciereis
enardezcan	enardezcan	enardecieran-iesen	enardecieren

	encabellezca	encabelleciera-iese	encabelleciere
encabellécete	encabellezcas	encabellecieras-ieses	encabellecieres
encabellézcase	encabellezca	encabelleciera-iese	encabelleciere
encabellezcámonos	encabellezcamos	encabelleciéramos-iésemos	encabelleciéremos
emcabelleceos	encabellezcáis	encabellecierais-ieseis	encabelleciereis
encabellézcanse	encabellezcan	encabellecieran-iesen	encabellecieren

enartar enaspar enastar enastilar encabalgar encabar encaballar encabestrar encabezar
encabezonar encabillar encabrahigar encabrestar encabriar encabritarse encabronar
encabruñar encabullar encabuyar encachar encacharrar encacharse encachicarse encachi-
larse encachorrarse encadarse encadenar encajar encajerarse encajetar encajetillar encajonar
encalabozar encalabriar encalabrinar encalambrarse encalamucar encalar encalcar encaletar

INFINITIVO	INDICATIVO			POTENCIAL
simple	presente	pret. indefinido	fut. imperfecto	simple o imp.
ENCALVECER	encalvezco	encalvecí	encalveceré	encalvecería
encalveciendo	encalveces	encalveciste	encalvecerás	encalvecerías
encalvecido	encalvece	encalveció	encalvecerá	encalvecería
	encalvecemos	encalvecimos	encalveceremos	encalveceríamos
	encalvecéis	encalvecisteis	encalveceréis	encalveceríais
	encalvecen	encalvecieron	encalvecerán	encalvecerían
ENCALLECER	encallezco	encallecí	encalleceré	encallecería
encalleciendo	encalleces	encalleciste	encallecerás	encallecerías
encallecido	encallece	encalleció	encallecerá	encallecería
	encallecemos	encallecimos	encalleceremos	encalleceríamos
	encallecéis	encallecisteis	encalleceréis	encalleceríais
	encallecen	encallecieron	encallecerán	encallecerían
ENCANDECER	encandezco	encandecí	encandeceré	encandecería
encandeciendo	encandeces	encandeciste	encandecerás	encandecerías
encandecido	encandece	encandeció	encandecerá	encandecería
	encandecemos	encandecimos	encandeceremos	encandeceríamos
	encandecéis	encandecisteis	encandeceréis	encandeceríais
	encandecen	encandecieron	encandecerán	encandecerían
ENCANECER	encanezco	encanecí	encaneceré	encanecería
encaneciendo	encaneces	encaneciste	encanecerás	encanecerías
encanecido	encanece	encaneció	encanecerá	encanecería
	encanecemos	encanecimos	encaneceremos	encaneceríamos
	encanecéis	encanecisteis	encaneceréis	encaneceríais
	encanecen	encanecieron	encanecerán	encanecerían
ENCARNECER	encarnezco	encarnecí	encarneceré	encarnecería
encarneciendo	encarneces	encarneciste	encarnecerás	encarnecerías
encarnecido	encarnece	encarneció	encarnecerá	encarnecería
	encarnecemos	encarnecimos	encarneceremos	encarneceríamos
	encarnecéis	encarnecisteis	encarneceréis	encarneceríais
	encarnecen	encarnecieron	encarnecerán	encarnecerían
ENCENDER	enciendo	encendí	encenderé	encendería
encendiendo	enciendes	encendiste	encenderás	encenderías
encendido	enciende	encendió	encenderá	encendería
	encendemos	encendimos	encenderemos	encenderíamos
	encendéis	encendisteis	encenderéis	encenderíais
	encienden	encendieron	encenderán	encenderían

---

en|carecer   en|cerrar

encalillarse encalmarse encalostrarse encalvar encalzar encallar encallejonar encalletrar encamar encamarar encambar encambijar encambrar encambrillonar encambronar encambuchar encaminar encamisar encamonar encamorrarse encamotarse encampanar encanalar encanalizar encanallar encanarse encanastar encancelar encancerarse encandelar encandelillar encandilar encanijar encanillar encantar encantarar encantusar encanutar encanutarse encañar encañizar encañonar encañutar encapachar encapar encaparazonar encapazar encaperuzar encapillar encapirotar encapotar encapricharse encapuchar encapuzar encara-

IMPERATIVO	SUBJUNTIVO		
presente	presente	pretérito imperfecto	fut. imperfecto
	encalvezca	encalveciera-iese	encalveciere
encalvece	encalvezcas	encalvecieras-ieses	encalvecieres
encalvezca	encalvezca	encalveciera-iese	encalveciere
encalvezcamos	encalvezcamos	encalveciéramos-iésemos	encalveciéremos
encalveced	encalvezcáis	encalvecierais-ieseis	encalveciereis
encalvezcan	encalvezcan	encalvecieran-iesen	encalvecieren
	encallezca	encalleciera-iese	encalleciere
encallece	encallezcas	encallecieras-ieses	encallecieres
encallezca	encallezca	encalleciera-iese	encalleciere
encallezcamos	encallezcamos	encalleciéramos-iésemos	encalleciéremos
encalleced	encallezcáis	encallecierais-ieseis	encalleciereis
encallezcan	encallezcan	encallecieran-iesen	encallecieren
	encandezca	encandeciera-iese	encandeciere
encandece	encandezcas	encandecieras-ieses	encandecieres
encandezca	encandezca	encandeciera-iese	encandeciere
encandezcamos	encandezcamos	encandeciéramos-iésemos	encandeciéremos
encandeced	encandezcáis	encandecierais-ieseis	encandeciereis
encandezcan	encandezcan	encandecieran-iesen	encandecieren
	encanezca	encaneciera-iese	encaneciere
encanece	encanezcas	encanecieras-ieses	encanecieres
encanezca	encanezca	encaneciera-iese	encaneciere
encanezcamos	encanezcamos	encaneciéramos-iésemos	encaneciéremos
encaneced	encanezcáis	encanecierais-ieseis	encaneciereis
encanezcan	encanezcan	encanecieran-iesen	encanecieren
	encarnezca	encarneciera-iese	encarneciere
encarnece	encarnezcas	encarnecieras-ieses	encarnecieres
encarnezca	encarnezca	encarneciera-iese	encarneciere
encarnezcamos	encarnezcamos	encarneciéramos-iésemos	encarneciéremos
encarneced	encarnezcáis	encarnecierais-ieseis	encarneciereis
encarnezcan	encarnezcan	encarnecieran-iesen	encarnecieren
	encienda	encendiera-iese	encendiere
enciende	enciendas	encendieras-ieses	encendieres
encienda	encienda	encendiera-iese	encendiere
encendamos	encendamos	encendiéramos-iésemos	encendiéremos
encended	encendáis	encendierais-ieseis	encendiereis
enciendan	enciendan	encendieran-iesen	encendieren

---

jinarse encaramar encaramillotar encarapitarse encarar encaratularse encarcavinar encar-
celar encarcerar encardarse encargar encariñar encarnar encarnizar encarpetar encarrilar
encarrillar encarroñar encarrujar encartar encartonar encartuchar encasar encascabelar
encascotar encasillar encasimbar encasquetar encasquillar encastar encastillar encastrar
encasullar encatalejar encativar encatrinarse encatusar encauchar encausar encausticar
encauzar encavarse encayaparse encebadar encebollar encelajarse encelar enceldar
encellar encenagarse encencerrar encendrar encenegarse encenizar encensar encensuar

INFINITIVO	INDICATIVO			POTENCIAL
simple	presente	pret. indefinido	fut. imperfecto	simple o imp.
ENCENTAR	enciento	encenté	encentaré	encentaría
encentando	encientas	encentaste	encentarás	encentarías
encentado	encienta	encentó	encentará	encentaría
	encentamos	encentamos	encentaremos	encentaríamos
	encentáis	encentasteis	encentaréis	encentaríais
	encientan	encentaron	encentarán	encentarían
ENCLOQUECER	encloquezco	encloquecí	encloqueceré	encloquecería
encloqueciendo	encloqueces	encloqueciste	encloquecerás	encloquecerías
encloquecido	encloquece	encloqueció	encloquecerá	encloquecería
	encloquecemos	encloquecimos	encloqueceremos	encloqueceríamos
	encloquecéis	encloquecisteis	encloqueceréis	encloqueceríais
	encloquecen	encloquecieron	encloquecerán	encloquecerían
ENCOMENDAR	encomiendo	encomendé	encomendaré	encomendaría
encomendando	encomiendas	encomendaste	encomendarás	encomendarías
encomendado	encomienda	encomendó	encomendará	encomendaría
	encomendamos	encomendamos	encomendaremos	encomendaríamos
	encomendáis	encomendasteis	encomendaréis	encomendaríais
	encomiendan	encomendaron	encomendarán	encomendarían
ENCONTRAR	encuentro	encontré	encontraré	encontraría
encontrando	encuentras	encontraste	encontrarás	encontrarías
encontrado	encuentra	encontró	encontrará	encontraría
	encontramos	encontramos	encontraremos	encontraríamos
	encontráis	encontrasteis	encontraréis	encontraríais
	encuentran	encontraron	encontrarán	encontrarían
ENCORAR	encuero	encoré	encoraré	encoraría
encorando	encueras	encoraste	encorarás	encorarías
encorado	encuera	encoró	encorará	encoraría
	encoramos	encoramos	encoraremos	encoraríamos
	encoráis	encorasteis	encoraréis	encoraríais
	encueran	encoraron	encorarán	encorarían
ENCORDAR	encuerdo	encordé	encordaré	encordaría
encordando	encuerdas	encordaste	encordarás	encordarías
encordado	encuerda	encordó	encordará	encordaría
	encordamos	encordamos	encordaremos	encordaríamos
	encordáis	encordasteis	encordaréis	encordaríais
	encuerdan	encordaron	encordarán	encordarían

en| clocar

encentrar encepar encerar encercar encernadar encerotar encerrizar encespedar encestar
encetar   enciclar enciguatarse encimar encintar encintrar encismar encitar encizañar
enclancharse enclarar enclaustrar enclavar enclavijar encobar encobijar encobilarse en-

IMPERATIVO	SUBJUNTIVO		
presente	presente	pretérito imperfecto	fut. imperfecto
	enciente	encentara-ase	encentare
encienta	encientes	encentaras-ases	encentares
enciente	enciente	encentara-ase	encentare
encentemos	encentemos	encentáramos-ásemos	encentáremos
encentad	encentéis	encentarais-aseis	encentareis
encienten	encienten	encentaran-asen	encentaren
	encloquezca	encloqueciera-iese	encloqueciere
encloquece	encloquezcas	encloquecieras-ieses	encloquecieres
encloquezca	encloquezca	encloqueciera-iese	encloqueciere
encloquezcamos	encloquezcamos	encloqueciéramos-iésemos	encloqueciéremos
encloqueced	encloquezcáis	encloquecierais-ieseis	encloqueciereis
encloquezcan	encloquezcan	encloquecieran-iesen	encloquecieren
	encomiende	encomendara-ase	encomendare
encomienda	encomiendes	encomendaras-ases	encomendares
encomiende	encomiende	encomendara-ase	encomendare
encomendemos	encomendemos	encomendáramos-ásemos	encomendáremos
encomendad	encomendéis	encomendarais-aseis	encomendareis
encomienden	encomienden	encomendaran-asen	encomendaren
	encuentre	encontrara-ase	encontrare
encuentra	encuentres	encontraras-ases	encontrares
encuentre	encuentre	encontrara-ase	encontrare
encontremos	encontremos	encontráramos-ásemos	encontráremos
encontrad	encontréis	encontrarais-aseis	encontrareis
encuentren	encuentren	encontraran-asen	encontraren
	encuere	encorara-ase	encorare
encuera	encueres	encoraras-ases	encorares
encuere	encuere	encorara-ase	encorare
encoremos	encoremos	encoráramos-ásemos	encoráremos
encorad	encoréis	encorarais-aseis	encorareis
encueren	encueren	encoraran-asen	encoraren
	encuerde	encordara-ase	encordare
encuerda	encuerdes	encordaras-ases	encordares
encuerde	encuerde	encordara-ase	encordare
encordemos	encordemos	encordáramos-ásemos	encordáremos
encordad	encordéis	encordarais-aseis	encordareis
encuerden	encuerden	encordaran-asen	encordaren

cobrar encoclar encocorar encodillarse encofinar encofrar encoger encogollarse encogullar encohetar encojar encolar encolchar encolerizar encoliguar encomiar encompadrar encompasar enconar enroncharse encofitar encongarse enconrear encopetar encorachar encorajar encorajinar encorajinarse encoramentar encorazar encorcovar encorchar encorchetar encordelar

INFINITIVO	INDICATIVO			POTENCIAL
simple	presente	pret. indefinido	fut. imperfecto	simple o imp.
ENCORECER	encorezco	encorecí	encoreceré	encorecería
encoreciendo	encoreces	encoreciste	encorecerás	encorecerías
encorecido	encorece	encoreció	encorecerá	encorecería
	encorecemos	encorecimos	encoreceremos	encoreceríamos
	encorecéis	encorecisteis	encoreceréis	encoreceríais
	encorecen	encorecieron	encorecerán	encorecerían
ENCORNAR	encuerno	encorné	encornaré	encornaría
encornando	encuernas	encornaste	encornarás	encornarías
encornado	encuerna	encornó	encornará	encornaría
	encornamos	encornamos	encornaremos	encornaríamos
	encornáis	encornasteis	encornaréis	encornaríais
	encuernan	encornaron	encornarán	encornarían
ENCOVAR	encuevo	encové	encovaré	encovaría
encovando	encuevas	encovaste	encovarás	encovarías
encovado	encueva	encovó	encovará	encovaría
	encovamos	encovamos	encovaremos	encovaríamos
	encováis	encovasteis	encovaréis	encovaríais
	encuevan	encovaron	encovarán	encovarían
ENCRUDECER	encrudezco	encrudecí	encrudeceré	encrudecería
encrudeciendo	encrudeces	encrudeciste	encrudecerás	encrudecerías
encrudecido	encrudece	encrudeció	encrudecerá	encrudecería
	encrudecemos	encrudecimos	encrudeceremos	encrudeceríamos
	encrudecéis	encrudecisteis	encrudeceréis	encrudeceríais
	encrudecen	encrudecieron	encrudecerán	encrudecerían
ENCRUELECER	encruelezco	encruelecí	encrueleceré	encruelecería
encrueleciendo	encrueleces	encrueleciste	encruelecerás	encruelecerías
encruelecido	encruelece	encrueleció	encruelecerá	encruelecería
	encruelecemos	encruelecimos	encrueleceremos	encrueleceríamos
	encruelecéis	encruelecisteis	encrueleceréis	encrueleceríais
	encruelecen	encruelecieron	encruelecerán	encruelecerían
ENCUBERTAR	encubierto	encuberté	encuberteré	encubertaría
encubertando	encubiertas	encubertaste	encuberterás	encubertarías
encubertado	encubierta	encubertó	encuberterá	encubertaría
	encubertamos	encubertamos	encuberteremos	encubertaríamos
	encubertáis	encubertasteis	encuberteréis	encubertaríais
	encubiertan	encubertaron	encuberterán	encubertarían

en|costarse

encordonar   encornudar   encorozar   encorralar   encorrear   encorrer   encorselar   encor-
setar   encortar   encortinar   encorvar   encostalar   encostrar   encrasar   encrespar   encres-
tarse   encristalar   encruquillarse   encruzar   encuadernar   encuadrar   encuartar   encuartelar
encuatar   encubar   encubrir   encucar   encucurucharse   encuellar   encuendar   encuerar   encuevar
encuitarse   encujar   encularse   enculatar   enculecarse   enculillarse   enculpar   encumbrar   en-
cunar   encuñar   encureñar   encurrucarse   encurtir   enchalecar   enchamarrar   enchambar   en-

IMPERATIVO	SUBJUNTIVO		
presente	presente	pretérito imperfecto	fut. imperfecto

	encorezca	encoreciera-iese	encoreciere
encorece	encorezcas	encorecieras-ieses	encorecieres
encorezca	encorezca	encoreciera-iese	encoreciere
encorezcamos	encorezcamos	encoreciéramos-iésemos	encoreciéremos
encoreced	encorezcáis	encorecierais-ieseis	encoreciereis
encorezcan	encorezcan	encorecieran-iesen	encorecieren

	encuerne	encornara-ase	encornare
encuerna	encuernes	encornaras-ases	encornares
encuerne	encuerne	encornara-ase	encornare
encornemos	encornemos	encornáramos-ásemos	encornáremos
encornad	encornéis	encornarais-aseis	encornareis
encuernen	encuernen	encornaran-asen	encornaren

	encueve	encovara-ase	encovare
encueva	encueves	encovaras-ases	encovares
encueve	encueve	encovara-ase	encovare
encovemos	encovemos	encováramos-ásemos	encováremos
envocad	encovéis	encovarais-aseis	encovareis
encueven	encueven	encovaran-asen	encovaren

	encrudezca	encrudeciera-iese	encrudeciere
encrudece	encrudezcas	encrudecieras-ieses	encrudecieres
encrudezca	encrudezca	encrudeciera-iese	encrudeciere
encrudezcamos	encrudezcamos	encrudeciéramos-iésemos	encrudeciéremos
encrudeced	encrudezcáis	encrudecierais-ieseis	encrudeciereis
encrudezcan	encrudezcan	encrudecieran-iesen	encrudecieren

	encruelezca	encrueleciera-iese	encrueleciere
encruelece	encruelezcas	encruelecieras-ieses	encruelecieres
encruelezca	encruelezca	encrueleciera-iese	encrueleciere
encruelezcamos	encruelezcamos	encrueleciéramos-iésemos	encrueleciéremos
encrueleced	encruelezcáis	encruelecierais-ieseis	encrueleciereis
encruelezcan	encruelezcan	encruelecieran-iesen	encruelecieren

	encubierte	encubertara-ase	encubertare
encubierta	encubiertes	encubertaras-ases	encubertares
encubierte	encubierte	encubertara-ase	encubertare
encubertemos	encubertemos	encubertáramos-ásemos	encubertáremos
encubertad	encubertéis	encubertarais-aseis	encubertareis
encubierten	encubierten	encubertaran-asen	encubertaren

chambranar enchamicar enchancletar enchapar enchaparrarse enchapinarse enchaquetarse encharcar encharnelar encharrancar enchaucharse enchavetar enchepicar enchicar enchicarse enchilar enchilotarse enchinar enchinarrar enchinchar enchipar enchiquerar enchironar enchismar enchispar enchivarse enchocorarse enchonclarse enchuchar enchuecar enchufar enchuletar enchullecar enchumbar enchutar endamarse endeblar endechar endehesar endeliñar endemoniar enderezar enderrotar endeudarse endiablar endieciocharse endientar

INFINITIVO	INDICATIVO			POTENCIAL
simple	presente	pret. indefinido	fut. imperfecto	simple o imp.
ENDENTAR	endiento	endenté	endentaré	endentaría
endentando	endientas	endentaste	endentarás	endentarías
endentado	endienta	endentó	endentará	endentaría
	endentamos	endentamos	endentaremos	endentaríamos
	endentáis	endentasteis	endentaréis	endentaríais
	endientan	endentaron	endentarán	endentarían
ENDENTECER	endentezco	endentecí	endenteceré	endentecería
endenteciendo	endenteces	endenteciste	endentecerás	endentecerías
endentecido	endentece	endenteció	endentecerá	endentecería
	endentecemos	endentecimos	endenteceremos	endenteceríamos
	endentecéis	endentecisteis	endenteceréis	endenteceríais
	endentecen	endentecieron	endentecerán	endentecerían
ENDURECER	endurezco	endurecí	endureceré	endurecería
endureciendo	endureces	endureciste	endurecerás	endurecerías
endurecido	endurece	endureció	endurecerá	endurecería
	endurecemos	endurecimos	endureceremos	endureceríamos
	endurecéis	endurecisteis	endureceréis	endureceríais
	endurecen	endurecieron	endurecerán	endurecerían
ENFERVORECER	enfervorezco	enfervorecí	enfervoreceré	enfervorecería
enfervoreciendo	enfervoreces	enfervoreciste	enfervorecerás	enfervorecerías
enfervorecido	enfervorece	enfervoreció	enfervorecerá	enfervorecería
	enfervorecemos	enfervorecimos	enfervoreceremos	enfervoreceríamos
	enfervorecéis	enfervorecisteis	enfervoreceréis	enfervoreceríais
	enfervorecen	enfervorecieron	enfervorecerán	enfervorecerían
ENFIERECERSE	enfierezco	enfierecí	enfiereceré	enfierecería
enfiereciendo	enfiereces	enfiereciste	enfierecerás	enfierecerías
enfierecido	enfierece	enfiereció	enfierecerá	enfierecería
	enfierecemos	enfierecimos	enfiereceremos	enfiereceríamos
	enfierecéis	enfierecisteis	enfiereceréis	enfiereceríais
	enfierecen	enfierecieron	enfierecerán	enfierecerían
ENFLAQUECER	enflaquezco	enflaquecí	enflaqueceré	enflaquecería
enflaqueciendo	enflaqueces	enflaqueciste	enflaquecerás	enflaquecerías
enflaquecido	enflaquece	enflaqueció	enflaquecerá	enflaquecería
	enflaquecemos	enflaquecimos	enflaqueceremos	enflaqueceríamos
	enflaquecéis	enflaquecisteis	enflaqueceréis	enflaqueceríais
	enflaquecen	enflaquecieron	enflaquecerán	enflaquecerían
ENFORTECER	enfortezco	enfortecí	enforteceré	enfortecería
enforteciendo	enforteces	enforteciste	enfortecerás	enfortecerías
enfortecido	enfortece	enforteció	enfortecerá	enfortecería
	enfortecemos	enfortecimos	enforteceremos	enforteceríamos
	enfortecéis	enfortecisteis	enforteceréis	enforteceríais
	enfortecen	enfortecieron	enfortecerán	enfortecerían

en|florecer   en|fortalecer

endilgar endiosar endirgar enditarse endoblar endomingar endomingarse endorsar endosar
endoselar endosmosar endragonarse endrezar endrogarse enduendar endulzar endulzorar
endurar enechar enejar enemizar enemistar enerar enerizar enervar enfadar enfajillar
enfajinar enfaldar enfangar enfardar enfardelar enfaruscarse enfascar enfastiar enfasti-

IMPERATIVO	SUBJUNTIVO		
presente	presente	pretérito imperfecto	fut. imperfecto
	endiente	endentara-ase	endentare
endienta	endientes	endentaras-ases	endentares
endiente	endiente	endentara-ase	endentare
endentemos	endentemos	endentáramos-ásemos	endentáremos
endentad	endentéis	endentarais-aseis	endentareis
endienten	endienten	endentaran-asen	endentaren
	endentezca	endenteciera-iese	endenteciere
endentece	endentezcas	endentecieras-ieses	endentecieres
endentezca	endentezca	endenteciera-iese	endenteciere
endentezcamos	endentezcamos	endenteciéramos-iésemos	endenteciéremos
endenteced	endentezcáis	endentecierais-ieseis	endenteciereis
endentezcan	endentezcan	endentecieran-iesen	endentecieren
	endurezca	endureciera-iese	endureciere
endurece	endurezcas	endurecieras-ieses	endurecieres
endurezca	endurezca	endureciera-iese	endureciere
endurezcamos	endurezcamos	endureciéramos-iésemos	endureciéremos
endureced	endurezcáis	endurecierais-ieseis	endureciereis
endurezcan	endurezcan	endurecieran-iesen	endurecieren
	enfervorezca	enfervoreciera-iese	enfervoreciere
enfervorece	enfervorezcas	enfervorecieras-ieses	enfervorecieres
enfervorezca	enfervorezca	enfervoreciera-iese	enfervoreciere
enfervorezcamos	enfervorezcamos	enfervoreciéramos-iésemos	enfervoreciéremos
enfervoreced	enfervorezcáis	enfervorecierais-ieseis	enfervoreciereis
enfervorezcan	enfervorezcan	enfervorecieran-iesen	enfervorecieren
	enfierezca	enfiereciera-iese	enfiereciere
enfierece	enfierezcas	enfierecieras-ieses	enfierecieres
enfierezca	enfierezca	enfiereciera-iese	enfiereciere
enfierezcamos	enfierezcamos	enfiereciéramos-iésemos	enfiereciéremos
enfiereced	enfierezcáis	enfierecierais-ieseis	enfiereciereis
enfierezcan	enfierezcan	enfierecieran-iesen	enfierecieren
	enflaquezca	enflaqueciera-iese	enflaqueciere
enflaquece	enflaquezcas	enflaquecieras-ieses	enflaquecieres
enflaquezca	enflaquezca	enflaqueciera-iese	enflaqueciere
enflaquezcamos	enflaquezcamos	enflaqueciéramos-iésemos	enflaqueciéremos
enflaqueced	enflaquezcáis	enflaquecierais-ieseis	enflaqueciereis
enflaquezcan	enflaquezcan	enflaquecieran-iesen	enflaquecieren
	enfortezca	enforteciera-iese	enforteciere
enfortece	enfortezcas	enfortecieras-ieses	enfortecieres
enfortezca	enfortezca	enforteciera-iese	enforteciere
enfortezcamos	enfortezcamos	enforteciéramos-iésemos	enforteciéremos
enforteced	enfortezcáis	enfortecierais-ieseis	enforteciereis
enfortezcan	enfortezcan	enfortecieran-iesen	enfortecieren

diar   enfatuar   enfear   enfelpar   enfermar   enfermosear   enferozar   enfervorizar   enfeudar
enfiar   enficionar   enfielar   enfiestarse   enfilar   enfingir   enfistolarse   enfiuzar   enflacar   en-
flatarse   enflautar   enflechar   enflorar   enfocar   enfogar   enfogonar   enfollinarse   enfollonar
enforcar   enformar   enfornar   enforrar   enfortir   enfoscar   enfotarse   enfrailar   enfranjar

INFINITIVO	INDICATIVO			POTENCIAL
simple	presente	pret. indefinido	fut. imperfecto	simple o imp.
ENFRANQUECER	enfranquezco	enfranquecí	enfranqueceré	enfranquecería
enfranqueciendo	enfranqueces	enfranqueciste	enfranquecerás	enfranquecerías
enfranquecido	enfranquece	enfranqueció	enfranquecerá	enfranquecería
	enfranquecemos	enfranquecimos	enfranqueceremos	enfranqueceríamos
	enfranquecéis	enfranquecisteis	enfranqueceréis	enfranqueceríais
	enfranquecen	enfranquecieron	enfranquecerán	enfranquecerían
ENFURECER	enfurezco	enfurecí	enfureceré	enfurecería
enfureciendo	enfureces	enfureciste	enfurecerás	enfurecerías
enfurecido	enfurece	enfureció	enfurecerá	enfurecería
	enfurecemos	enfurecimos	enfureceremos	enfureceríamos
	enfurecéis	enfurecisteis	enfureceréis	enfureceríais
	enfurecen	enfurecieron	enfurecerán	enfurecerían
ENFURELECER	enfurelezco	enfurelecí	enfureleceré	enfurelecería
enfureleciendo	enfureleces	enfureleciste	enfurelecerás	enfurelecerías
enfurelecido	enfurelece	enfureleció	enfurelecerá	enfurelecería
	enfurelecemos	enfurelecimos	enfureleceremos	enfureleceríamos
	enfurelecéis	enfurelecisteis	enfureleceréis	enfureleceríais
	enfurelecen	enfurelecieron	enfurelecerán	enfurelecerían
ENGATECER	engatezco	engatecí	engateceré	engatecería
engateciendo	engateces	engateciste	engatecerás	engatecerías
engatecido	engatece	engateció	engatecerá	engatecería
	engatecemos	engatecimos	engateceremos	engateceríamos
	engatecéis	engatecisteis	engateceréis	engateceríais
	engatecen	engatecieron	engatecerán	engatecerían
ENGERIR	engiero	engerí	engeriré	engeriría
engiriendo	engieres	engeriste	engerirás	engerirías
engerido	engiere	engirió	engerirá	engeriría
	engerimos	engerimos	engeriremos	engeriríamos
	engerís	engeristeis	engeriréis	engeriríais
	engieren	engirieron	engerirán	engerirían
ENGORAR	engüero	engoré	engoraré	engoraría
engorando	engüeras	engoraste	engorarás	engorarías
engorado	engüera	engoró	engorará	engoraría
	engoramos	engoramos	engoraremos	engoraríamos
	engoráis	engorasteis	engoraréis	engoraríais
	engüeran	engoraron	engorarán	engorarían

enfrascar enfrascarse enfrenar enfrenillar enfrentar enfriar enfrijolarse enfrontar enfrontilar enfroscarse enfuciar enfuertarse enfuetarse enfullar enfullinarse enfunchar enfundar enfuñarse enfuñingarse enfuriarse enfurruñarse enfurruscarse enfurtir enfuruñarse enfusar enfuscar enfusir engabanar engafar engafetar engaitar engalabernar engalanar engalerar engalgar engalibar engallar engallarse engallolar engallotarse enganchar engandujar engangochar engangrenarse engañar engañarse engañilar engañotar engarabatar engarabitar engaratusar engarbarse engarbear engarbullar engarfar engarfiar engargantar engargolar

IMPERATIVO	SUBJUNTIVO		
presente	presente	pretérito imperfecto	fut. imperfecto
	enfranquezca	enfranqueciera-iese	enfranqueciere
enfranquece	enfranquezcas	enfranquecieras-ieses	enfranquecieres
enfranquezca	enfranquezca	enfranqueciera-iese	enfranqueciere
enfranquezcamos	enfranquezcamos	enfranqueciéramos-iésemos	enfranqueciéremos
enfranqueced	enfranquezcáis	enfranquecierais-ieseis	enfranqueciereis
enfranquezcan	enfranquezcan	enfranquecieran-iesen	enfranquecieren
	enfurezca	enfureciera-iese	enfureciere
enfurece	enfurezcas	enfurecieras-ieses	enfurecieres
enfurezca	enfurezca	enfureciera-iese	enfureciere
enfurezcamos	enfurezcamos	enfureciéramos-iésemos	enfureciéremos
enfureced	enfurezcáis	enfurecierais-ieseis	enfureciereis
enfurezcan	enfurezcan	enfurecieran-iesen	enfurecieren
	enfurelezca	enfureleciera-iese	enfureleciere
enfurelece	enfurelezcas	enfurelecieras-ieses	enfurelecieres
enfurelezca	enfurelezca	enfureleciera-iese	enfureleciere
enfurelezcamos	enfurelezcamos	enfureleciéramos-iésemos	enfureleciéremos
enfureleced	enfurelezcáis	enfurelecierais-ieseis	enfureleciereis
enfurelezcan	enfurelezcan	enfurelecieran-iesen	enfurelecieren
	engatezca	engateciera-iese	engateciere
engatece	engatezcas	engatecieras-ieses	engatecieres
engatezca	engatezca	engateciera-iese	engateciere
engatezcamos	engatezcamos	engateciéramos-iésemos	engateciéremos
engateced	engatezcáis	engatecierais-ieseis	engateciereis
engatezcan	engatezcan	engatecieran-iesen	engatecieren
	engiera	engiriera-iese	engiriere
engiere	engieras	engirieras-ieses	engirieres
engiera	engiera	engiriera-iese	engiriere
engiramos	engiramos	engiriéramos-iésemos	engiriéremos
engerid	engiráis	engirierais-ieseis	engiriereis
engieran	engieran	engirieran-iesen	engirieren
	engüere	engorara-ase	engorare
engüera	engüeres	engoraras-ases	engorares
engüere	engüere	engorara-ase	engorare
engoremos	engoremos	engoráramos-ásemos	engoráremos
engorad	engoréis	engorarais-aseis	engorareis
engüeren	engüeren	engoraran-asen	engoraren

engarigolar engaripolar engaritar engarmarse engarrafar engarrar engarriar engarronar engarrotar engarrullar engarruñarse engarzar engasajar engasar engastar engastonar engatar engatillar engatusar engauchar engaviar engavilanar engavillar engayolar engazar engazgarse engazucar engendrar engentarse engeñar engibar englobar englutir engoar engocetar engodar engolfar engolfarse engolillar engolondrinar engolosinar engollar engolletarse engolliparse engomar engominar engordar engorgonar engorgonearse engorgoritar engorrar engorrinarse engorronarse engotarse engoznar engraciar engramar engramear

INFINITIVO	INDICATIVO			POTENCIAL
simple	presente	pret. indefinido	fut. imperfecto	simple o imp.
ENGORDECER	engordezco	engordecí	engordeceré	engordecería
engordeciendo	engordeces	engordeciste	engordecerás	engordecerías
engordecido	engordece	engordeció	engordecerá	engordecería
	engordecemos	engordecimos	engordeceremos	engordeceríamos
	engordecéis	engordecisteis	engordeceréis	engordeceríais
	engordecen	engordecieron	engordecerán	engordecerían
ENGRANDECER	engrandezco	engrandecí	engrandeceré	engrandecería
engrandeciendo	engrandeces	engrandeciste	engrandecerás	engrandecerías
engrandecido	engrandece	engrandeció	engrandecerá	engrandecería
	engrandecemos	engrandecimos	engrandeceremos	engrandeceríamos
	engrandecéis	engrandecisteis	engrandeceréis	engrandeceríais
	engrandecen	engrandecieron	engrandecerán	engrandecerían
ENGRAVECER	engravezco	engravecí	engraveceré	engravecería
engraveciendo	engraveces	engraveciste	engravecerás	engravecerías
engravecido	engravece	engraveció	engravecerá	engravecería
	engravecemos	engravecimos	engraveceremos	engraveceríamos
	engravecéis	engravecisteis	engraveceréis	engraveceríais
	engravecen	engravecieron	engravecerán	engravecerían
ENGREIR	engrío	engreí	engreiré	engreiría
engriendo	engríes	engreíste	engreirás	engreirías
engreído	engríe	engrió	engreirá	engreiría
	engreímos	engreímos	engreiremos	engreiríamos
	engreís	engreísteis	engreiréis	engreiríais
	engríen	engrieron	engreirán	engreirían
ENGROSAR	engrueso	engrosé	engrosaré	engrosaría
engrosando	engruesas	engrosaste	engrosarás	engrosarías
engrosado	engruesa	engrosó	engrosará	engrosaría
	engrosamos	engrosamos	engrosaremos	engrosaríamos
	engrosáis	engrosasteis	engrosaréis	engrosaríais
	engruesan	engrosaron	engrosarán	engrosarían
ENGROSECER	engrosezco	engrosecí	engroseceré	engrosecería
engroseciendo	engroseces	engroseciste	engrosecerás	engrosecerías
engrosecido	engrosece	engroseció	engrosecerá	engrosecería
	engrosecemos	engrosecimos	engroseceremos	engroseceríamos
	engrosecéis	engrosecisteis	engroseceréis	engroseceríais
	engrosecen	engrosecieron	engrosecerán	engrosecerían
ENGRUMECERSE	engrumezco	engrumecí	engrumeceré	engrumecería
engrumeciéndose	engrumeces	engrumeciste	engrumecerás	engrumecerías
engrumecido	engrumece	engrumeció	engrumecerá	engrumecería
	engrumecemos	engrumecimos	engrumeceremos	engrumeceríamos
	engrumecéis	engrumecisteis	engrumeceréis	engrumeceríais
	engrumecen	engrumecieron	engrumecerán	engrumecerían

engrampar engranar engrandar engranerar engranujarse engrapar engrasar engrasillar
engredar engrescar engrifar engrillar engrillarse engrilletar engrincharse engringarse
engringolarse engriparse engrudar engruesar engrupir enguacharse enguachicar engua-

IMPERATIVO	SUBJUNTIVO		
presente	presente	pretérito imperfecto	fut. imperfecto
	engordezca	engordeciera-iese	engordeciere
engordece	engordezcas	engordecieras-ieses	engordecieres
engordezca	engordezca	engordeciera-iese	engordeciere
engordezcamos	engordezcamos	engordeciéramos-iésemos	engordeciéremos
engordeced	engordezcáis	engordecierais-ieseis	engordeciereis
engordezcan	engordezcan	engordecieran-iesen	engordecieren
	engrandezca	engrandeciera-iese	engrandeciere
engrandece	engrandezcas	engrandecieras-ieses	engrandecieres
engrandezca	engrandezca	engrandeciera-iese	engrandeciere
engrandezcamos	engrandezcamos	engrandeciéramos-iésemos	engrandeciéremos
engrandeced	engrandezcáis	engrandecierais-ieseis	engrandeciereis
engrandezcan	engrandezcan	engrandecieran-iesen	engrandecieren
	engravezca	engraveciera-iese	engraveciere
engravece	engravezcas	engravecieras-ieses	engravecieres
engravezca	engravezca	engraveciera-iese	engraveciere
engravezcamos	engravezcamos	engraveciéramos-iésemos	engraveciéremos
engraveced	engravezcáis	engravecierais-ieseis	engraveciereis
engravezcan	engravezcan	engravecieran-iesen	engravecieren
	engría	engriera-iese	engriere
engríe	engrías	engrieras-ieses	engrieres
engría	engría	engriera-iese	engriere
engriamos	engriamos	engriéramos-iésemos	engriéremos
engreíd	engriáis	engrierais-ieseis	engriereis
engrían	engrían	engrieran-iesen	engrieren
	engruese	engrosara-ase	engrosare
engruesa	engrueses	engrosaras-ases	engrosares
engruese	engruese	engrosara-ase	engrosare
engrosemos	engrosemos	engrosáramos-ásemos	engrosáremos
engrosad	engroséis	engrosarais-aseis	engrosareis
engruesen	engruesen	engrosaran-asen	engrosaren
	engrosezca	engroseciera-iese	engroseciere
engrosece	engrosezcas	engrosecieras-ieses	engrosecieres
engrosezca	engrosezca	engroseciera-iese	engroseciere
engrosezcamos	engrosezcamos	engroseciéramos-iésemos	engroseciéremos
engroseced	engrosezcáis	engrosecierais-ieseis	engroseciereis
engrosezcan	engrosezcan	engrosecieran-iesen	engrosecieren
	engrumezca	engrumeciera-iese	engrumeciere
engrumécete	engrumezcas	engrumecieras-ieses	engrumecieres
engrumézcase	engrumezca	engrumeciera-iese	engrumeciere
engrumezcámonos	engrumezcamos	engrumeciéramos-iésemos	engrumeciéremos
engrumeceos	engrumezcáis	engrumecierais-ieseis	engrumeciereis
engrumézcanse	engrumezcan	engrumecieran-iesen	engrumecieren

---

chinar enguadar engualdar engualdrapar engualichar enguandujarse enguangarar enguantar
enguapearse enguaracarse enguaralar enguaraparse enguarapetarse enguaretarse enguasimar
enguatar enguayabarse engubiar enguedejar enguerar enguerrillar enguerrillarse enguijarrar

INFINITIVO	INDICATIVO			POTENCIAL
simple	presente	pret. indefinido	fut. imperfecto	simple o imp.
ENGULLIR	engullo	engullí	engulliré	engulliría
engullendo	engulles	engulliste	engullirás	engullirías
engullido	engulle	engulló	engullirá	engulliría
	engullimos	engullimos	engulliremos	engulliríamos
	engullís	engullisteis	engulliréis	engulliríais
	engullen	engulleron	engullirán	engullirían
ENHAMBRECER	enhambrezco	enhambrecí	enhambreceré	enhambrecería
enhambreciendo	enhambreces	enhambreciste	enhambrecerás	enhambrecerías
enhambrecido	enhambrece	enhambreció	enhambrecerá	enhambrecería
	enhambrecemos	enhambrecimos	enhambreceremos	enhambreceríamos
	enhambrecéis	enhambrecisteis	enhambreceréis	enhambreceríais
	enhambrecen	enhambrecieron	enhambrecerán	enhambrecerían
ENHESTAR	enhiesto	enhesté	enhestaré	enhestaría
enhestando	enhiestas	enhestaste	enhestarás	enhestarías
enhestado	enhiesta	enhestó	enhestará	enhestaría
	enhestamos	enhestamos	enhestaremos	enhestaríamos
	enhestáis	enhestasteis	enhestaréis	enhestaríais
	enhiestan	enhestaron	enhestarán	enhestarían
ENHOCAR	enhueco	enhoqué	enhocaré	enhocaría
enhocando	enhuecas	enhocaste	enhocarás	enhocarías
enhocado	enhueca	enhocó	enhocará	enhocaría
	enhocamos	enhocamos	enhocaremos	enhocaríamos
	enhocáis	enhocasteis	enhocaréis	enhocaríais
	enhuecan	enhocaron	enhocarán	enhocarían
ENLENZAR	enlienzo	enlencé	enlenzaré	enlenzaría
enlenzando	enlienzas	enlenzaste	enlenzarás	enlenzarías
enlenzado	enlienza	enlenzó	enlenzará	enlenzaría
	enlenzamos	enlenzamos	enlenzaremos	enlenzaríamos
	enlenzáis	enlenzasteis	enlenzaréis	enlenzaríais
	enlienzan	enlenzaron	enlenzarán	enlenzarían
ENLOQUECER	enloquezco	enloquecí	enloqueceré	enloquecería
enloqueciendo	enloqueces	enloqueciste	enloquecerás	enloquecerías
enloquecido	enloquece	enloqueció	enloquecerá	enloquecería
	enloquecemos	enloquecimos	enloqueceremos	enloqueceríamos
	enloquecéis	enloquecisteis	enloqueceréis	enloqueceríais
	enloquecen	enloquecieron	enloquecerán	enloquecerían

---

en|humedecer   en|languidecer   en|lobreguecer   en|lozanecer   en|lucir

---

enguillar enguillotarse enguinchar enguiñarse enguirlandar enguirnaldar enguitarrarse enguizcar enguizgar engurriar engurruñar engurruñir enhacinar enhadar enharinar enhastiar enhastillar enhatijar enhebillar enhebrar enhechizar enhenar enherbolar enhetrar enhicar enhielar enhilar enhollinar enhorcar enhornar enhorquetar enhotar enhuecar enhuerar enhuevar enigmatizar enjabegarse enjablar enjabonar enjaezar enjaguar enjalbegar enjalmar enjambrar enjaminar enjaquimar enjaranarse enjarciar enjardinar enjaretar enjarrarse

IMPERATIVO	SUBJUNTIVO		
presente	presente	pretérito imperfecto	fut. imperfecto
	engulla	engullera-ese	engullere
engulle	engullas	engulleras-eses	engulleres
engulla	engulla	engullera-ese	engullere
engullamos	engullamos	engulléramos-ésemos	engulléremos
engullid	engulláis	engullerais-eseis	engullereis
engullan	engullan	engulleran-esen	engulleren
	enhambrezca	enhambreciera-iese	enhambreciere
enhambrece	enhambrezcas	enhambrecieras-ieses	enhambrecieres
enhambrezca	enhambrezca	enhambreciera-iese	enhambreciere
enhambrezcamos	enhambrezcamos	enhambreciéramos-iésemos	enhambreciéremos
enhambreced	enhambrezcáis	enhambrecierais-ieseis	enhambreciereis
enhambrezcan	enhambrezcan	enhambrecieran-iesen	enhambrecieren
	enhieste	enhestara-ase	enhestare
enhiesta	enhiestes	enhestaras-ases	enhestares
enhieste	enhieste	enhestara-ase	enhestare
enhestemos	enhestemos	enhestáramos-ásemos	enhestáremos
enhestad	enhestéis	enhestarais-aseis	enhestareis
enhiesten	enhiesten	enhestaran-asen	enhestaren
	enhueque	enhocara-ase	enhocare
enhueca	enhueques	enhocaras-ases	enhocares
enhueque	enhueque	enhocara-ase	enhocare
enhoquemos	enhoquemos	enhocáramos-ásemos	enhocáremos
enhocad	enhoquéis	enhocarais-aseis	enhocareis
enhuequen	enhuequen	enhocaran-asen	enhocaren
	enlience	enlenzara-ase	enlenzare
enlienza	enliences	enlenzaras-ases	enlenzares
enlience	enlience	enlenzara-ase	enlenzare
enlencemos	enlencemos	enlenzáramos-ásemos	enlenzáremos
enlenzad	enlencéis	enlenzarais-aseis	enlenzareis
enliencen	enliencen	enlenzaran-asen	enlenzaren
	enloquezca	enloqueciera-iese	enloqueciere
enloquece	enloquezcas	enloquecieras-ieses	enloquecieres
enloquezca	enloquezca	enloqueciera-iese	enloqueciere
enloquezcamos	enloquezcamos	enloqueciéramos-iésemos	enloqueciéremos
enloqueced	enloquezcáis	enloquecierais-ieseis	enloqueciereis
enloquezcan	enloquezcan	enloquecieran-iesen	enloquecieren

enjarretarse enjaular enjebar enjergar enjerir enjerronar enjertar enjicar enjillarse
enjillirse enjimelgar enjiquerar enjolonarse enjordanar enjorguinarse enjorjetar enjorquetar
enjoyar enjoyelar enjuagar enjugar enjugascarse enjuiciar enjuncar enjunciar enjurar
enjutar enlaberintarse enlabiar enlaciar enlacrar enladrillar enlagunar enlajar enlamar
enlaminarse enlanchar enlardar enlatar enlazar enlechar enlegajar enlegamar enlejiar
enleznar enlerdar enligar enlijar enlisar enlistar enlistonar enlitrarse enliudar enlizar
enlodar enlodazar enlodocinarse enlomar enlomarse enlosar enlozanarse enlozar enlucernar

INFINITIVO	INDICATIVO			POTENCIAL
simple	presente	pret. indefinido	fut. imperfecto	simple o imp.
ENLUSTRECER	enlustrezco	enlustrecí	enlustreceré	enlustrecería
enlustreciendo	enlustreces	enlustreciste	enlustrecerás	enlustrecerías
enlustrecido	enlustrece	enlustreció	enlustrecerá	enlustrecería
	enlustrecemos	enlustrecimos	enlustreceremos	enlustreceríamos
	enlustrecéis	enlustrecisteis	enlustreceréis	enlustreceríais
	enlustrecen	enlustrecieron	enlustrecerán	enlustrecerían
ENLLENTECER	enllentezco	enllentecí	enllenteceré	enllentecería
enllenteciendo	enllenteces	enllenteciste	enllentecerás	enllentecerías
enllentecido	enllentece	enllenteció	enllentecerá	enllentecería
	enllentecemos	enllentecimos	enllenteceremos	enllenteceríamos
	enllentecéis	enllentecisteis	enllenteceréis	enllenteceríais
	enllentecen	enllentecieron	enllentecerán	enllentecerían
ENLLOCAR	enllueco	enlloqué	enllocaré	enllocaría
enllocando	enlluecas	enllocaste	enllocarás	enllocarías
enllocado	enllueca	enllocó	enllocará	enllocaría
	enllocamos	enllocamos	enllocaremos	enllocaríamos
	enllocáis	enllocasteis	enllocaréis	enllocaríais
	enlluecan	enllocaron	enllocarán	enllocarían
ENMAGRECER	enmagrezco	enmagrecí	enmagreceré	enmagrecería
enmagreciendo	enmagreces	enmagreciste	enmagrecerás	enmagrecerías
enmagrecido	enmagrece	enmagreció	enmagrecerá	enmagrecería
	enmagrecemos	enmagrecimos	enmagreceremos	enmagreceríamos
	enmagrecéis	enmagrecisteis	enmagreceréis	enmagreceríais
	enmagrecen	enmagrecieron	enmagrecerán	enmagrecerían
ENMALECER	enmalezco	enmalecí	enmaleceré	enmalecería
enmaleciendo	enmaleces	enmaleciste	enmalecerás	enmalecerías
enmalecido	enmalece	enmaleció	enmalecerá	enmalecería
	enmalecemos	enmalecimos	enmaleceremos	enmaleceríamos
	enmalecéis	enmalecisteis	enmaleceréis	enmaleceríais
	enmalecen	enmalecieron	enmalecerán	enmalecerían
ENMARILLECER	enmarillezco	enmarillecí	enmarilleceré	enmarillecería
enmarilleciendo	enmarilleces	enmarilleciste	enmarillecerás	enmarillecerías
enmarillecido	enmarillece	enmarilleció	enmarillecerá	enmarillecería
	enmarillecemos	enmarillecimos	enmarilleceremos	enmarilleceríamos
	enmarillecéis	enmarillecisteis	enmarilleceréis	enmarilleceríais
	enmarillecen	enmarillecieron	enmarillecerán	enmarillecerían
ENMENDAR	enmiendo	enmendé	enmendaré	enmendaría
enmendando	enmiendas	enmendaste	enmendarás	enmendarías
enmendado	enmienda	enmendó	enmendará	enmendaría
	enmendamos	enmendamos	enmendaremos	enmendaríamos
	enmendáis	enmendasteis	enmendaréis	enmendaríais
	enmiendan	enmendaron	enmendarán	enmendarían

en|melar

enlutar enllamar enllantar enllenar enmabitar enmachambrar enmadejar enmaderar enmadrarse enmadrastrar enmaestrar enmalezarse enmallar enmallarse enmalletar enmangar

IMPERATIVO	SUBJUNTIVO		
presente	presente	pretérito imperfecto	fut. imperfecto
	enlustrezca	enlustreciera-iese	enlustreciere
enlustrece	enlustrezcas	enlustrecieras-ieses	enlustrecieres
enlustrezca	enlustrezca	enlustreciera-iese	enlustreciere
enlustrezcamos	enlustrezcamos	enlustreciéramos-iésemos	enlustreciéremos
enlustreced	enlustrezcáis	enlustrecierais-ieseis	enlustreciereis
enlustrezcan	enlustrezcan	enlustrecieran-iesen	enlustrecieren
	enllentezca	enllenteciera-iese	enllenteciere
enllentece	enllentezcas	enllentecieras-ieses	enllentecieres
enllentezca	enllentezca	enllenteciera-iese	enllenteciere
enllentezcamos	enllentezcamos	enllenteciéramos-iésemos	enllenteciéremos
enllenteced	enllentezcáis	enllentecierais-ieseis	enllenteciereis
enllentezcan	enllentezcan	enllentecieran-iesen	enllentecieren
	enllueque	enllocara-ase	enllocare
enllueca	enllueques	enllocaras-ases	enllocares
enllueque	enllueque	enllocara-ase	enllocare
enlloquemos	enlloquemos	enllocáramos-ásemos	enllocáremos
enllocad	enlloquéis	enllocarais-aseis	enllocareis
enlluequen	enlluequen	enllocaran-asen	enllocaren
	enmagrezca	enmagreciera-iese	enmagreciere
enmagrece	enmagrezcas	enmagrecieras-ieses	enmagrecieres
enmagrezca	enmagrezca	enmagreciera-iese	enmagreciere
enmagrezcamos	enmagrezcamos	enmagreciéramos-iésemos	enmagreciéremos
enmagreced	enmagrezcáis	enmagrecierais-ieseis	enmagreciereis
enmagrezcan	enmagrezcan	enmagrecieran-iesen	enmagrecieren
	enmalezca	enmaleciera-iese	enmaleciere
enmalece	enmalezcas	enmalecieras-ieses	enmalecieres
enmalezca	enmalezca	enmaleciera-iese	enmaleciere
enmalezcamos	enmalezcamos	enmaleciéramos-iésemos	enmaleciéremos
enmaleced	enmalezcáis	enmalecierais-ieseis	enmaleciereis
enmalezcan	enmalezcan	enmalecieran-iesen	enmalecieren
	enmarillezca	enmarilleciera-iese	enmarilleciere
enmarillece	enmarillezcas	enmarillecieras-ieses	enmarillecieres
enmarrilezca	enmarillezca	enmarilleciera-iese	enmarilleciere
enmarillezcamos	enmarillezcamos	enmarilleciéramos-iésemos	enmarilleciéremos
enmarilleced	enmarillezcáis	enmarillecierais-ieseis	enmarilleciereis
enmarillezcan	enmarillezcan	enmarillecieran-iesen	enmarillecieren
	enmiende	enmendara-ase	enmendare
enmienda	enmiendes	enmendaras-ases	enmendares
enmiende	enmiende	enmendara-ase	enmendare
enmendemos	enmendemos	enmendáramos-ásemos	enmendáremos
enmendad	enmendéis	enmendarais-aseis	enmendareis
enmienden	enmienden	enmendaran-asen	enmendaren

---

enmaniguarse enmanillar enmantar   enmarañar   enmarar   enmararse   enmarcar   enmarchitar
enmaridar enmaromar   enmarquesar   enmasar   enmascarar   enmasillar   enmatarse   enmatular

INFINITIVO	INDICATIVO			POTENCIAL
simple	presente	pret. indefinido	fut. imperfecto	simple o imp.
ENMENZAR	enmienzo	enmencé	enmenzaré	enmenzaría
enmenzando	enmienzas	enmenzaste	enmenzarás	enmenzarías
enmenzado	enmienza	enmenzó	enmenzará	enmenzaría
	enmenzamos	enmenzamos	enmenzaremos	enmenzaríamos
	enmenzáis	enmenzasteis	enmenzaréis	enmenzaríais
	enmienzan	enmenzaron	enmenzarán	enmenzarían
ENMOCECER	enmocezco	enmocecí	enmoceceré	enmocecería
enmoceciendo	enmoceces	enmoceciste	enmocecerás	enmocecerías
enmocecido	enmocece	enmoceció	enmocecerá	enmocecería
	enmocecemos	enmocecimos	enmoceceremos	enmoceceríamos
	enmocecéis	enmocecisteis	enmoceceréis	enmoceceríais
	enmocecen	enmocecieron	enmocecerán	enmocecerían
ENMOLLECER	enmollezco	enmollecí	enmolleceré	enmollecería
enmolleciendo	enmolleces	enmolleciste	enmollecerás	enmollecerías
enmollecido	enmollece	enmolleció	enmollecerá	enmollecería
	enmollecemos	enmollecimos	enmolleceremos	enmolleceríamos
	enmollecéis	enmollecisteis	enmolleceréis	enmolleceríais
	enmollecen	enmollecieron	enmollecerán	enmollecerían
ENMUDECER	enmudezco	enmudecí	enmudeceré	enmudecería
enmudeciendo	enmudeces	enmudeciste	enmudecerás	enmudecerías
enmudecido	enmudece	enmudeció	enmudecerá	enmudecería
	enmudecemos	enmudecimos	enmudeceremos	enmudeceríamos
	enmudecéis	enmudecisteis	enmudeceréis	enmudeceríais
	enmudecen	enmudecieron	enmudecerán	enmudecerían
ENMUGRECER	enmugrezco	enmugrecí	enmugreceré	enmugrecería
enmugreciendo	enmugreces	enmugreciste	enmugrecerás	enmugrecerías
enmugrecido	enmugrece	enmugreció	enmugrecerá	enmugrecería
	enmugrecemos	enmugrecimos	enmugreceremos	enmugreceríamos
	enmugrecéis	enmugrecisteis	enmugreceréis	enmugreceríais
	enmugrecen	enmugrecieron	enmugrecerán	enmugrecerían
ENNOBLECER	ennoblezco	ennoblecí	ennobleceré	ennoblecería
ennobleciendo	ennobleces	ennobleciste	ennoblecerás	ennoblecerías
ennoblecido	ennoblece	ennobleció	ennoblecerá	ennoblecería
	ennoblecemos	ennoblecimos	ennobleceremos	ennobleceríamos
	ennoblecéis	ennoblecisteis	ennobleceréis	ennobleceríais
	ennoblecen	ennoblecieron	ennoblecerán	ennoblecerían
ENNUDECER	ennudezco	ennudecí	ennudeceré	ennudecería
ennudeciendo	ennudeces	ennudeciste	ennudecerás	ennudecerías
ennudecido	ennudece	ennudeció	ennudecerá	ennudecería
	ennudecemos	ennudecimos	ennudeceremos	ennudeceríamos
	ennudecéis	ennudecisteis	ennudeceréis	ennudeceríais
	ennudecen	ennudecieron	ennudecerán	ennudecerían

en|mohecer   en|mostrar   en|negrecer   en|orgullecer

enmayenarse enmechar enmelotar enmielar enmienzar enmochiguar enmogotarse enmonarse
enmondar enmonjarse enmontañarse enmontar enmontarse enmontonarse enmoñarse enmor-

IMPERATIVO	SUBJUNTIVO		
presente	presente	pretérito imperfecto	fut. imperfecto
	enmience	enmenzara-ase	enmenzare
enmienza	enmiences	enmenzaras-ases	enmenzares
enmience	enmience	enmenzara-ase	enmenzare
enmencemos	enmencemos	enmenzáramos-ásemos	enmenzáremos
enmenzad	enmencéis	enmenzarais-aseis	enmenzareis
enmiencen	enmiencen	enmenzaran-asen	enmenzaren
	enmocezca	enmociera-iese	enmoceciere
enmocece	enmocezcas	enmocecieras-ieses	enmocecieres
enmocezca	enmocezca	enmoceciera-iese	enmoceciere
enmocezcamos	enmocezcamos	enmoceciéramos-iésemos	enmoceciéremos
enmoceced	enmocezcáis	enmocecierais-ieseis	enmoceciereis
enmocezcan	enmocezcan	enmocecieran-iesen	enmocecieren
	enmollezca	enmolleciera-iese	enmolleciere
enmollece	enmollezcas	enmollecieras-ieses	enmollecieres
enmollezca	enmollezca	enmolleciera-iese	enmolleciere
enmollezcamos	enmollezcamos	enmolleciéramos-iésemos	enmolleciéremos
enmolleced	enmollezcáis	enmollecierais-ieseis	enmolleciereis
enmollezcan	enmollezcan	enmollecieran-iesen	enmollecieren
	enmudezca	enmudeciera-iese	enmudeciere
enmudece	enmudezcas	enmudecieras-ieses	enmudecieres
enmudezca	enmudezca	enmudeciera-iese	enmudeciere
enmudezcamos	enmudezcamos	enmudeciéramos-iésemos	enmudeciéremos
enmudeced	enmudezcáis	enmudecierais-ieseis	enmudeciereis
enmudezcan	enmudezcan	enmudecieran-iesen	enmudecieren
	enmugrezca	enmugreciera-iese	enmugreciere
enmugrece	enmugrezcas	enmugrecieras-ieses	enmugrecieres
enmugrezca	enmugrezca	enmugreciera-iese	enmugreciere
enmugrezcamos	enmugrezcamos	enmugreciéramos-iésemos	enmugreciéremos
enmugreced	enmugrezcáis	enmugrecierais-ieseis	enmugreciereis
enmugrezcan	enmugrezcan	enmugrecieran-iesen	enmugrecieren
	ennoblezca	ennobleciera-iese	ennobleciere
ennoblece	ennoblezcas	ennoblecieras-ieses	ennoblecieres
ennoblezca	ennoblezca	ennobleciera-iese	ennobleciere
ennoblezcamos	ennoblezcamos	ennobleciéramos-iésemos	ennobleciéremos
ennobleced	ennoblezcáis	ennoblecierais-ieseis	ennobleciereis
ennoblezcan	ennoblezcan	ennoblecieran-iesen	ennoblecieren
	ennudezca	ennudeciera-iese	ennudeciere
ennudece	ennudezcas	ennudecieras-ieses	ennudecieres
ennudezca	ennudezca	ennudeciera-iese	ennudeciere
ennudezcamos	ennudezcamos	ennudeciéramos-iésemos	ennudeciéremos
ennudeced	ennudezcáis	ennudecierais-ieseis	ennudeciereis
ennudezcan	ennudezcan	ennudecieran-iesen	ennudecieren

---

dazar   enmostar   enmotar   enmuescar   enmugrar   enmustiar   enneciarse   enojar   enojarse
enojotarse   enquiciar   enquijotarse   enquillotrar   enquillotrarse   enquinchar   enquiñar   enquistarse

INFINITIVO	INDICATIVO			POTENCIAL
simple	presente	pret. indefinido	fut. imperfecto	simple o imp.
ENRALECER enraleciendo enralecido	enralezco enraleces enralece enralecemos enralecéis enralecen	enralecí enraleciste enraleció enralecimos enralecisteis enralecieron	enraleceré enralecerás enralecerá enraleceremos enraleceréis enralecerán	enralecería enralecerías enralecería enraleceríamos enraleceríais enralecerían
ENRARECER enrareciendo enrarecido	enrarezco enrareces enrarece enrarecemos enrarecéis enrarecen	enrarecí enrareciste enrareció enrarecimos enrarecisteis enrarecieron	enrareceré enrarecerás enrarecerá enrareceremos enrareceréis enrarecerán	enrarecería enrarecerías enrarecería ·enrareceríamos enrareceríais enrarecerían
ENRIQUECER enriqueciendo enriquecido	enriquezco enriqueces enriquece enriquecemos enriquecéis enriquecen	enriquecí enriqueciste enriqueció enriquecimos enriquecisteis enriquecieron	enriqueceré enriquecerás enriquecerá enriqueceremos enriqueceréis enriquecerán	enriquecería enriquecerías enriquecería enriqueceríamos enriqueceríais enriquecerían
ENROCAR enrocando enrocado	enrueco enruecas enrueca enrocamos enrocáis enruecan	enroqué enrocaste enrocó enrocamos enrocasteis enrocaron	enrocaré enrocarás enrocará enrocaremos enrocaréis enrocarán	enrocaría enrocarías enrocaría enrocaríamos enrocaríais enrocarían
ENROJECER enrojeciendo enrojecido	enrojezco enrojeces enrojece enrojecemos enrojecéis enrojecen	enrojecí enrojeciste enrojeció enrojecimos enrojecisteis enrojecieron	enrojeceré enrojecerás enrojecerá enrojeceremos enrojeceréis enrojecerán	enrojecería enrojecerías enrojecería enrojeceríamos enrojeceríais enrojecerían
ENRONQUECER enronqueciendo enronquecido	enronquezco enronqueces enronquece enronquecemos enronquecéis enronquecen	enronquecí enronqueciste enronqueció enronquecimos enronquecisteis enronquecieron	enronqueceré enronquecerás enronquecerá enronqueceremos enronqueceréis enronquecerán	enronquecería ,enronquecerías enronquecería enronqueceríamos enronqueceríais enronquecerían
ENROÑECER enroñeciendo enroñecido	enroñezco enroñeces enroñece enroñecemos enroñecéis enroñecen	enroñecí enroñeciste enroñeció enroñecimos enroñecisteis enroñecieron	enroñeceré enroñecerás enroñecerá enroñeceremos enroñeceréis enroñecerán	enroñecería enroñecerías enroñecería enroñeceríamos enroñeceríais enroñecerían

en|robustecer   en|rodar

enrabar enrabiar enracar enracimarse enrafar enraigonar enraizar enrajonar enramar
enramblar enranciar enrasar enrasillar enrastrar enratonarse enrayar enrazar enredar
enrehojar enrejalar enrejar enreligar enriar enridar enrielar enriendar enripiar enriscar
enristrar enrizar enrobinarse enrocar * enrocarse enrodar enrodelar enrodrigar enro-

IMPERATIVO	SUBJUNTIVO		
presente	presente	pretérito imperfecto	fut. imperfecto
	enralezca	enraleciera-iese	enraleciere
enralece	enralezcas	enralecieras-ieses	enralecieres
enralezca	enralezca	enraleciera-iese	enraleciere
enralezcamos	enralezcamos	enraleciéramos-iésemos	enraleciéremos
enraleced	enralezcáis	enralecierais-ieseis	enraleciereis
enralezcan	enralezcan	enralecieran-iesen	enralecieren
	enrarezca	enrareciera-iese	enrareciere
enrarece	enrarezcas	enrarecieras-ieses	enrarecieres
enrarezca	enrarezca	enrareciera-iese	enrareciere
enrarezcamos	enrarezcamos	enrareciéramos-iésemos	enrareciéremos
enrareced	enrarezcáis	enrarecierais-ieseis	enrareciereis
enrarezcan	enrarezcan	enrarecieran-iesen	enrarecieren
	enriquezca	enriqueciera-iese	enriqueciere
enriquece	enriquezcas	enriquecieras-ieses	enriquecieres
enriquezca	enriquezca	enriqueciera-iese	enriqueciere
enriquezcamos	enriquezcamos	enriqueciéramos-iésemos	enriqueciéremos
enriqueced	enriquezcáis	enriquecierais-ieseis	enriqueciereis
enriquezcan	enriquezcan	enriquecieran-iesen	enriquecieren
	enrueque	enrocara-ase	enrocare
enrueca	enrueques	enrocaras-ases	enrocares
enrueque	enrueque	enrocara-ase	enrocare
enroquemos	enroquemos	enrocáramos-ásemos	enrocáremos
enrocad	enroquéis	enrocarais-aseis	enrocareis
enruequen	enruequen	enrocaran-asen	enrocaren
	enrojezca	enrojeciera-iese	enrojeciere
enrojece	enrojezcas	enrojecieras-ieses	enrojecieres
enrojezca	enrojezca	enrojeciera-iese	enrojeciere
enrojezcamos	enrojezcamos	enrojeciéramos-iésemos	enrojeciéremos
enrojeced	enrojezcáis	enrojecierais-ieseis	enrojeciereis
enrojezcan	enrojezcan	enrojecieran-iesen	enrojecieren
	enronquezca	enronqueciera-iese	enronqueciere
enronquece	enronquezcas	enronquecieras-ieses	enronquecieres
enronquezca	enronquezca	enronqueciera-iese	enronqueciere
enronquezcamos	enronquezcamos	enronqueciéramos-iésemos	enronqueciéremos
enronqueced	enronquezcáis	enronquecierais-ieseis	enronquecieréis
enronquezcan	enronquezcan	enronquecieran-iesen	enronquecieren
	enroñezca	enroñeciera-iese	enroñeciere
enroñece	enroñezcas	enroñecieras-ieses	enroñecieres
enroñezca	enroñezca	enroñeciera-iese	enroñeciere
enroñezcamos	enroñezcamos	enroñeciéramos-iésemos	enroñeciéremos
enroñeced	enroñezcáis	enroñecierais-ieseis	enroñeciereis
enroñezcan	enroñezcan	enroñecieran-iesen	enroñecieren

---

drigonar   enrojar   enrolar   enrollar   enrollizar   enromar   enronar   enronchar   enroñar   enrosar

*   *(Ajedrez)*

INFINITIVO	INDICATIVO			POTENCIAL
simple	presente	pret. indefinido	fut. imperfecto	simple o imp.
ENRUDECER enrudeciendo enrudecido	enrudezco enrudeces enrudece enrudecemos enrudecéis enrudecen	enrudecí enrudeciste enrudeció enrudecimos enrudecisteis enrudecieron	enrudeceré enrudecerás enrudecerá enrudeceremos enrudeceréis enrudecerán	enrudecería enrudecerías enrudecería enrudeceríamos enrudeceríais enrudecerían
ENRUINECER enruineciendo enruinecido	enruinezco enruineces enruinece enruinecemos enruinecéis enruinecen	enruinecí enruineciste enruineció enruinecimos enruinecisteis enruinecieron	enruineceré enruinecerás enruinecerá enruineceremos enruineceréis enruinecerán	enruinecería enruinecerías enruinecería enruineceríamos enruineceríais enruinecerían
ENSALMORAR ensalmorando ensalmorado	ensalmuero ensalmueras ensalmuera ensalmoramos ensalmoráis ensalmueran	ensalmoré ensalmoraste ensalmoró ensalmoramos ensalmorasteis ensalmoraron	ensalmoraré ensalmorarás ensalmorará ensalmoraremos ensalmoraréis ensalmorarán	ensalmoraría ensalmorarías ensalmoraría ensalmoraríamos ensalmoraríais ensalmorarían
ENSANDECER ensandeciendo ensandecido	ensandezco ensandeces ensandece ensandecemos ensandecéis ensandecen	ensandecí ensandeciste ensandeció ensandecimos ensandecisteis ensandecieron	ensandeceré ensandecerás ensandecerá ensandeceremos ensandeceréis ensandecerán	ensandecería ensandecerías ensandecería ensandeceríamos ensandeceríais ensandecerían
ENSANGRENTAR ensangrentando ensangrentado	ensangriento ensangrientas ensangrienta ensangrentamos ensangrentáis ensangrientan	ensangrenté ensangrentaste ensangrentó ensangrentamos ensangrentasteis ensangrentaron	ensangrentaré ensangrentarás ensangrentará ensangrentaremos ensangrentaréis ensangrentarán	ensangrentaría ensangrentarías ensangrentaría ensangrentaríamos ensangrentaríais ensangrentarían
ENSARMENTAR ensarmentando ensarmentado	ensarmiento ensarmientas ensarmienta ensarmentamos ensarmentáis ensarmientan	ensarmenté ensarmentaste ensarmentó ensarmentamos ensarmentasteis ensarmentaron	ensarmentaré ensarmentarás ensarmentará ensarmentaremos ensarmentaréis ensarmentarán	ensarmentaría ensarmentarías ensarmentaría ensarmentaríamos ensarmentaríais ensarmentarían
ENSARNECER ensarneciendo ensarnecido	ensarnezco ensarneces ensarnece ensarnecemos ensarnecéis ensarnecen	ensarnecí ensarneciste ensarneció ensarnecimos ensarnecisteis ensarnecieron	ensarneceré ensarnecerás ensarnecerá ensarneceremos ensarneceréis ensarnecerán	ensarnecería ensarnecerías ensarnecería ensarneceríamos ensarneceríais ensarnecerían

en|solver   en|soñar

enroscar   enrostrar   enrubescer   enrubiar   enrumbar   enrunar   ensabanar   ensacar   ensalerar
ensalivar   ensalmar   ensalobrarse   ensalvajar   ensalzar   ensambenitar   ensamblar   ensanchar
ensangostar   ensangustiar   ensañar   ensarnarse   ensartar   ensatar   ensayalar   ensayar   ensa-

IMPERATIVO	SUBJUNTIVO		
presente	presente	pretérito imperfecto	fut. imperfecto
	enrudezca	enrudeciera-iese	enrudeciere
enrudece	enrudezcas	enrudecieras-ieses	enrudecieres
enrudezca	enrudezca	enrudeciera-iese	enrudeciere
enrudezcamos	enrudezcamos	enrudeciéramos-iésemos	enrudeciéremos
enrudeced	enrudezcáis	enrudecierais-ieseis	enrudeciereis
enrudezcan	enrudezcan	enrudecieran-iesen	enrudecieren
	enruinezca	enruineciera-iese	enruineciere
enruinece	enruinezcas	enruinecieras-ieses	enruinecieres
enruinezca	enruinezca	enruineciera-iese	enruineciere
enruinezcamos	enruinezcamos	enruineciéramos-iésemos	enruineciéremos
enruineced	enruinezcáis	enruinecierais-ieseis	enruineciereis
enruinezcan	enruinezcan	enruinecieran-iesen	enruinecieren
	ensalmuere	ensalmorara-ase	ensalmorare
ensalmuera	ensalmueres	ensalmoraras-ases	ensalmorares
ensalmuere	ensalmuere	ensalmorara-ase	ensalmorare
ensalmoremos	ensalmoremos	ensalmoráramos-ásemos	ensalmoráremos
ensalmorad	ensalmoréis	ensalmorarais-aseis	ensalmorareis
ensalmueren	ensalmueren	ensalmoraran-asen	ensalmoraren
	ensandezca	ensandeciera-iese	ensandeciere
ensandece	ensandezcas	ensandecieras-ieses	ensandecieres
ensandezca	ensandezca	ensandeciera-iese	ensandeciere
ensandezcamos	ensandezcamos	ensandeciéramos-iésemos	ensandeciéremos
ensandeced	ensandezcáis	ensandecierais-ieseis	ensandeciereis
ensandezcan	ensandezcan	ensandecieran-iesen	ensandecieren
	ensangriente	ensangrentara-ase	ensangrentare
ensangrienta	ensangrientes	ensangrentaras-ases	ensangrentares
ensangriente	ensangriente	ensangrentara-ase	ensangrentare
ensangrentemos	ensangrentemos	ensangrentáramos-ásemos	ensangrentáremos
ensangrentad	ensangrentéis	ensangrentarais-aseis	ensangrentareis
ensangrienten	ensangrienten	ensangrentaran-asen	ensangrentaren
	ensarmiente	ensarmentara-ase	ensarmentare
ensarmienta	ensarmientes	ensarmentaras-ases	ensarmentares
ensarmiente	ensarmiente	ensarmentara-ase	ensarmentare
ensarmentemos	ensarmentemos	ensarmentáremos-ásemos	ensarmentáremos
ensarmentad	ensarmentéis	ensarmentarais-aseis	ensarmentareis
ensarmienten	ensarmienten	ensarmentaran-asen	ensarmentaren
	ensarnezca	ensarneciera-iese	ensarneciere
ensarnece	ensarnezcas	ensarnecieras-ieses	ensarnecieres
ensarnezca	ensarnezca	ensarneciera-iese	ensarneciere
ensarnezcamos	ensarnezcamos	ensarneciéramos-iésemos	ensarneciéremos
ensarneced	ensarnezcáis	ensarnecierais-ieseis	ensarneciereis
ensarnezcan	ensarnezcan	ensarnecieran-iesen	ensarnecieren

---

yarse   ensebar   ensecar   ensedar   enselvar   ensellar   ensenar   enseñalar   enseñar   enseño-
rearse   enserar   enseriarse   enserpentarse   ensilar   ensillar   ensillarar   ensimismarse
ensobacarse   ensobear   ensobinarse   ensobrar   ensogar   ensoguillar   ensolerar   ensopar   ensordar

INFINITIVO	INDICATIVO			POTENCIAL
simple	presente	pret. indefinido	fut. imperfecto	simple o imp.
ENSILVECERSE	ensilvezco	ensilvecí	ensilveceré	ensilvecería
ensilveciéndose	ensilveces	ensilveciste	ensilvecerás	ensilvecerías
ensilvecido	ensilvece	ensilveció	ensilvecerá	ensilvecería
	ensilvecemos	ensilvecimos	ensilveceremos	ensilveceríamos
	ensilvecéis	ensilvecisteis	ensilveceréis	ensilveceríais
	ensilvecen	ensilvecieron	ensilvecerán	ensilvecerían
ENSOBERBECER	ensoberbezco	ensoberbecí	ensoberbeceré	ensoberbecería
ensoberbeciendo	ensoberbeces	ensoberbeciste	ensoberbecerás	ensoberbecerías
ensoberbecido	ensoberbece	ensoberbeció	ensoberbecerá	ensoberbecería
	ensoberbecemos	ensoberbecimos	ensoberbeceremos	ensoberbeceríamos
	ensoberbecéis	ensoberbecisteis	ensoberbeceréis	ensoberbeceríais
	ensoberbecen	ensoberbecieron	ensoberbecerán	ensoberbecerían
ENSOMBRECER	ensombrezco	ensombrecí	ensombreceré	ensombrecería
ensombreciendo	ensombreces	ensombreciste	ensombrecerás	ensombrecerías
ensombrecido	ensombrece	ensombreció	ensombrecerá	ensombrecería
	ensombrecemos	ensombrecimos	ensombreceremos	ensombreceríamos
	ensombrecéis	ensombrecisteis	ensombreceréis	ensombreceríais
	ensombrecen	ensombrecieron	ensombrecerán	ensombrecerían
ENSORDECER	ensordezco	ensordecí	ensordeceré	ensordecería
ensordeciendo	ensordeces	ensordeciste	ensordecerás	ensordecerías
ensordecido	ensordece	ensordeció	ensordecerá	ensordecería
	ensordecemos	ensordecimos	ensordeceremos	ensordeceríamos
	ensordecéis	ensordecisteis	ensordeceréis	ensordeceríais
	ensordecen	ensordecieron	ensordecerán	ensordecerían
ENSUAVECER	ensuavezco	ensuavecí	ensuaveceré	ensuavecería
ensuaveciendo	ensuaveces	ensuaveciste	ensuavecerás	ensuavecerías
ensuavecido	ensuavece	ensuaveció	ensuavecerá	ensuavecería
	ensuavecemos	ensuavecimos	ensuaveceremos	ensuaveceríamos
	ensuavecéis	ensuavecisteis	ensuaveceréis	ensuaveceríais
	ensuavecen	ensuavecieron	ensuavecerán	ensuavecerían
ENTAPECER	entapezco	entapecí	entapeceré	entapecería
entapeciendo	entapeces	entapeciste	entapecerás	entapecerías
entapecido	entapece	entapeció	entapecerá	entapecería
	entapecemos	entapecimos	entapeceremos	entapeceríamos
	entapecéis	entapecisteis	entapeceréis	entapeceríais
	entapecen	entapecieron	entapecerán	entapecerían
ENTENEBRECER	entenebrezco	entenebrecí	entenebreceré	entenebrecería
entenebreciendo	entenebreces	entenebreciste	entenebrecerás	entenebrecerías
entenebrecido	entenebrece	entenebreció	entenebrecerá	entenebrecería
	entenebrecemos	entenebrecimos	entenebreceremos	entenebreceríamos
	entenebrecéis	entenebrecisteis	entenebreceréis	entenebreceríais
	entenebrecen	entenebrecieron	entenebrecerán	entenebrecerían

en|tallecer en|tender

ensortijar ensosar ensotanar ensotarse ensuciar ensuegrar ensunchar ensurizar ensurucarse ensutarse ensuyar entabacar entabanarse entabicar entablar entablarse entablerarse entablillar entalamar entalegar entalingar entalonar entallar entamangarse entamar en-

IMPERATIVO	SUBJUNTIVO		
presente	presente	pretérito imperfecto	fut. imperfecto
	ensilvezca	ensilveciera-iese	ensilveciere
ensilvécete	ensilvezcas	ensilvecieras-ieses	ensilvecieres
ensilvézcase	ensilvezca	ensilveciera-iese	ensilveciere
ensilvezcámonos	ensilvezcamos	ensilveciéramos-iésemos	ensilveciéremos
ensilvezceos	ensilvezcáis	ensilvecierais-ieseis	ensilveciereis
ensilvézcanse	ensilvezcan	ensilvecieran-iesen	ensilvecieren
	ensoberbezca	ensoberbeciera-iese	ensoberbeciere
ensoberbece	ensoberbezcas	ensoberbecieras-ieses	ensoberbecieres
ensoberbezca	ensoberbezca	ensoberbeciera-iese	ensoberbeciere
ensoberbezcamos	ensoberbezcamos	ensoberbeciéramos-iésemos	ensoberbeciéremos
ensoberbeced	ensoberbezcáis	ensoberbecierais-ieseis	ensoberbeciereis
ensoberbezcan	ensoberbezcan	ensoberbecieran-iesen	ensoberbecieren
	ensombrezca	ensombreciera-iese	ensombreciere
ensombrece	ensombrezcas	ensombrecieras-ieses	ensombrecieres
ensombrezca	ensombrezca	ensombreciera-iese	ensombreciere
ensombrezcamos	ensombrezcamos	ensombreciéramos-iésemos	ensombreciéremos
ensombreced	ensombrezcáis	ensombrecierais-ieseis	ensombreciereis
ensombrezcan	ensombrezcan	ensombrecieran-iesen	ensombrecieren
	ensordezca	ensordeciera-iese	ensordeciere
ensordece	ensordezcas	ensordecieras-ieses	ensordecieres
ensordezca	ensordezca	ensordeciera-iese	ensordeciere
ensordezcamos	ensordezcamos	ensordeciéramos-iésemos	ensordeciéremos
ensordeced	ensordezcáis	ensordecierais-ieseis	ensordeciereis
ensordezcan	ensordezcan	ensordecieran-iesen	ensordecieren
	ensuavezca	ensuaveciera-iese	ensuaveciere
ensuavece	ensuavezcas	ensuavecieras-ieses	ensuavecieres
ensuavezca	ensuavezca	ensuaveciera-iese	ensuaveciere
ensuavezcamos	ensuavezcamos	ensuaveciéramos-iésemos	ensuaveciéremos
ensuaveced	ensuavezcáis	ensuavecierais-ieseis	ensuaveciereis
ensuavezcan	ensuavezcan	ensuavecieran-iesen	ensuavecieren
	entapezca	entapeciera-iese	entapeciere
entapece	entapezcas	entapecieras-ieses	entapecieres
entapezca	entapezca	entapeciera-iese	entapeciere
entapezcamos	entapezcamos	entapeciéramos-iésemos	entapeciéremos
entapeced	entapezcáis	entapecierais-ieseis	entapeciereis
entapezcan	entapezcan	entapecieran-iesen	entapecieren
	entenebrezca	entenebreciera-iese	entenebreciere
entenebrece	entenebrezcas	entenebrecieras-ieses	entenebrecieres
entenebrezca	entenebrezca	entenebreciera-iese	entenebreciere
entenebrezcamos	entenebrezcamos	entenebreciéramos-iésemos	entenebreciéremos
entenebreced	entenebrezcáis	entenebrecierais-ieseis	entenebreciereis
entenebrezcan	entenebrezcan	entenebrecieran-iesen	entenebrecieren

---

tandar   entangarse   entapar   entaparar   entapiar   entapizar   entapujar   entaquillar   entarascar
entarimar   entarquinar   entarugar   entecarse   entechar   entejar   entelar   entenciar   entenebrar
enterar   enterarse   entercarse   enterciar   enterciopelar   enterregar   enterriar   enterronar

INFINITIVO		INDICATIVO		POTENCIAL
simple	presente	pret. indefinido	fut. imperfecto	simple o imp.
ENTERNECER	enternezco	enternecí	enterneceré	enternecería
enterneciendo	enterneces	enterneciste	enternecerás	enternecerías
enternecido	enternece	enterneció	enternecerá	enternecería
	enternecemos	enternecimos	enterneceremos	enterneceríamos
	enternecéis	enternecisteis	enterneceréis	enterneceríais
	enternecen	enternecieron	enternecerán	enternecerían
ENTERRAR	entierro	enterré	enterraré	enterraría
enterrando	entierras	enterraste	enterrarás	enterrarías
enterrado	entierra	enterró	enterrará	enterraría
	enterramos	enterramos	enterraremos	enterraríamos
	enterráis	enterrasteis	enterraréis	enterraríais
	entierran	enterraron	enterrarán	enterrarían
ENTESAR	entieso	entesé	entesaré	entesaría
entesando	entiesas	entesaste	entesarás	entesarías
entesado	entiesa	entesó	entesará	entesaría
	entesamos	entesamos	entesaremos	entesaríamos
	entesáis	entesasteis	entesaréis	entesaríais
	entiesan	entesaron	entesarán	entesarían
ENTESTECER	entestezco	entestecí	entesteceré	entestecería
entesteciendo	entesteces	entesteciste	entestecerás	entestecerías
entestecido	entestece	entesteció	entestecerá	entestecería
	entestecemos	entestecimos	entesteceremos	entesteceríamos
	entestecéis	entestecisteis	entesteceréis	entestecaríais
	entestecen	entestecieron	entestecerán	entestecerían
ENTIBIECER	entibiezco	entibiecí	entibieceré	entibiecería
entibieciendo	entibieces	entibieciste	entibiecerás	entibiecerías
entibiecido	entibiece	entibieció	entibiecerá	entibiecería
	entibiecemos	entibiecimos	entibieceremos	entibieceríamos
	entibiecéis	entibiecisteis	entibieceréis	entibieceríais
	entibiecen	entibiecieron	entibiecerán	entibiecerían
ENTIGRECERSE	entigrezco	entigrecí	entigreceré	entigrecería
entigreciéndome	entigreces	entigreciste	entigrecerás	entigrecerías
entigrecido	entigrece	entigreció	entigrecerá	entigrecería
	entigrecemos	entigrecimos	entigreceremos	entigreceríamos
	entigrecéis	entigrecisteis	entigreceréis	entigreceríais
	entigrecen	entigrecieron	entigrecerán	entigrecerían
ENTOMECER	entomezco	entomecí	entomeceré	entomecería
entomeciendo	entomeces	entomeciste	entomecerás	entomecerías
entomecido	entomece	entomeció	entomecerá	entomecería
	entomecemos	entomecimos	entomeceremos	entomeceríamos
	entomecéis	entomecisteis	entomeceréis	entomeceríais
	entomecen	entomecieron	entomecerán	entomecerían

---

entesar entestar entibar entibiar entichelar entiemparse entierrar entiesar entilar entinar
entintar entirar entirsar entisar entizar entiznar entolar entoldar entomizar entom-

IMPERATIVO	SUBJUNTIVO		
presente	presente	pretérito imperfecto	fut. imperfecto
	enternezca	enterneciera-iese	enterneciere
enternece	enternezcas	enternecieras-ieses	enternecieres
enternezca	enternezca	enterneciera-iese	enterneciere
enternezcamos	enternezcamos	enterneciéramos-iésemos	enterneciéremos
enterneced	enternezcáis	enternecierais-ieseis	enterneciereis
enternezcan	enternezcan	enternecieran-iesen	enternecieren
	entierre	enterrara-ase	enterrare
entierra	entierres	enterraras-ases	enterrares
entierre	entierre	enterrara-ase	enterrare
enterremos	enterremos	enterráramos-ásemos	enterráremos
enterrad	enterréis	enterrarais-aseis	enterrareis
entierren	entierren	enterraran-asen	enterraren
	entiese	entesara-ase	entesare
entiesa	entieses	entesaras-ases	entesares
entiese	entiese	entesara-ase	entesare
entesemos	entesemos	entesáramos-ásemos	entesáremos
entesad	enteséis	entesarais-aseis	entesareis
entiesen	entiesen	entesaran-asen	entesaren
	entestezca	entesteciera-iese	entesteciere
entestece	entestezcas	entestecieras-ieses	entestecieres
entestezca	entestezca	entesteciera-iese	entesteciere
entestezcamos	entestezcamos	entesteciéramos-iésemos	entesteciéremos
entesteced	entestezcáis	entestecierais-ieseis	entesteciereis
entestezcan	entestezcan	entestecieran-iesen	entestecieren
	entibiezca	entibieciera-iese	entibieciere
entibiece	entibiezcas	entibiecieras-ieses	entibiecieres
entibiezca	entibiezca	entibieciera-iese	entibieciere
entibiezcamos	entibiezcamos	entibieciéramos-iésemos	entibieciéremos
entibieced	entibiezcáis	entibiecierais-ieseis	entibieciereis
entibiezcan	entibiezcan	entibiecieran-iesen	entibiecieren
	entigrezca	entigreciera-iese	entigreciere
entigrécete	entigrezcas	entigrecieras-ieses	entigrecieres
entigrézcase	entigrezca	entigreciera-iese	entigreciere
entigrezcámonos	entigrezcamos	entigreciéramos-iésemos	entigreciéremos
entigreceos	entigrezcáis	entigrecierais-ieseis	entigreciereis
entigrézcanse	entigrezcan	entigrecieran-iesen	entigrecieren
	entomezca	entomeciera-iese	entomeciere
entomece	entomezcas	entomecieras-ieses	entomecieres
entomezca	entomezca	entomeciera-iese	entomeciere
entomezcamos	entomezcamos	entomeciéramos-iésemos	entomeciéremos
entomeced	entomezcáis	entomecierais-ieseis	entomeciereis
entomezcan	entomezcan	entomecieran-iesen	entomecieren

---

peatar   entonar   entonelar   entongar   entononcar   entontar   entoñar   entorcarse   entorchar
entorilar   entornar   entornillar   entortijar   entosicar   entosigar   entoxicar   entrabar   entramar

INFINITIVO	INDICATIVO			POTENCIAL
simple	presente	pret. indefinido	fut. imperfecto	simple o imp.
ENTONTECER entonteciendo entontecido	entontezco entonteces entontece entontecemos entontecéis entontecen	entontecí entonteciste entonteció entontecimos entontecisteis entontecieron	entonteceré entontecerás entontecerá entonteceremos entonteceréis entontecerán	entontecería entontecerías entontecería entonteceríamos entonteceríais entontecerían
ENTORPECER entorpeciendo entorpecido	entorpezco entorpeces entorpece entorpecemos entorpecéis entorpecen	entorpecí entorpeciste entorpeció entorpecimos entorpecisteis entorpecieron	entorpeceré entorpecerás entorpecerá entorpeceremos entorpeceréis entorpecerán	entorpecería entorpecerías entorpecería entorpeceríamos entorpeceríais entorpecerían
ENTORTAR entortando entortado	entuerto entuertas entuerta entortamos entortáis entuertan	entorté entortaste entortó entortamos entortasteis entortaron	entortaré entortarás entortará entortaremos entortaréis entortarán	entortaría entortarías entortaría entortaríamos entortaríais entortarían
ENTREGERIR entregiriendo entregerido	entregiero entregieres entregiere entregerimos entregerís entregieren	entregerí entregeriste entregirió entregerimos entregeristeis entregirieron	entregeriré entregerirás entregerirá entregeriremos entregeriréis entregerirán	entregeriría entregerirías entregeriría entregeriríamos entregeriríais entregerirían
ENTREPERNAR entrepernando entrepernado	entrepierno entrepiernas entrepierna entrepernamos entrepernáis entrepiernan	entreperné entrepernaste entrepernó entrepernamos entrepernasteis entrepernaron	entrepernaré entrepernarás entrepernará entrepernaremos entrepernaréis entrepernarán	entrepernaría entrepernarías entrepernaría entrepernaríamos entrepernaríais entrepernarían
ENTRISTECER entristeciendo entristecido	entristezco entristeces entristece entristecemos entristecéis entristecen	entristecí entristeciste entristeció entristecimos entristecisteis entristecieron	entristeceré entristecerás entristecerá entristeceremos entristeceréis entristecerán	entristecería entristecerías entristecería entristeceríamos entristeceríais entristecerían
ENTRONECER entroneciendo entronecido	entronezco entroneces entronece entronecemos entronecéis entronecen	entronecí entroneciste entroneció entronecimos entronecisteis entronecieron	entroneceré entronecerás entronecerá entroneceremos entroneceréis entronecerán	entronecería entronecerías entronecería entroneceríamos entroneceríais entronecerían

entre|abrir   entre|cerrar   entre|decir   entre|hender   entre|lucir   entre|morir   entre|mostrar
entre|oír   entre|parecerse   entre|poner   entre|(r)romper   entre|tener   entre|venir   entre|ver

entramojar entrampar entrañar entrañizar entrapajar entrapar entrapazar entrar entre-
articular entreayudarse entrebolar entrecavar entrecoger entrecomar entrecortar entre-
criarse entrecruzar entrechazar entrechocar entrederramar entregar entrejuntar entrelazar
entrelinear entrelistar entrellevar entremediar entremesar entremesear entremeter entre-

IMPERATIVO	SUBJUNTIVO		
presente	presente	pretérito imperfecto	fut. imperfecto
	entontezca	entonteciera-iese	entonteciere
entontece	entontezcas	entontecieras-ieses	entontecieres
entontezca	entontezca	entonteciera-iese	entonteciere
entontezcamos	entontezcamos	entonteciéramos-iésemos	entonteciéremos
entonteced	entontezcáis	entontecierais-ieseis	entonteciereis
entontezcan	entontezcan	entontecieran-iesen	entontecieren
	entorpezca	entorpeciera-iese	entorpeciere
entorpece	entorpezcas	entorpecieras-ieses	entorpecieres
entorpezca	entorpezca	entorpeciera-iese	entorpeciere
entorpezcamos	entorpezcamos	entorpeciéramos-iésemos	entorpeciéremos
entorpeced	entorpezcáis	entorpecierais-ieseis	entorpeciereis
entorpezcan	entorpezcan	entorpecieran-iesen	entorpecieren
	entuerte	entortara-ase	entortare
entuerta	entuertes	entortaras-ases	entortares
entuerte	entuerte	entortara-ase	entortare
entortemos	entortemos	entortáramos-ásemos	entortáremos
entortad	entortéis	entortarais-aseis	entortareis
entuerten	entuerten	entortaran-asen	entortaren
	entregiera	entregiriera-iese	entregiriere
entregiere	entregieras	entregirieras-ieses	entregirieres
entregiera	entregiera	entregiriera-iese	entregiriere
entregiramos	entregiramos	entregiriéramos-iésemos	entregiriéremos
entregerid	entregiráis	entregirierais-ieseis	entregiriereis
entregieran	entregieran	entregirieran-iesen	entregirieren
	entrepierne	entrepernara-ase	entrepernare
entrepierna	entrepiernes	entrepernaras-ases	entrepernares
entrepierne	entrepierne	entrepernara-ase	entrepernare
entrepernemos	entrepernemos	entrepernáramos-ásemos	entrepernáremos
entrepernad	entrepernéis	entrepernarais-aseis	entrepernareis
entrepiernen	entrepiernen	entrepernaran-asen	entrepernaren
	entristezca	entristeciera-iese	entristeciere
entristece	entristezcas	entristecieras-ieses	entristecieres
entristezca	entristezca	entristeciera-iese	entristeciere
entristezcamos	entristezcamos	entristeciéramos-iésemos	entristeciéremos
entristeced	entristezcáis	entristecierais-ieseis	entristeciereis
entristezcan	entristezcan	entristecieran-iesen	entristecieren
	entronezca	entroneciera-iese	entroneciere
entronece	entronezcas	entronecieras-ieses	entronecieres
entronezca	entronezca	entroneciera-iese	entroneciere
entronezcamos	entronezcamos	entroneciéramos-iésemos	entroneciéremos
entroneced	entronezcáis	entronecierais-ieseis	entroneciereis
entronezcan	entronezcan	entronecieran-iesen	entronecieren

entre|volver   entre|yacer   en|tropezar

---

mezclar   entrenar   entrencar   entrenzar   entrepelar   entrepunzar   entrerrenglonar   entresacar
entretallar   entretejer   entretelar   entretomar   entreuntar   entrevar   entrevenarse   entreverar
entrevigar   entrevistar   entricar   entrillar   entripar   entriparrar   entristar   entrizar   entrojar
entrometer   entromparse   entrompetar   entronar   entroncar   entronerar   entronizar   entropillar

INFINITIVO	INDICATIVO			POTENCIAL
simple	presente	pret. indefinido	fut. imperfecto	simple o imp.
ENTULLECER	entullezco	entullecí	entulleceré	entullecería
entulleciendo	entulleces	entulleciste	entullecerás	entullecerías
entullecido	entullece	entulleció	entullecerá	entullecería
	entullecemos	entullecimos	entulleceremos	entulleceríamos
	entullecéis	entullecisteis	entulleceréis	entulleceríais
	entullecen	entullecieron	entullecerán	entullecerían
ENTUMECER	entumezco	entumecí	entumeceré	entumecería
entumeciendo	entumeces	entumeciste	entumecerás	entumecerías
entumecido	entumece	entumeció	entumecerá	entumecería
	entumecemos	entumecimos	entumeceremos	entumeceríamos
	entumecéis	entumecisteis	entumeceréis	entumeceríais
	entumecen	entumecieron	entumecerán	entumecerían
ENVEJECER	envejezco	envejecí	envejeceré	envejecería
envejeciendo	envejeces	envejeciste	envejecerás	envejecerías
envejecido	envejece	envejeció	envejecerá	envejecería
	envejecemos	envejecimos	envejeceremos	envejeceríamos
	envejecéis	envejecisteis	envejeceréis	envejeceríais
	envejecen	envejecieron	envejecerán	envejecerían
ENVERDECER	enverdezco	enverdecí	enverdeceré	enverdecería
enverdeciendo	enverdeces	enverdeciste	enverdecerás	enverdecerías
enverdecido	enverdece	enverdeció	enverdecerá	enverdecería
	enverdecemos	enverdecimos	enverdeceremos	enverdeceríamos
	enverdecéis	enverdecisteis	enverdeceréis	enverdeceríais
	enverdecen	enverdecieron	enverdecerán	enverdecerían
ENVERGONZAR	envergüenzo	envergoncé	envergonzaré	envergonzaría
envergonzando	envergüenzas	envergonzaste	envergonzarás	envergonzarías
envergonzado	envergüenza	envergonzó	envergonzará	envergonzaría
	envergonzamos	envergonzamos	envergonzaremos	envergonzaríamos
	envergonzáis	envergonzasteis	envergonzaréis	envergonzaríais
	envergüenzan	envergonzaron	envergonzarán	envergonzarían
ENVERNAR	envierno	enverné	envernaré	envernaría
envernando	enviernas	envernaste	envernarás	envernarías
envernado	envierna	envernó	envernará	envernaría
	envernamos	envernamos	envernaremos	envernaríamos
	envernáis	envernasteis	envernaréis	envernaríais
	enviernan	envernaron	envernarán	envernarían
ENVERTIR	envirto	envertí	envertiré	envertiría
envirtiendo	envirtes	envertiste	envertirás	envertirías
envertido	envirte	envirtió	envertirá	envertiría
	envertimos	envertimos	envertiremos	envertiríamos
	envertís	envertisteis	envertiréis	envertiríais
	envirten	envirtieron	envertirán	envertirían

en|vanecer   en|vestir   en|volcarse   en|volver

entrotarse   entruchar   entrujar   entubajar   entubar   entufarse   entumirse   entunar   entunicar
entuñarse   entupir   enturar   enturbiar   enturronarse   entusarse   entusiasmar   entutumarse
enuclear   enumerar   enunciar   envacar   envacunar   envagarar   envagonar   envagrar   envainar
envalentar   envalentonar   envalijar   envallicar   envarar   envarbascar   envarengar   envarillar

IMPERATIVO	SUBJUNTIVO		
presente	presente	pretérito imperfecto	fut. imperfecto
	entullezca	entulleciera-iese	entulleciere
entullece	entullezcas	entullecieras-ieses	entullecieres
entullezca	entullezca	entulleciera-iese	entulleciere
entullezcamos	entullezcamos	entulleciéramos-iésemos	entulleciéremos
entulleced	entullezcáis	entullecierais-ieseis	entulleciereis
entullezcan	entullezcan	entullecieran-iesen	entullecieren
	entumezca	entumeciera-iese	entumeciere
entumece	entumezcas	entumecieras-ieses	entumecieres
entumezca	entumezca	entumeciera-iese	entumeciere
entumezcamos	entumezcamos	entumeciéramos-iésemos	entumeciéremos
entumeced	entumezcáis	entumecierais-ieseis	entumeciereis
entumezcan	entumezcan	entumecieran-iesen	entumecieren
	envejezca	envejeciera-iese	envejeciere
envejece	envejezcas	envejecieras-ieses	envejecieres
envejezca	envejezca	envejeciera-iese	envejeciere
envejezcamos	envejezcamos	envejeciéramos-iésemos	envejeciéremos
envejeced	envejezcáis	envejecierais-ieseis	envejeciereis
envejezcan	envejezcan	envejecieran-iesen	envejecieren
	enverdezca	enverdeciera-iese	enverdeciere
enverdece	enverdezcas	enverdecieras-ieses	enverdecieres
enverdezca	enverdezca	enverdeciera-iese	enverdeciere
enverdezcamos	enverdezcamos	enverdeciéramos-iésemos	enverdeciéremos
enverceded	enverdezcáis	enverdecierais-ieseis	enverdeciereis
enverdezcan	enverdezcan	enverdecieran-iesen	enverdecieren
	envergüence	envergonzara-ase	envergonzare
envergüenza	envergüences	envergonzaras-ases	envergonzares
envergüence	envergüence	envergonzara-ase	envergonzare
envergoncemos	envergoncemos	envergonzáramos-ásemos	envergonzáramos
envergonzad	envergoncéis	envergonzarais-aseis	envergonzareis
envergüencen	envergüencen	envergonzaran-asen	envergonzaren
	envierne	envernara-ase	envernare
envierna	enviernes	envernaras-ases	envernares
envierne	envierne	envernara-ase	envernare
envernemos	envernemos	envernáramos-ásemos	envernáremos
envernad	envernéis	envernarais-aseis	envernareis
enviernen	enviernen	envernaran-asen	envernaren
	envirta	envirtiera-iese	envirtiere
envirte	envirtas	envirtieras-ieses	envirtieres
envirta	envirta	envirtiera-iese	envirtiere
envirtamos	envirtamos	envirtiéramos-iésemos	envirtiéremos
envirtid	envirtáis	envirtierais-ieseis	envirtiereis
envirtan	envirtan	envirtieran-iesen	envirtieren

---

envaronar   envasar   envasijar   envedijarse   envegar   envegarse   envelar   envelejar   envellar
envellonar   envendar   envenenar   enverar   enverbascar   enverdinar   enverdir   enverdugar   en-
veredar   envergar   envesar   envetarse   enviajarse   enviar   enviciar   enviciosarse   envidar
envidiar   envidrar   enviejar   envigar   envigorizar   envigotar   envilortar   envinagrar   envinar

INFINITIVO	INDICATIVO			POTENCIAL
simple	presente	pret. indefinido	fut. imperfecto	simple o imp.
ENVILECER	envilezco	envilecí	envileceré	envilecería
envileciendo	envileces	envileciste	envilecerás	envilecerías
envilecido	envilece	envileció	envilecerá	envilecería
	envilecemos	envilecimos	envileceremos	envileceríamos
	envilecéis	envilecisteis	envilecéreis	envileceríais
	envilecen	envilecieron	envilecerán	envilecerían
ENZURDECER	enzurdezco	enzurdecí	enzurdeceré	enzurdecería
enzurdeciendo	enzurdeces	enzurdeciste	enzurdecerás	enzurdecerías
enzurdecido	enzurdece	enzurdeció	enzurdecerá	enzurdecería
	enzurdecemos	enzurdecimos	enzurdeceremos	enzurdeceríamos
	enzurdecéis	enzurdecisteis	enzurdecéreis	enzurdeceríais
	enzurdecen	enzurdecieron	enzurdecerán	enzurdecerían
ERGUIR	irgo-yergo	erguí	erguiré	erguiría
irguiendo	irgues-yergues	erguiste	erguirás	erguirías
erguido	irgue-yergue	irguió	erguirá	erguiría
	erguimos	erguimos	...remos	erguiríamos
	erguís	erguisteis	erguireis	erguiríais
	yerguen	irguieron	erguirán	erguirían
ERGULLIR	ergullo	ergullí	ergulliré	ergulliría
ergullendo	ergulles	ergulliste	ergullirás	ergullirías
ergullido	ergulle	ergulló	ergullirá	ergulliría
	ergullimos	ergullimos	ergulliremos	ergulliríamos
	ergullís	ergullisteis	ergulliréis	ergulliríais
	ergullen	ergulleron	ergullirán	ergullirían
ERRAR	yerro	erré	erraré	erraría
errando	yerras	erraste	errarás	errarías
errado	yerra	erró	errará	erraría
	erramos	erramos	erraremos	erraríamos
	erráis	errasteis	erraréis	erraríais
	yerran	erraron	errarán	errarían
ESBLANDECER	esblandezco	esblandecí	esblandeceré	esblandecería
esblandeciendo	esblandeces	esblandeciste	esblandecerás	esblandecerías
esblandecido	esblandece	esblandeció	esblandecerá	esblandecería
	esblandecemos	esblandecimos	esblandeceremos	esblandeceríamos
	esblandecéis	esblandecisteis	esblandecéreis	esblandeceríais
	esblandecen	esblandecieron	esblandecerán	esblandecerían
ESCAECER	escaezco	escaecí	escaeceré	escaecería
escaeciendo	escaeces	escaeciste	escaecerás	escaecerías
escaecido	escaece	escaeció	escaecerá	escaecería
	escaecemos	escaecimos	escaeceremos	escaeceríamos
	escaecéis	escaecisteis	escaecéreis	escaeceríais
	escaecen	escaecieron	escaecerán	escaecerían

---

equi|valer esca|bullir es|calentar

---

envirar enviscar enviudar envolatarse enyerbar enyerbarse enyertar enyertecerse enyesar
enyescarse enyetar enyugar enyuntar enyuyarse enzacatarse enzainarse enzalamar enza-
marrar enzanjonarse enzapatar enzarzar enzocalar enzocar enzolvar enzoquetar enzorrar
enzulacar enzunchar enzurizar enzurronar enzurronarse epilogar epitimar epitomar

IMPERATIVO	SUBJUNTIVO		
presente	presente	pretérito imperfecto	fut. imperfecto

	envilezca	envileciera-iese	envileciere
envilece	envilezcas	envilecieras-ieses	envilecieres
envilezca	envilezca	envileciera-iese	envileciere
envilezcamos	envilezcamos	envileciéramos-iésemos	envileciéremos
envileced	envilezcáis	envilecierais-ieseis	envileciereis
envilezcan	envilezcan	envilecieran-iesen	envilecieren

	enzurdezca	enzurdeciera-iese	enzurdeciere
enzurdece	enzurdezcas	enzurdecieras-ieses	enzurdecieres
enzurdezca	enzurdezca	enzurdeciera-iese	enzurdeciere
enzurdezcamos	enzurdezcamos	enzurdeciéramos-iésemos	enzurdeciéremos
enzurdeced	enzurdezcáis	enzurdecierais-ieseis	enzurdeciereis
enzurdezcan	enzurdezcan	enzurdecieran-iesen	enzurdecieren

	yerga-irga	irguiera-iese	irguiere
yergue	yergas-irgas	irguieras-ieses	irguieres
yerga-irga	yerga-irga	irguiera-iese	irguiere
irgamos	irgamos	irguiéramos-iésemos	irguiéremos
erguid	irgáis	irguierais-ieseis	irguiereis
yergan-irgan	yergan-irgan	irguieran-iesen	irguieren

	ergulla	ergullera-ese	ergullere
ergulle	ergullas	ergulleras-eses	ergulleres
ergulla	ergulla	ergullera-ese	ergullere
ergullamos	ergullamos	ergulléramos-ésemos	ergulléremos
ergullid	ergulláis	ergullerais-eseis	ergullereis
ergullan	ergullan	ergulleran-esen	ergulleren

	yerre	errara-ase	errare
yerra	yerres	erraras-ases	errares
yerre	yerre	errara-ase	errare
erremos	erremos	erráramos-ásemos	erráremos
errad	erréis	errarais-aseis	errareis
yerren	yerren	erraran-asen	erraren

	esblandezca	esblandeciera-iese	esblandeciere
esblandece	esblandezcas	esblandecieras-ieses	esblandecieres
esblandezca	esblandezca	esblandeciera-iese	esblandeciere
esblandezcamos	esblandezcamos	esblandeciéramos-iésemos	esblandeciéremos
esblandeced	esblandezcáis	esblandecierais-ieseis	esblandeciereis
esblandezcan	esblandezcan	esblandecieran-iesen	esblandecieren

	escaezca	escaeciera-iese	escaeciere
escaece	escaezcas	escaecieras-ieses	escaecieres
escaezca	escaezca	escaeciera-iese	escaeciere
escaezcamos	escaezcamos	escaeciéramos-iésemos	escaeciéremos
escaeced	escaezcáis	escaecierais-ieseis	escaeciereis
escaezcan	escaezcan	escaecieran-iesen	escaecieren

---

equidistar equilibrar equimosarse equipar equiparar equiponderar equivocar errar ergotear
ergotizar erigir erisipelar erizar erogar erosionar erradicar eructar erutar esbagar
esbarar esbarizar esbatimentar esbinzar esblandir esblencar esbogar esborregar esbozar
esbrencar esbrindarse escabechar escabrosearse escabuchar escabullar escachar escacharrar

INFINITIVO	INDICATIVO			POTENCIAL
simple	presente	pret. indefinido	fut. imperfecto	simple o imp.
ESCALECER escaleciendo escalecido	escalezco escaleces escalece escalecemos escalecéis escalecen	escalecí escaleciste escaleció escalecimos escalecisteis escalecieron	escaleceré escalecerás escalecerá escaleceremos escaleceréis escalecerán	escalecería escalecerías escalecería escaleceríamos escaleceríais escalecerían
ESCALFECERSE escalfeciéndose escalfecido	escalfezco escalfeces escalfece escalfecemos escalfecéis escalfecen	escalfecí escalfeciste escalfeció escalfecimos escalfecisteis escalfecieron	escalfeceré escalfecerás escalfecerá escalfeceremos escalfeceréis escalfecerán	escalfecería escalfecerías escalfecería escalfeceríamos escalfeceríais escalfecerían
ESCANDECER escandeciendo escandecido	escandezco escandeces escandece escandecemos escandecéis escandecen	escandecí escandeciste escandeció escandecimos escandecisteis escandecieron	escandeceré escandecerás escandecerá escandeceremos escandeceréis escandecerán	escandecería escandecerías escandecería escandeceríamos escandeceríais escandecerían
ESCARNECER escarneciendo escarnecido	escarnezco escarneces escarnece escarnecemos escarnecéis escarnecen	escarnecí escarneciste escarneció escarnecimos escarnecisteis escarnecieron	escarneceré escarnecerás escarnecerá escarneceremos escarneceréis escarnecerán	escarnecería escarnecerías escarnecería escarneceríamos escarneceríais escarnecerían
ESCLARECER esclareciendo esclarecido	esclarezco esclareces esclarece esclarecemos esclarecéis esclarecen	esclarecí esclareciste esclareció esclarecimos esclarecisteis esclarecieron	esclareceré esclarecerás esclarecerá esclareceremos esclareceréis esclarecerán	esclarecería esclarecerías esclarecería esclareceríamos esclareceríais esclarecerían
ESCRIBIR escribiendo escrito	escribo escribes escribe escribimos escribís escriben	escribí escribiste escribió escribimos escribisteis escribieron	escribiré escribirás escribirá escribiremos escribiréis escribirán	escribiría escribirías escribiría escribiríamos escribiríais escribirían

escar|mentar   es|cocer   es|colar

escachifollar escafilar escalabrar escalar escaldar escaldufar escalfar escaliar escalibar escalimarse escalonar escalpar escamar escamochar escamochear escamondar escamonearse escamotar escamotear escampar escamujar escanciar escandalar escandalear escandalizar escandallar escandelar escandir escantar escantillar escañarse escapar escapear escapolarse escapular escaquear escarabajear escaramucear escaramuzar escarapelar escarbar escarcear escarcuñar escarchar * escarchillar escardar escardillar escarearse escariar escarificar escarizar escarmenar escarnar escarnir escarolar escarpar escarpelar escarpenar escarpiar escarramar escarrancharse escarzar escasear escatimar escavanar

IMPERATIVO	SUBJUNTIVO		
presente	presente	pretérito imperfecto	fut. imperfecto
	escalezca	escaleciera-iese	escaleciere
escalece	escalezcas	escalecieras-ieses	escalecieres
escalezca	escalezca	escaleciera-iese	escaleciere
escalezcamos	escalezcamos	escaleciéramos-iésemos	escaleciéremos
escaleced	escalezcáis	escalecierais-ieseis	escaleciereis
escalezcan	escalezcan	escalecieran-iesen	escalecieren
	escalfezca	escalfeciera-iese	escalfeciere
escalfécete	escalfezcas	escalfecieras-ieses	escalfecieres
escalfézcase	escalfezca	escalfeciera-iese	escalfeciere
escalfezcámonos	escalfezcamos	escalfeciéramos-iésemos	escalfeciéremos
escalfeceos	escalfezcáis	escalfecierais-ieseis	escalfeciereis
escalfézcanse	escalfezcan	escalfecieran-iesen	escalfecieren
	escandezca	escandeciera-iese	escandeciere
escandece	escandezcas	escandecieras-ieses	escandecieres
escandezca	escandezca	escandeciera-iese	escandeciere
escandezcamos	escandezcamos	escandeciéramos-iésemos	escandeciéremos
escandeced	escandezcáis	escandecierais-ieseis	escandeciereis
escandezcan	escandezcan	escandecieran-iesen	escandecieren
	escarnezca	escarneciera-iese	escarneciere
escarnece	escarnezcas	escarnecieras-ieses	escarnecieres
escarnezca	escarnezca	escarneciera-iese	escarneciere
escarnezcamos	escarnezcamos	escarneciéramos-iésemos	escarneciéremos
escarneced	escarnezcáis	escarnecierais-ieseis	escarneciereis
escarnezcan	escarnezcan	escarnecieran-iesen	escarnecieren
	esclarezca	esclareciera-iese	esclareciere
esclarece	esclarezcas	esclarecieras-ieses	esclarecieres
esclarezca	esclarezca	esclareciera-iese	esclareciere
esclarezcamos	esclarezcamos	esclareciéramos-iésemos	esclareciéremos
esclareced	esclarezcáis	esclarecierais-ieseis	esclareciereis
esclarezcan	esclarezcan	esclarecieran-iesen	esclarecieren
	escriba	escribiera-iese	escribiere
escribe	escribas	escribieras-ieses	escribieres
escriba	escriba	escribiera-iese	escribiere
escribamos	escribamos	escribiéramos-iésemos	escribiéremos
escribid	escribáis	escribierais-ieseis	escribiereis
escriban	escriban	escribieran-iesen	escribieren

escavar escayolar escenificar escetar escibar escindir escintilar esclafar esclarar esclavitar esclavizar escobajar escobar escobazar escobetear escobillar escocar escocherar escocochiflar escochizar escodar escofiar escofinar escoger escolarear escoliar escoltar escollar escomar escombrar escomearse escomenzar escomerse esconder esconderse esconzar escopetar escopetear escoplear escorar escorchar escoriar escorificar escorir escorrer escorromper escorrotarse escorzar escosar escoscar escotar escotorrar

* *(en helarse al rocío, es impersonal).*

INFINITIVO	INDICATIVO			POTENCIAL
simple	presente	pret. indefinido	fut. imperfecto	simple o imp.
ESCURECER	escurezco	escurecí	escureceré	escurecería
escureciendo	escureces	escureciste	escurecerás	escurecerías
escurecido	escurece	escureció	escurecerá	escurecería
	escurecemos	escurecimos	escureceremos	escureceríamos
	escurecéis	escurecisteis	escureceréis	escureceríais
	escurecen	escurecieron	escurecerán	escurecerían
ESMORECER	esmorezco	esmorecí	esmoreceré	esmorecería
esmoreciendo	esmoreces	esmoreciste	esmorecerás	esmorecerías
esmorecido	esmorece	esmoreció	esmorecerá	esmorecería
	esmorecemos	esmorecimos	esmoreceremos	esmoreceríamos
	esmorecéis	esmorecisteis	esmoreceréis	esmoreceríais
	esmorecen	esmorecieron	esmorecerán	esmorecerían
ESTABILIR		estabilí	estabiliré	estabiliría
estabiliendo		estabiliste	estabilirás	estabilirías
estabilido		estabilió	estabilirá	estabiliría
	estabilimos	estabilimos	estabiliremos	estabiliríamos
	estabilís	estabilisteis	estabiliréis	estabiliríais
		estabilieron	estabilirán	estabilirían
ESTABLIR		establí	establiré	establiría
establiendo		establiste	establirás	establirías
establido		establió	establirá	establiría
	establimos	establimos	establiremos	establiríamos
	establís	establisteis	establiréis	establiríais
		establieron	establirán	establirían
ESTABLECER	establezco	establecí	estableceré	establecería
estableciendo	estableces	estableciste	establecerás	establecerías
establecido	establece	estableció	establecerá	establecería
	establecemos	establecimos	estableceremos	estableceríamos
	establecéis	establecisteis	estableceréis	estableceríais
	establecen	establecieron	establecerán	establecerían

---

es|forzar   es|muir   es|muñir   es|pedirse   es|perecer   es|torcer

escozarse escrachar escripturar escriturar escrudiñar escrupulear escrupulizar escrutar escuadrar escuadronar escuajeringarse escuchar escudar escudarse escuderear escudillar escudriñar escueznar esculcar esculpir esculturar escullar escullirse escupir escurar escurificar escurrir escutelar eschangar escharchar esdrujulizar esenciarse eser esfacelar esfacelarse esfarrapar esflecar esfogar esfolar esfollar esforrocinar esfoyar esfriar esfumar esfuminar esgarabotar esgarrar esgoardar esgolizarse esgrafiar esgrimir esguardamillar esguardar esguazar esguilar esgurrumbar eslabonar eslavizar esleer esleír eslembarse eslingar esmaltar esmechudar esmerar esmerilar esmongar esmonguillar esmorusarse esmuciarse espabilar espabilarse espaciar espachurrar espadañar espadar espadillar espaladinar espalar espaldear espaldrilar espaldonarse espalmar espancirse espandir espantar espantarse españolar españolear españolizar esparcir esparragar esparramar esparramarse esparrancarse espartar esparvar espasmar espatarrarse espa-

IMPERATIVO	SUBJUNTIVO		
presente	presente	pretérito imperfecto	fut. imperfecto
	escurezca	escureciera-iese	escureciere
escurece	escurezcas	escurecieras-ieses	escurecieres
escurezca	escurezca	escureciera-iese	escureciere
escurezcamos	escurezcamos	escureciéramos-iésemos	escureciéremos
escureced	escurezcáis	escurecierais-ieseis	escureciereis
escurezcan	escurezcan	escurecieran-iesen	escurecieren
	esmorezca	esmoreciera-iese	esmoreciere
esmorece	esmorezcas	esmorecieras-ieses	esmorecieres
esmorezca	esmorezca	esmoreciera-iese	esmoreciere
esmorezcamos	esmorezcamos	esmoreciéramos-iésemos	esmoreciéremos
esmoreced	esmorezcáis	esmorecierais-ieseis	esmoreciereis
esmorezcan	esmorezcan	esmorecieran-iesen	esmorecieren
		estabiliera-iese	estabiliere
		estabilieras-ieses	estabilieras
		estabiliera-iese	estabiliere
		estabiliéramos-iésemos	estabiliéremos
estabilid		estabilierais-ieseis	estabiliereis
		estabilieran-iesen	estabilieren
		establiera-iese	establiere
		establieras-ieses	establieres
		establiera-iese	establiere
		establiéramos-iésemos	establiéremos
establid		establierais-ieseis	establiereis
		establieran-iesen	establieren
	establezca	estableciera-iese	estableciere
establece	establezcas	establecieras-ieses	establecieres
establezca	establezca	estableciera-iese	estableciere
establezcamos	establezcamos	estableciéramos-iésemos	estableciéremos
estableced	establezcáis	establecierais-ieseis	estableciereis
establezcan	establezcan	establecieran-iesen	establecieren

---

turrar espavorizarse especializar especializarse especiar especificar espectar especular espechar espedar espedazar espejar espejarse espejear espelucar espeluscar espeluzar espeluznar esperanzar esperar esperezarse espergurar espernancarse esperriar espertar espesar espetar espiar espichar espichear espigar espiguear espillar espinar espinochar espinzar espionar espirar espiritar espiritualizar espitar esplender esplendorar esplendorear espolear espolinar espolonear espolvorar espolvorear espolvorizar esponjar espontanearse esporgar esportear esporular esposar espretar espretear espuelear espulgar espumajear espumar espumarajear espurrear espurriar espurrir esputar esquebrajar esquejar esqueletar esqueletizar esquematizar esquiar esquiciar esquifar esquilar esquilmar esquinar esquinzar esquipar esquisar esquitar esquivar estabilizar establear estabular estacar estacionar estafar estajar estajear estallar estambrar estampar estampillar estancar estandardizar estandarizar estandartizar estantalar estantillar estañar estaquear

INFINITIVO	INDICATIVO			POTENCIAL
simple	presente	pret. indefinido	fut. imperfecto	simple o imp.
ESTAR	estoy	estuve	estaré	estaría
estando	estás	estuviste	estarás	estarías
estado	está	estuvo	estará	estaría
	estamos	estuvimos	estaremos	estaríamos
	estáis	estuvisteis	estaréis	estaríais
	están	estuvieron	estarán	estarían
ESTATUIR	estatuyo	estatuí	estatuiré	estatuiría
estatuyendo	estatuyes	estatuiste	estatuirás	estatuirías
estatuido	estatuye	estatuyó	estatuirá	estatuiría
	estatuimos	estatuimos	estatuiremos	estatuiríamos
	estatuís	estatuisteis	estatuiréis	estatuiríais
	estatuyen	estatuyeron	estatuirán	estatuirían
ESTOLOZAR	estozuelo	estozolé	estozolaré	estozolaría
estolozando	estozuelas	estozolaste	estozolarás	estozolarías
estolozado	estozuela	estozoló	estozolará	estozolaría
	estozolamos	estozolamos	estozolaremos	estozolaríamos
	estozoláis	estozolasteis	estozolaréis	estozolaríais
	estozuelan	estozolaron	estozolarán	estozolarían
ESTREGAR	estriego	estregué	estregaré	estregaría
estregando	estriegas	estregaste	estregarás	estregarías
estregado	estriega	estregó	estregará	estregaría
	estregamos	estregamos	estregaremos	estregaríamos
	estregáis	estregasteis	estregaréis	estregaríais
	estriegan	estregaron	estregarán	estregarían
ESTREMECER	estremezco	estremecí	estremeceré	estremecería
estremeciendo	estremeces	estremeciste	estremecerás	estremecerías
estremecido	estremece	estremeció	estremecerá	estremecería
	estremecemos	estremecimos	estremeceremos	estremeceríamos
	estremecéis	estremecisteis	estremeceréis	estremeceríais
	estremecen	estremecieron	estremecerán	estremecerían
ESTRUÑIR	estruño	estruñí	estruñiré	estruñiría
estruñendo	estruñes	estruñiste	estruñirás	estruñirías
estruñido	estruñe	estruñó	estruñirá	estruñiría
	estruñimos	estruñimos	estruñiremos	estruñiríamos
	estruñís	estruñisteis	estruñiréis	estruñiríais
	estruñen	estruñeron	estruñirán	estruñirían
ESTURDECER	esturdezco	esturdecí	esturdeceré	esturdecería
esturdeciendo	esturdeces	esturdeciste	esturdecerás	esturdecerías
esturdecido	esturdece	esturdeció	esturdecerá	esturdecería
	esturdecemos	esturdecimos	esturdeceremos	esturdeceríamos
	esturdecéis	esturdecisteis	esturdeceréis	esturdeceríais
	esturdecen	esturdecieron	esturdecerán	esturdecerían

est|reñir   es|tropezar

estaquillar   estarcir   estatificar   estatizar   estatuar   estayar   estazar   estebar   esteclar   estemar   estendijarse   estenografiar   estenotipiar   esterar   estercar   estercolar   estereotipar   esterificar   esterilizar   esterillar   esterizar   estezar   estibar   estigmatizar   estilar   estilizar   estillar   estimar   estimular   estiomenar   estipendiar   estipticar   estipular   estirajar   estirar

IMPERATIVO	SUBJUNTIVO		
presente	presente	pretérito imperfecto	fut. imperfecto
	esté	estuviera-iese	estuviere
está	estés	estuvieras-ieses	estuvieres
esté	esté	estuviera-iese	estuviere
estemos	estemos	estuviéramos-iésemos	estuviéremos
estad	estéis	estuvierais-ieseis	estuviereis
estén	estén	estuvieran-iesen	estuvieren
	estatuya	estatuyera-yese	estatuyere
estatuye	estatuyas	estatuyeras-yeses	estatuyeres
estatuya	estatuya	estatuyera-yese	estatuyere
estatuyamos	estatuyamos	estatuyéramos-yésemos	estatuyéremos
estatuid	estatuyáis	estatuyerais-yeseis	estatuyereis
estatuyan	estatuyan	estatuyeran-yesen	estatuyeren
	estozuele	estozolara-ase	estozolare
estozuela	estozueles	estozolaras-ases	estozolares
estozuele	estozuele	estozolara-ase	estozolare
estozolemos	estozolemos	estozoláramos-ásemos	estozoláremos
estozolad	estozoléis	estozolarais-aseis	estozolareis
estozuelen	estozuelen	estozolaran-asen	estozolaren
	estriegue	estregara-ase	estregare
estriega	estriegues	estregaras-ases	estregares
estriegue	estriegue	estregara-ase	estregare
estreguemos	estreguemos	estregáramos-ásemos	estregáremos
estregad	estreguéis	estregarais-aseis	estregareis
estrieguen	estrieguen	estregaran-asen	estregaren
	estremezca	estremeciera-iese	estremeciere
estremece	estremezcas	estremecieras-ieses	estremecieres
estremezca	estremezca	estremeciera-iese	estremeciere
estremezcamos	estremezcamos	estremeciéramos-iésemos	estremeciéremos
estremeced	estremezcáis	estremecierais-ieseis	estremeciereis
estremezcan	estremezcan	estremecieran-iesen	estremecieren
	estruña	estruñera-ese	estruñere
estruñe	estruñas	estruñeras-eses	estruñeres
estruña	estruña	estruñera-ese	estruñere
estruñamos	estruñamos	estruñéramos-ésemos	estruñéremos
estruñid	estruñáis	estruñerais-eseis	estruñereis
estruñan	estruñan	estruñeran-esen	estruñeren
	esturdezca	esturdeciera-iese	esturdeciere
esturdece	esturdezcas	esturdecieras-ieses	esturdecieres
esturdezca	esturdezca	esturdeciera-iese	esturdeciere
esturdezcamos	esturdezcamos	esturdeciéramos-iésemos	esturdeciéremos
esturdeced	esturdezcáis	esturdecierais-ieseis	esturdeciereis
esturdezcan	esturdezcan	esturdecieran-iesen	esturdecieren

estirazar estironear estivar estoar estocar estofar estojar estomagar estopear estoquear estorbar estornudar estovainizar estovar estozar estragar estrallar estrangolar estrangular estrapajar estraperlear estrasijarse estratificar estrazar estrechar estrellar estrenar estrepitarse estriar estribar estricarse estricnizar estridular estrigar estrilar estrillar estropajear estropear estructurar estrujar estrumpir estrupar estufar estuprar

INFINITIVO	INDICATIVO			POTENCIAL
simple	presente	pret. indefinido	fut. imperfecto	simple o imp.
EXCANDECER	excandezco	excandecí	excandeceré	excandecería
excandeciendo	excandeces	excandeciste	excandecerás	excandecerías
excandecido	excandece	excandeció	excandecerá	excandecería
	excandecemos	excandecimos	excandeceremos	excandeceríamos
	excandecéis	excandecisteis	excandeceréis	excandeceríais
	excandecen	excandecieron	excandecerán	excandecerían
EXPAVECER	expavezco	expavecí	expaveceré	expavecería
expaveciendo	expaveces	expaveciste	expavecerás	expavecerías
expavecido	expavece	expaveció	expavecerá	expavecería
	expavecemos	expavecimos	expaveceremos	expaveceríamos
	expavecéis	expavecisteis	expaveceréis	expaveceríais
	expavecen	expavecieron	expavecerán	expavecerían
FACER	fago	fice	faré	faría
faciendo	faces	ficiste	farás	farías
fecho	face	fizo	fará	faría
	facemos	ficimos	faremos	faríamos
	facéis	ficisteis	faréis	faríais
	facen	ficieron	farán	farían
FALLECER	fallezco	fallecí	falleceré	fallecería
falleciendo	falleces	falleciste	fallecerás	fallecerías
fallecido	fallece	falleció	fallecerá	fallecería
	fallecemos	fallecimos	falleceremos	falleceríamos
	fallecéis	fallecisteis	falleceréis	falleceríais
	fallecen	fallecieron	fallecerán	fallecerían
FAVORECER	favorezco	favorecí	favoreceré	favorecería
favoreciendo	favoreces	favoreciste	favorecerás	favorecerías
favorecido	favorece	favoreció	favorecerá	favorecería
	favorecemos	favorecimos	favoreceremos	favoreceríamos
	favorecéis	favorecisteis	favoreceréis	favoreceríais
	favorecen	favorecieron	favorecerán	favorecerían
FEDER	fiedo	fedí	federé	federía
fediendo	fiedes	fediste	federás	federías
fedido	fiede	fedió	federá	federía
	fedemos	fedimos	federemos	federíamos
	fedéis	fedisteis	federéis	federíais
	fieden	fedieron	federán	federían

e|venir   e|volar   exc|luir   ex|pedir   ex|poner   ex|tender   ex|traer   fac|(h)erir   faz|ferir

esturar esturgar esturrear estusar esvarar etalingar eterificar eterizar eternizar eti-
carse etimologizar etiquetar eufonizar europeizar evacuar evadir evaluar evangelizar
evaporar evaporizar evidenciar eviscerar evitar evocar evolucionar exacerbar exagerar
exaltar exalzar examinar exasperar exaudir excarcelar excardinar excavar exceder ex-
cepcionar exceptar exceptuar excitar exclamar exclaustrar excogitar excomulgar excoriar
excorporar excrementar excretar exculpar excursionar excusar execrar exencionar exentar
exfoliar exhalar exhaustar exheredar exhibir exhortar exhumar exiforear exigir exiliar
eximir exir existir exondar exonerar exorar exorcizar exordiar exordir exornar ex-
pancirse expandir expansionarse expatriarse expectorar expedientar expeler expender
expensar experimentar expiar expilar expirar explanar explayar explicar explicotear
explorar explosionar explotar expoliar exportar expremir expresar exprimir expropiar

IMPERATIVO	SUBJUNTIVO		
presente	presente	pretérito imperfecto	fut. imperfecto
	excandezca	excandeciera-iese	excandeciere
excandece	excandezcas	excandecieras-ieses	excandecieres
excandezca	excandezca	excandeciera-iese	excandeciere
excandezcamos	excandezcamos	excandeciéramos-iésemos	excandeciéremos
excandeced	excandezcáis	excandecierais-ieseis	excandeciereis
excandezcan	excandezcan	excandecieran-iesen	escandecieren
	expavezca	expaveciera-iese	expaveciere
expavece	expavezcas	expavecieras-ieses	expavecieres
expavezca	expavezca	expaveciera-iese	expaveciere
expavezcamos	expavezcamos	expaveciéramos-iésemos	expaveciéremos
expaveced	expavezcáis	expavecierais-ieseis	expaveciereis
expavezcan	expavezcan	expavecieran-iesen	expavecieren
	faga	ficiera-iese	ficiere
faz	fagas	ficieras-ieses	ficieres
faga	faga	ficiera-iese	ficiere
fagamos	fagamos	ficiéramos-iésemos	ficiéremos
faced	fagáis	ficierais-ieseis	ficiereis
fagan	fagan	ficieran-iesen	ficieren
	fallezca	falleciera-iese	falleciere
fallece	fallezcas	fallecieras-ieses	fallecieres
fallezca	fallezca	falleciera-iese	falleciere
fallezcamos	fallezcamos	falleciéramos-iésemos	falleciéremos
falleced	fallezcáis	fallecierais-ieseis	falleciereis
fallezcan	fallezcan	fallecieran-iesen	fallecieren
	favorezca	favoreciera-iese	favoreciere
favorece	favorezcas	favorecieras-ieses	favorecieres
favorezca	favorezca	favoreciera-iese	favoreciere
favorezcamos	favorezcamos	favoreciéramos-iésemos	favoreciéremos
favoreced	favorezcáis	favorecierais-ieseis	favoreciereis
favorezcan	favorezcan	favorecieran-iesen	favorevieren
	fieda	fediera-iese	fediere
fiede	fiedas	fedieras-ieses	fedieres
fieda	fieda	fediera-iese	fediere
fedamos	fedamos	fediéramos-iésemos	fediéremos
feded	fedáis	fedierais-ieseis	fediereis
fieden	fiedan	fedieran-iesen	fedieren

expugnar expulsar expurgar extasiarse extenuar exteriorizar exterminar externar extinguir extirpar extorcar extornar extorsionar extractar extralimitarse extramedular extranjerizar extrañar extrapolar extravasarse extravenar extraviar extremar extubar exturbar exuberar exudar exulcerar exultar exvincular eyacular ezquerdear fabear fablar fabricar fabular fabulizar faccionar facetar facetear facilitar factorizar facturar facultar fachear fachendear fachosear fadar fadigar faenar fafarachar fagocitar faitear fajar fajear falagar falar falcacear falcar falcazar faldear falir falsar falsear falsificar faltar fallar fallir familiarizar fanatizar fandanguear fanfarrear fanfarronear fantasear fantasticar fañicar farabustear farachar faradizar faramallear farandulear faranguear fardar farfallear farfullar farolear farotear farrear farsantear farsar farsear fartar fascinar fasquiar fastidiar fatalizar fatigar fecundar fecundizar fechar fedegar felicitar felpar felpear

INFINITIVO	INDICATIVO			POTENCIAL
simple	presente	pret. indefinido	fut. imperfecto	simple o imp.
FEMAR femando femado	fiemo fiemas fiema fiemamos femáis fieman	femé femaste femó femamos femasteis femaron	femaré femarás femará femaremos femaréis femarán	femaría femarías femaría femaríamos femaríais femarían
FENECER feneciendo fenecido	fenezco feneces fenece fenecemos fenecéis fenecen	fenecí feneciste feneció fenecimos fenecisteis fenecieron	feneceré fenecerás fenecerá feneceremos feneceréis fenecerán	fenecería fenecerías fenecería feneceríamos feneceríais fenecerían
FERIR firiendo ferido	fiero fieres fiere ferimos ferís fieren	ferí feriste firió ferimos feristeis firieron	feriré ferirás ferirá feriremos feriréis ferirán	feriría ferirías feriría feriríamos feriríais ferirían
FERRAR ferrando ferrado	fierro fierras fierra ferramos ferráis fierran	ferré ferraste ferró ferramos ferrasteis ferraron	ferraré ferrarás ferrará ferraremos ferraréis ferrarán	ferraría ferrarías ferraría ferraríamos ferraríais ferrarían
FERVIR firviendo fervido	fiervo fierves fierve fervimos fervís fierven	ferví ferviste firvió fervimos fervisteis firvieron	ferviré fervirás fervirá ferviremos ferviréis fervirán	ferviría fervirías ferviría ferviríamos ferviríais fervirían
FLAQUECER flaqueciendo flaquecido	flaquezco flaqueces flaquece flaquecemos flaquecéis flaquecen	flaquecí flaqueciste flaqueció flaquecimos flaquecisteis flaquecieron	flaqueceré flaquecerás flaquecerá flaqueceremos flaqueceréis flaquecerán	flaquecería flaquecerías flaquecería flaqueceríamos flaqueceríais flaquecerían
FLORECER floreciendo florecido	florezco floreces florece florecemos florecéis florecen	florecí floreciste floreció florecimos florecisteis florecieron	floreceré florecerás florecerá floreceremos floreceréis florecerán	florecería florecerías florecería floreceríamos floreceríais florecerían

femenciar feminizar fenchir fenicar fenolar feriar fermentar ferretear ferrificarse
ferrojar fertilizar fervorar fervorizar festear festejar festinar festonar festonear
feudar fiambrar fiar ficar fichar fieltrar fiestear figar figurar fijar filar filetear
filiar filmar filosofar filosofear filotear filtrar finalizar financiar finar fincar

IMPERATIVO	SUBJUNTIVO		
presente	presente	pretérito imperfecto	fut. imperfecto
	fieme	femara-ase	femare
fiema	fiemes	femaras-ases	femares
fieme	fieme	femara-ase	femare
fememos	fememos	femáramos-ásemos	femáremos
femad	feméis	femarais-aseis	femareis
fiemen	fiemen	femaran-asen	femaren
	fenezca	feneciera-iese	feneciere
fenece	fenezcas	fenecieras-ieses	fenecieres
fenezca	fenezca	feneciera-iese	feneciere
fenezcamos	fenezcamos	feneciéramos-iésemos	feneciéremos
feneced	fenezcáis	fenecierais-ieseis	feneciereis
fenezcan	fenezcan	fenecieran-iesen	fenecieren
	fiera	firiera-iese	firiere
fiere	fieras	firieras-ieses	firieres
fiera	fiera	firiera-iese	firiere
firamos	firamos	firiéramos-iésemos	firiéremos
ferid	firáis	firierais-ieseis	firiereis
fieran	fieran	firieran-iesen	firieren
	fierre	ferrara-ase	ferrare
fierra	fierres	ferraras-ases	ferrares
fierre	fierre	ferrara-ase	ferrare
ferremos	ferremos	ferráramos-ásemos	ferráremos
ferrad	ferréis	ferrarais-aseis	ferrareis
fierren	fierren	ferraran-asen	ferraren
	fierva	firviera-iese	firviere
fierve	fiervas	firvieras-ieses	firvieres
fierva	fierva	firviera-iese	firviere
firvamos	firvamos	firviéramos-iésemos	firviéremos
fervid	firváis	firvierais-ieseis	firviereis
fiervan	fiervan	firvieran-iesen	firvieren
	flaquezca	flaqueciera-iese	flaqueciere
flaquece	flaquezcas	flaquecieras-ieses	flaquecieres
flaquezca	flaquezca	flaqueciera-iese	flaqueciere
flaquezcamos	flaquezcamos	flaqueciéramos-iésemos	flaqueciéremos
flaqueced	flaquezcáis	flaquecierais-ieseis	flaqueciereis
flaquezcan	flaquezcan	flaquecieran-iesen	flaquecieren
	florezca	floreciera-iese	floreciere
florece	florezcas	florecieras-ieses	florecieres
florezca	florezca	floreciera-iese	floreciere
florezcamos	florezcamos	floreciéramos-iésemos	floreciéremos
floreced	florezcáis	florecierais-ieseis	floreciereis
florezcan	florezcan	florecieran-iesen	florecieren

---

finchar   fingir   finiquitar   finir   fintear   firmar   fiscalear   fiscalizar   fisgar   fisgonear
fisionar   fisiquear   fistolar   fistular   fiuciar   fizar   flagear   flagelar   flagrar   flamear
flanquear   flaquear   flautear   flecar   flechar   fletar   fletear   flirtear   flocular
flojear   florar   flordelisar   florear   floretear   florlisar   flotar   flotear

INFINITIVO	INDICATIVO			POTENCIAL
simple	presente	pret. indefinido	fut. imperfecto	simple o imp.
FLUIR fluyendo fluido	fluyo fluyes fluye fluimos fluís fluyen	fluí fluiste fluyó fluimos fluisteis fluyeron	fluiré fluirás fluirá fluiremos fluiréis fluirán	fluiría fluirías fluiría fluiríamos fluiríais fluirían
FOLGAR folgando folgado	fuelgo fuelgas fuelga folgamos folgáis fuelgan	folgué folgaste folgó folgamos folgasteis folgaron	folgaré folgarás folgará folgaremos folgaréis folgarán	folgaría folgarías folgaría folgaríamos folgaríais folgarían
FOLLAR follando follado	fuello fuellas fuella follamos folláis fuellan	follé follaste folló follamos follasteis follaron	follaré follarás follará follaremos follaréis follarán	follaría follarías follaría follaríamos follaríais follarían
FORCIR furciendo fuerto	fuerzo fuerces fuerce forcimos forcís fuercen	forcí forciste furció forcimos forcisteis furcieron	forciré forcirás forcirá forciremos forciréis forcirán	forciría forcirías forciría forciríamos forciríais forcirían
FORNECER forneciendo fornecido	fornezco forneces fornece fornecemos fornecéis fornecen	fornecí forneciste forneció fornecimos fornecisteis fornecieron	forneceré fornecerás fornecerá forneceremos forneceréis fornecerán	fornecería fornecerías fornecería forneceríamos forneceríais fornecerían
FORTALECER fortaleciendo fortalecido	fortalezco fortaleces fortalece fortalecemos fortalecéis fortalecen	fortalecí fortaleciste fortaleció fortalecimos fortalecisteis fortalecieron	fortaleceré fortalecerás fortalecerá fortaleceremos fortaleceréis fortalecerán	fortalecería fortalecerías fortalecería fortaleceríamos fortaleceríais fortalecerían
FORZAR forzando forzado	fuerzo fuerzas fuerza forzamos forzáis fuerzan	forcé forzaste forzó forzamos forzasteis forzaron	forzaré forzarás forzará forzaremos forzaréis forzarán	forzaría forzarías forzaría forzaríamos forzaríais forzarían

---

fluctuar   focar   fogarear   fogarizar   fogonear   foguear   foguerear   fojear   foliar   fomentar
fondear   fondearse   fondirse   fonografiar   foradar   forcatear   forcear   forcejar   forcejear

IMPERATIVO	SUBJUNTIVO		
presente	presente	pretérito imperfecto	fut. imperfecto
	fluya	fluyera-yese	fluyere
fluye	fluyas	fluyeras-yeses	fluyeres
fluya	fluya	fluyera-yese	fluyere
fluyamos	fluyamos	fluyéramos-yésemos	fluyéremos
fluid	fluyáis	fluyerais-yeseis	fluyereis
fluyan	fluyan	fluyeran-yesen	fluyeren
	fuelgue	folgara-ase	folgare
fuelga	fuelgues	folgaras-ases	folgares
fuelgue	fuelgue	folgara-ase	folgare
folguemos	folguemos	folgáramos-ásemos	folgáremos
folgad	folguéis	folgarais-aseis	folgareis
fuelguen	fuelguen	folgaran-asen	folgaren
	fuelle	follara-ase	follare
fuella	fuelles	follaras-ases	follares
fuelle	fuelle	follara-ase	follare
follemos	follemos	folláramos-ásemos	folláremos
follad	folléis	follarais-aseis	follareis
fuellen	fuellen	follaran-asen	follaren
	fuerza	furciera-iese	furciere
fuerce	fuerzas	furcieras-ieses	furcieres
fuerza	fuerza	furciera-iese	furciere
furzamos	furzamos	furciéramos-iésemos	furciéremos
forcid	furzáis	furcierais-ieseis	furciereis
fuerzan	fuerzan	furcieran-iesen	furcieren
	fornezca	forneciera-iese	forneciere
fornece	fornezcas	fornecieras-ieses	fornecieres
fornezca	fornezca	forneciera-iese	forneciere
fornezcamos	fornezcamos	forneciéramos-iésemos	forneciéremos
forneced	fornezcáis	fornecierais-ieseis	forneciereis
fornezcan	fornezcan	fornecieran-iesen	fornecieren
	fortalezca	forteleciera-iese	fortaleciere
fortalece	fortalezcas	fortalecieras-ieses	fortalecieres
fortalezca	fortalezca	fortaleciera-iese	fortaleciere
fortalezcamos	fortalezcamos	fortaleciéramos-iésemos	fortaleciéremos
fortaleced	fortalezcáis	fortalecierais-ieseis	fortaleciereis
fortalezcan	fortalezcan	fortalecieran-iesen	fortalecieren
	fuerce	forzara-ase	forzare
fuerza	fuerces	forzaras-ases	forzares
fuerce	fuerce	forzara-ase	forzare
forcemos	forcemos	forzáramos-ásemos	forzáremos
forzad	forcéis	forzarais-aseis	forzareis
fuercen	fuercen	forzaran-asen	forzaren

---

forciar   forigar   forjar   formalizar   formar   formejar   formidar   formular   fornicar   fornir
forrajear   forrar   forrear   fortificar   fortunar   fosar   fosear   fosfatar   fosforar

INFINITIVO	INDICATIVO			POTENCIAL
simple	presente	pret. indefinido	fut. imperfecto	simple o imp.
FOSFORECER	fosforezco	fosforecí	fosforeceré	fosforecería
fosforeciendo	fosforeces	fosforeciste	fosforecerás	fosforecerías
fosforecido	fosforece	fosforeció	fosforecerá	fosforecería
	fosforecemos	fosforecimos	fosforeceremos	fosforeceríamos
	fosforecéis	fosforecisteis	fosforeceréis	fosforeceríais
	fosforecen	fosforecieron	fosforecerán	fosforecerían
FRAÑER	fraño	frañí	frañeré	frañería
frañendo	frañes	frañiste	frañerás	frañerías
frañido	frañe	frañó	frañerá	frañería
	frañemos	frañimos	frañeremos	frañeríamos
	frañéis	frañisteis	frañeréis	frañeríais
	frañen	frañeron	frañerán	frañerían
FREGAR	friego	fregué	fregaré	fregaría
fregando	friegas	fregaste	fregarás	fregarías
fregado	friega	fregó	fregará	fregaría
	fregamos	fregamos	fregaremos	fregaríamos
	fregáis	fregasteis	fregaréis	fregaríais
	friegan	fregaron	fregarán	fregarían
FREIR	frío	freí	freiré	freiría
friendo	fríes	freíste	freirás	freirías
freído/frito	fríe	frió	freirá	freiría
	freímos	freímos	freiremos	freiríamos
	freís	freísteis	freiréis	freiríais
	fríen	frieron	freirán	freirían
FRUIR	fruyo	fruí	fruiré	fruiría
fruyendo	fruyes	fruiste	fruirás	fruirías
fruido	fruye	fruyó	fruirá	fruiría
	fruimos	fruimos	fruiremos	fruiríamos
	fruís	fruisteis	fruiréis	fruiríais
	fruyen	fruyeron	fruirán	fruirían
FRUTECER	frutezco	frutecí	fruteceré	frutecería
fruteciendo	fruteces	fruteciste	frutecerás	frutecerías
frutecido	frutece	fruteció	frutecerá	frutecería
	frutecemos	frutecimos	fruteceremos	fruteceríamos
	frutecéis	frutecisteis	fruteceréis	fruteceríais
	frutecen	frutecieron	frutecerán	frutecerían
FULGURECER	fulgurezco	fulgurecí	fulgureceré	fulgurecería
fulgureciendo	fulgureces	fulgureciste	fulgurecerás	fulgurecerías
fulgurecido	fulgurece	fulgureció	fulgurecerá	fulgurecería
	fulgurecemos	fulgurecimos	fulgureceremos	fulgureceríamos
	fulgurecéis	fulgurecisteis	fulgureceréis	fulgureceríais
	fulgurecen	fulgurecieron	fulgurecerán	fulgurecerían

fosilizarse fotocopiar fotograbar fotografiar fotolitografiar fotosensibilizar fotutear fracasar fraccionar fracturar fradar fradear fragmentar fraguar frailar frailear frairar frangear frangir frangollar franjar franjear franquear frasear frasquiar fratasar fraternizar fratesar fraudar frecuentar fregotear frenar frenillar fresar fresquear freszar frezar fricar friccionar frigorizar frijolear frijolizar fringolear frisar fritar frochigar frogar

IMPERATIVO	SUBJUNTIVO		
presente	presente	pretérito imperfecto	fut. imperfecto
	fosforezca	fosforeciera-iese	fosforeciere
fosforece	fosforezcas	fosforecieras-ieses	fosforecieres
fosforezca	fosforezca	fosforeciera-iese	fosforeciere
fosforezcamos	fosforezcamos	fosforeciéramos-iésemos	fosforeciéremos
fosforeced	fosforezcáis	fosforecierais-ieseis	fosforeciereis
fosforezcan	fosforezcan	fosforecieran-iesen	fosforecieren
	fraña	frañera-ese	frañere
frañe	frañas	frañeras-eses	frañeres
fraña	fraña	frañera-ese	frañere
frañamos	frañamos	frañéramos-ésemos	frañéremos
frañed	frañáis	frañerais-eseis	frañereis
frañan	frañan	frañeran-esen	frañeren
	friegue	fregara-ase	fregare
friega	friegues	fregaras-ases	fregares
friegue	friegue	fregara-ase	fregare
freguemos	freguemos	fregáramos-ásemos	fregáremos
fregad	freguéis	fregarais-aseis	fregareis
frieguen	frieguen	fregaran-asen	fregaren
	fría	friera-ese	friere
fríe	frías	frieras-eses	frieres
fría	fría	friera-ese	friere
friamos	friamos	friéramos-ésemos	friéremos
freíd	friáis	frierais-eseis	friereis
frían	frían	frieran-esen	frieren
	fruya	fruyera-yese	fruyere
fruye	fruyas	fruyeras-yeses	fruyeres
fruya	fruya	fruyera-yese	fruyere
fruyamos	fruyamos	fruyéramos-yésemos	fruyéremos
fruid	fruyáis	fruyerais-yeseis	fruyereis
fruyan	fruyan	fruyeran-yesen	fruyeren
	frutezca	fruteciera-iese	fruteciere
frutece	frutezcas	frutecieras-ieses	frutecieres
frutezca	frutezca	fruteciera-iese	fruteciere
frutezcamos	frutezcamos	fruteciéramos-iésemos	fruteciéremos
fruteced	frutezcáis	frutecierais-ieseis	fruteciereis
frutezcan	frutezcan	frutecieran-iesen	frutecieren
	fulgurezca	fulgureciera-iese	fulgureciere
fulgurece	fulgurezcas	fulgurecieras-ieses	fulgurecieres
fulgurezca	fulgurezca	fulgureciera-iese	fulgureciere
fulgurezcamos	fulgurezcamos	fulgureciéramos-iésemos	fulgureciéremos
fulgureced	fulgurezcáis	fulgurecierais-ieseis	fulgureciereis
fulgurezcan	fulgurezcan	fulgurecieran-iesen	fulgurecieren

---

frotar fructificar frustrar frutar frutear frutificar fucilar fuellar fuetear fugar fugarse fugir fulcir fulgir fulgurar fulminar fullear fullerear fumar fumear fumigar funcionar fundamentar fundar fundibular fundir funestar fungar fungir fuñar fuñicar fuñir furacar furtar fuscar fusilar fusionar fustanear fustigar futearse futir futrarse futrir gabanear gabarse gabear gafar gafearse gaguear gajar galantear galardonar galguar galguear

INFINITIVO	INDICATIVO			POTENCIAL
simple	presente	pret. indefinido	fut. imperfecto	simple o imp.
GAÑIR gañendo gañido	gaño gañes gañe gañimos gañís gañen	gañí gañiste gañó gañimos gañisteis gañeron	gañiré gañirás gañirá gañiremos gañiréis gañirán	gañiría gañirías gañiría gañiríamos gañiríais gañirían
GARANTIR* garantiendo garantido	garantimos garantís	garantí garantiste garintió garantimos garantisteis garintieron	garantiré garantirás garantirá garantiremos garantiréis garantirán	garantiría garantirías garantiría garantiríamos garantiríais garantirían
GEMIR gimiendo gemido	gimo gimes gime gemimos gemís gimen	gemí gemiste gimió gemimos gemisteis gimieron	gemiré gemirás gemirá gemiremos gemiréis gemirán	gemiría gemirías gemiría gemiríamos gemiríais gemirían
GOBERNAR gobernando gobernado	gobierno gobiernas gobierna gobernamos gobernáis gobiernan	goberné gobernaste gobernó gobernamos gobernasteis gobernaron	gobernaré gobernarás gobernará gobernaremos gobernaréis gobernarán	gobernaría gobernarías gobernaría gobernaríamos gobernaríais gobernarían
GRADECER gradeciendo gradecido	gradezco gradeces gradece gradecemos gradecéis gradecen	gradecí gradeciste gradeció gradecimos gradecisteis gradecieron	gradeceré gradecerás gradecerá gradeceremos gradeceréis gradecerán	gradecería gradecerías gradecería gradeceríamos gradeceríais gradecerían
GRANDECER grandeciendo grandecido	grandezco grandeces grandece grandecemos grandecéis grandecen	grandecí grandeciste grandeció grandecimos grandecisteis grandecieron	grandeceré grandecerás grandecerá grandeceremos grandeceréis grandecerán	grandecería grandecerías grandecería grandeceríamos grandeceríais grandecerían

grandi|facer   grandi|sonar

galibar galimar galonear galopar galopear galuchar galvanizar gallar gallardear gallear galletear gallofar gallofear gambarse gambetear gambiar gamitar gamitear gamonear ganzuar gapalear garabatear garafatear garandar garantizar garapiñar garar garatear garbar garbear garbillar garcear gardar garetear garfear garfiñar gargajear gargalizar gargantear gargarear gargarizar garimpar garitear garlar garlear garliborlear garnachear garrafiñar garramar garranchar garrapatear garrapiñar garrar garraspar garrear garrir garrochar garrochear garronear garrotear garruchear garrular garsinar garuar* garufear garugar garzonear gasajar gasconizar gasear gasificar gasnachear gaspalear gastar gatear gatuñar gauchar gauchear gaviar gavillar gayar gazmiar gaznar gaznatear gelatinificar gelitinizar gemelar gemificar geminar gemiquear generalizar generar gen-

IMPERATIVO	SUBJUNTIVO		
presente	presente	pretérito imperfecto	fut. imperfecto
	gaña	gañera-ese	gañere
gañe	gañas	gañeras-eses	gañeres
gaña	gaña	gañera-ese	gañere
gañamos	gañamos	gañéramos-ésemos	gañéremos
gañid	gañáis	gañerais-eseis	gañereis
gañan	gañan	gañeran-esen	gañeren
		garintiera-iese	garintiere
		garintieras-ieses	garintieres
		garintiera-iese	garintiere
garantid		garintiéramos-iésemos	garintiéremos
		garintierais-ieseis	garintiereis
		garintieran-iesen	garintieren
	gima	gimiera-iese	gimiere
gime	gimas	gimieras-ieses	gimieres
gima	gima	gimiera-iese	gimiere
gimamos	gimamos	gimiéramos-iésemos	gimiéremos
gemid	gimáis	gimierais-ieseis	gimiereis
giman	giman	gimieran-iesen	gimieren
	gobierne	gobernara-ase	gobernare
gobierna	gobiernes	gobernaras-ases	gobernares
gobierne	gobierne	gobernara-ase	gobernare
gobernemos	gobernemos	gobernáramos-ásemos	gobernáremos
gobernad	gobernéis	gobernarais-aseis	gobernareis
gobiernen	gobiernen	gobernaran-asen	gobernaren
	gradezca	gradeciera-iese	gradeciere
gradece	gradezcas	gradecieras-ieses	gradecieres
gradezca	gradezca	gradeciera-iese	gradeciere
gradezcamos	gradezcamos	gradeciéramos-iésemos	gradeciéremos
gradeced	gradezcáis	gradecierais-ieseis	gradeciereis
gradezcan	gradezcan	gradecieran-iesen	gradecieren
	grandezca	grandeciera-iese	grandeciere
grandece	grandezcas	grandecieras-ieses	grandecieres
grandezca	grandezca	grandeciera-iese	grandeciere
grandezcamos	grandezcamos	grandeciéramos-iésemos	grandeciéremos
grandeced	grandezcáis	grandecierais-ieseis	grandeciereis
grandezcan	grandezcan	grandecieran-iesen	grandecieren

tilizar germanizar germificar germinar gerundiar gestar gestear gesticular gestionar gibar gigantizar giguear gimoquear gimotear girar gitanear glasear glicerinar gloriar glorificar glosar glotonear glutinar gofrar goldrear golear golfear golillar golmajear golosear golosinar golosinear golosmear golpear golpetear golusmear golletear gomar gongorizar goñear gorbetear gorearse gorgojarse gorgojearse gorgorear gorgoritear gorgotear gorguear gorjear gormar gorrear gorronear goruchonear gotear goterear gozar grabar gracejar gracir gradar gradear graduar grajear gramar gramatiquear granar grander granear granelar granizar ** granjear granular grapar grasar grasinar gratar·

* Las formas garanto, garantas, garanta, etc. sólo son usadas en América.
** Esencialmente impersonal.

INFINITIVO	INDICATIVO			POTENCIAL
simple	presente	pret. indefinido	fut. imperfecto	simple o imp.
GRAÑIR grañendo grañido	graño grañes grañe grañimos grañís grañen	grañí grañiste grañó grañimos grañisteis grañeron	grañiré grañirás grañirá grañiremos grañiréis grañirán	grañiría grañirías grañiría grañiríamos grañiríais grañirían
GRUIR gruyendo gruido	gruyo gruyes gruye gruimos gruís gruyen	gruí gruiste gruyó gruimos gruisteis gruyeron	gruiré gruirás gruirá gruiremos gruiréis gruirán	gruiría gruirías gruiría gruiríamos gruiríais gruirían
GRUÑIR gruñendo gruñido	gruño gruñes gruñe gruñimos gruñís gruñen	gruñí gruñiste gruñó gruñimos gruñisteis gruñeron	gruñiré gruñirás gruñirá gruñiremos gruñiréis gruñirán	gruñiría gruñirías gruñiría gruñiríamos gruñiríais gruñirían
GUAÑIR guañendo guañido	guaño guañes guañe guañimos guañís guañen	guañí guañiste guañó guañimos guañisteis guañeron	guañiré guañirás guañirá guañiremos guañiréis guañirán	guañiría guañirías guañiría guañiríamos guañiríais guañirían
GUARECER guareciendo guarecido	guarezco guareces guarece guarecemos guarecéis guarecen	guarecí guareciste guareció guarecimos guarecisteis guarecieron	guareceré guarecerás guarecerá guareceremos guareceréis guarecerán	guarecería guarecerías guarecería guareceríamos guareceríais guarecerían
GUARNECER guarneciendo guarnecido	guarnezco guarneces guarnece guarnecemos guarnecéis guarnecen	guarnecí guarneciste guarneció guarnecimos guarnecisteis guarnecieron	guarneceré guarnecerás guarnecerá guarneceremos guarneceréis guarnecerán	guarnecería guarnecerías guarnecería guarneceríamos guarneceríais guarnecerían

gratificar gratular gravar gravear gravitar graznar graznear grecizar gregalizar gre-
guizar gretear gribar gridar grietarse grietear grifarse grillar grillarse grisar gritar
gritonear groar grojear gromar gruar grujir grupear guabinear guacalear guacamolear
guacer guachachear guachapear guachaquear guachar guachear guachiar guadañar guada-
ñear guaguarear guaguatear guaicar guaiquear guaitar guajear gualambear gualardonar
gualdrapear gualtrapear guambiar guamear guanaquear guanchaquear guanear guanguear

IMPERATIVO	SUBJUNTIVO		
presente	presente	pretérito imperfecto	fut. imperfecto
	graña	grañera-ese	grañere
grañe	grañas	grañeras-eses	grañeres
graña	graña	grañera-ese	grañere
grañamos	grañamos	grañéramos-ésemos	grañéremos
grañid	grañáis	grañerais-eseis	grañereis
grañan	grañan	grañeran-esen	grañeren
	gruya	gruyera-yese	gruyere
gruye	gruyas	gruyeras-yeses	gruyeres
gruya	gruya	gruyera-yese	gruyere
gruyamos	gruyamos	gruyéramos-yésemos	gruyéremos
gruid	gruyáis	gruyerais-yeseis	gruyereis
gruyan	gruyan	gruyeran-yesen	gruyeren
	gruña	gruñera-ese	gruñere
gruñe	gruñas	gruñeras-eses	gruñeres
gruña	gruña	gruñera-ese	gruñere
gruñamos	gruñamos	gruñéramos-ésemos	gruñéremos
gruñid	gruñáis	gruñerais-eseis	gruñereis
gruñan	gruñan	gruñeran-esen	gruñeren
	guaña	guañera-ese	guañere
guañe	guañas	guañeras-eses	guañeres
guaña	guaña	guañera-ese	guañere
guañamos	guañamos	guañéramos-ésemos	guañéremos
guañid	guañáis	guañerais-eseis	guañereis
guañan	guañan	guañeran-esen	guañeren
	guarezca	guareciera-iese	guareciere
guarece	guarezcas	guarecieras-ieses	guarecieres
guarezca	guarezca	guareciera-iese	guareciere
guarezcamos	guarezcamos	guareciéramos-iésemos	guareciéremos
guareced	guarezcáis	guarecierais-ieseis	guareciereis
guarezcan	guarezcan	guarecieran-iesen	guarecieren
	guarnezca	guarneciera-iese	guarneciere
guarnece	guarnezcas	guarnecieras-ieses	guarnecieres
guarnezca	guarnezca	guarneciera-iese	guarneciere
guarnezcamos	guarnezcamos	guarneciéramos-iésemos	guarneciéremos
guarneced	guarnezcáis	guarnecierais-ieseis	guarneciereis
guarnezcan	guarnezcan	guarnecieran-iesen	guarnecieren

---

guantear guantonear guañir guapear guapurrear guarachear guaranguear guarapear guaraquear guardar guarear guarearse guaricarse guarir guarismar guarnicionar guarrear guasearse guasquear guastar guatalear guataquear guatearse guatequear guatrapear guatabear guayar guayuquear gubernar guedejar gueldear guerrear guerrillear guiar guidar guillarse guillotinar guinchar guindar guiñar guiñear guipar guisar guitar guitarrear guitonear guizcar guizgar guiznar gulunguear gulusmear gurar gurbear gurguciar gurrar

INFINITIVO	INDICATIVO			POTENCIAL
simple	presente	pret. indefinido	fut. imperfecto	simple o imp.
HABER habiendo habido	he has ha hemos habéis han	hube hubiste hubo hubimos hubisteis hubieron	habré habrás habrá habremos habréis habrán	habría habrías habría habríamos habríais habrían
HACENDAR hacendando hacendado	haciendo haciendas hacienda hacendamos hacendáis haciendan	hacendé hacendaste hacendó hacendamos hacendasteis hacendaron	hacendaré hacendarás hacendará hacendaremos hacendaréis hacendarán	hacendaría hacendarías hacendaría hacendaríamos hacendaríais hacendarían
HACER haciendo hecho	hago haces hace hacemos hacéis hacen	hice hiciste hizo hicimos hicisteis hicieron	haré harás hará haremos haréis harán	haría harías haría haríamos haríais harían
HEDER hediendo hedido	hiedo hiedes hiede hedemos hedéis hieden	hedí hediste hedió hedimos hedisteis hedieron	hederé hederás hederá hederemos hederéis hederán	hedería hederías hedería hederíamos hederíais hederían
HELAR helando helado	hielo hielas hiela helamos heláis hielan	helé helaste heló helamos helasteis helaron	helaré helarás helará helaremos helaréis helarán	helaría helarías helaría helaríamos helaríais helarían
HENCHIR hinchiendo henchido	hincho hinches hinche henchimos henchís hinchen	henchí henchiste hinchió henchimos henchisteis hinchieron	henchiré henchirás henchirá henchiremos henchiréis henchirán	henchiría henchirías henchiría henchiríamos henchiríais henchirían
HENDER hendiendo hendido	hiendo hiendes hiende hendemos hendéis hienden	hendí hendiste hendió hendimos hendisteis hendieron	henderé henderás henderá henderemos henderéis henderán	hendería henderías hendería henderíamos henderíais henderían

gurrupear   gusanear   gustar   guturalizar   guzguear   habilitar   habitar   habituar   hablar
hacinar   hachar   hachear   hadar   halagar   halar   halconear   haldear   hallar   hamacar
hamaquear   hambrear   handicapar   haraganear   harbar   harbullar   harganear   haricarse

IMPERATIVO	SUBJUNTIVO		
presente	presente	pretérito imperfecto	fut. imperfecto
	haya	hubiera-iese	hubiere
he	hayas	hubieras-ieses	hubieres
haya	haya	hubiera-iese	hubiere
hayamos	hayamos	hubiéramos-iésemos	hubiéremos
habed	hayáis	hubierais-ieseis	hubiereis
hayan	hayan	hubieran-iesen	hubieren
	haciende	hacendara-ase	hacendare
hacienda	haciendes	hacendaras-ases	hacendares
haciende	haciende	hacendara-ase	hacendare
hacendemos	hacendemos	hacendáramos-ásemos	hacendáremos
hacendad	hacendéis	hacendarais-aseis	hacendareis
hacienden	hacienden	hacendaran-asen	hacendaren
	haga	hiciera-iese	hiciere
haz	hagas	hicieras-ieses	hicieres
haga	haga	hiciera-iese	hiciere
hagamos	hagamos	hiciéramos-iésemos	hiciéremos
haced	hagáis	hicierais-ieseis	hiciereis
hagan	hagan	hicieran-iesen	hicieren
	hieda	hediera-iese	hediere
hiede	hiedas	hedieras-ieses	hedieres
hieda	hieda	hediera-iese	hediere
hedamos	hedamos	hediéramos-iésemos	hediéremos
heded	hedáis	hedierais-ieseis	hediereis
hiedan	hiedan	hedieran-iesen	hedieren
	hiele	helara-ase	helare
hiela	hieles	helaras-ases	helares
hiele	hiele	helara-ase	helare
helemos	helemos	heláramos-ásemos	heláremos
helad	heléis	helarais-aseis	helareis
hielen	hielen	helaran-asen	helaren
	hincha	hinchiera-iese	hinchiere
hinche	hinchas	hinchieras-ieses	hinchieres
hincha	hincha	hinchiera-iese	hinchiere
hinchamos	hinchamos	hinchiéramos-iésemos	hinchiéremos
henchid	hincháis	hinchierais-ieseis	hinchiereis
hinchan	hinchan	hinchieran-iesen	hinchieren
	hienda	hendiera-iese	hendiere
hiende	hiendas	hendieras-ieses	hendieres
hienda	hienda	hendiera-iese	hendiere
hendamos	hendamos	hendiéramos-iésemos	hendiéremos
hended	hendáis	hendierais-ieseis	hendiereis
hiendan	hiendan	hendieran-iesen	hendieren

---

harmonizar   harnear   haronear   harpar   harrear   hartar   hastiar   hatajar   hatear
hazanar   hazañar   hebetar   hebillar   hebraizar   hechizar   hedrar   helear   helenistizar
helenizar   hembrear   hembrimachar   hemenciar   hemolizar   henear

INFINITIVO	INDICATIVO			POTENCIAL
simple	presente	pret. indefinido	fut. imperfecto	simple o imp.
HENDIR	hiendo	hendí	hendiré	hendiría
hendiendo	hiendes	hendiste	hendirás	hendirías
hendido	hiende	hendió	hendirá	hendiría
	hendimos	hendimos	hendiremos	hendiríamos
	hendís	hendisteis	hendiréis	hendiríais
	hienden	hendieron	hendirán	hendirían
HEÑIR	hiño	heñí	heñiré	heñiría
hiñendo	hiñes	heñiste	heñirás	heñirías
heñido	hiñe	hiñó	heñirá	heñiría
	heñimos	heñimos	heñiremos	heñiríamos
	heñís	heñisteis	heñiréis	heñiríais
	hiñen	hiñeron	heñirán	heñirían
HERBAR	hierbo	herbé	herbaré	herbaría
herbando	hierbas	herbaste	herbarás	herbarías
herbado	hierba	herbó	herbará	herbaría
	herbamos	herbamos	herbaremos	herbaríamos
	herbáis	herbasteis	herbaréis	herbaríais
	hierban	herbaron	herbarán	herbarían
HERBECER	herbezco	herbecí	herbeceré	herbecería
herbeciendo	herbeces	herbeciste	herbecerás	herbecerías
herbecido	herbece	herbeció	herbecerá	herbecería
	herbecemos	herbecimos	herbeceremos	herbeceríamos
	herbecéis	herbecisteis	herbeceréis	herbeceríais
	herbecen	herbecieron	herbecerán	herbecerían
HERBOLECER	herbolezco	herbolecí	herboleceré	herbolecería
herboleciendo	herboleces	herboleciste	herbolecerás	herbolecerías
herbolecido	herbolece	herboleció	herbolecerá	herbolecería
	herbolecemos	herbolecimos	herboleceremos	herboleceríamos
	herbolecéis	herbolecisteis	herboleceréis	herboleceríais
	herbolecen	herbolecieron	herbolecerán	herbolecerían
HERIR	hiero	herí	heriré	heriría
hiriendo	hieres	heriste	herirás	herirías
herido	hiere	hirió	herirá	heriría
	herimos	herimos	heriremos	heriríamos
	herís	heristeis	heriréis	heriríais
	hieren	hirieron	herirán	herirían
HERMANECER	hermanezco	hermanecí	hermaneceré	hermanecería
hermaneciendo	hermaneces	hermaneciste	hermanecerás	hermanecerías
hermanecido	hermanece	hermaneció	hermanecerá	hermanecería
	hermanecemos	hermanecimos	hermaneceremos	hermaneceríamos
	hermanecéis	hermanecisteis	hermaneceréis	hermaneceríais
	hermanecen	hermanecieron	hermanecerán	hermanecerían

---

henificar   hepatizarse   herbajar   herbajear   herbalar   herbolar   herbolizar   herborizar

IMPERATIVO	SUBJUNTIVO		
presente	presente	pretérito imperfecto	fut. imperfecto
	hienda	hendiera-iese	hendiere
hiende	hiendas	hendieras-ieses	hendieres
hienda	hienda	hendiera-iese	hendiere
hendamos	hendamos	hendiéramos-iésemos	hendiéremos
hendid	hendáis	hendierais-ieseis	hendiereis
hiendan	hiendan	hendieran-iesen	hendieren
	hiña	hiñera-ese	hiñere
hiñe	hiñas	hiñeras-eses	hiñeres
hiña	hiña	hiñera-ese	hiñere
hiñamos	hiñamos	hiñéramos-ésemos	hiñéremos
heñid	hiñáis	hiñerais-eseis	hiñereis
hiñan	hiñan	hiñeran-esen	hiñeren
	hierbe	herbara-ase	herbare
hierba	hierbes	herbaras-ases	herbares
hierbe	hierbe	herbara-ase	herbare
herbemos	herbemos	herbáramos-ásemos	herbáremos
herbad	herbéis	herbarais-aseis	herbareis
hierben	hierben	herbaran-asen	herbaren
	herbezca	herbeciera-iese	herbeciere
herbece	herbezcas	herbecieras-ieses	herbecieres
herbezca	herbezca	herbeciera-iese	herbeciere
herbezcamos	herbezcamos	herbeciéramos-iésemos	herbeciéremos
herbeced	herbezcáis	herbecierais-ieseis	herbeciereis
herbezcan	herbezcan	herbecieran-iesen	herbecieren
	herbolezca	herboleciera-iese	herboleciere
herbolece	herbolezcas	herbolecieras-ieses	herbolecieres
herbolezca	herbolezca	herboleciera-iese	herboleciere
herbolezcamos	herbolezcamos	herboleciéramos-iésemos	herboleciéremos
herboleced	herbolezcáis	herbolecierais-ieseis	herboleciereis
herbolezcan	herbolezcan	herbolecieran-iesen	herbolecieren
	hiera	hiriera-iese	hiriere
hiere	hieras	hirieras-ieses	hirieres
hiera	hiera	hiriera-iese	hiriere
hiramos	hiramos	hiriéramos-iésemos	hiriéremos
herid	hiráis	hirierais-ieseis	hiriereis
hieran	hieran	hirieran-iesen	hirieren
	hermanezca	hermaneciera-iese	hermaneciere
hermenece	hermanezcas	hermanecieras-ieses	hermanecieres
hermanezca	hermanezca	hermaneciera-iese	hermaneciere
hermanezcamos	hermanezcamos	hermaneciéramos-iésemos	hermaneciéremos
hermaneced	hermanezcáis	hermanecierais-ieseis	hermaneciereis
hermanezcan	hermanezcan	hermanecieran-iesen	hermanecieren

---

heredar   hereticar   heretizar   hermanar   hermanear   hermosear   herrenar   herrenear

INFINITIVO	INDICATIVO			POTENCIAL
simple	presente	pret. indefinido	fut. imperfecto	simple o imp.
HERRAR	hierro	herré	herraré	herraría
herrando	hierras	herraste	herrarás	herrarías
herrado	hierra	herró	herrará	herraría
	herramos	herramos	herraremos	herraríamos
	herráis	herrasteis	herraréis	herraríais
	hierran	herraron	herrarán	herrarían
HERVENTAR	herviento	herventé	herventaré	herventaría
herventando	hervientas	herventaste	herventarás	herventarías
herventado	hervienta	herventó	herventará	herventaría
	herventamos	herventamos	herventaremos	herventaríamos
	herventáis	herventasteis	herventaréis	herventaríais
	hervientan	herventaron	herventarán	herventarían
HERVIR	hiervo	herví	herviré	herviría
hirviendo	hierves	herviste	hervirás	hervirías
hervido	hierve	hirvió	hervirá	herviría
	hervimos	hervimos	herviremos	herviríamos
	hervís	hervisteis	herviréis	herviríais
	hierven	hirvieron	hervirán	hervirían
HESPIRSE	hispo	hespí	hespiré	hespiría
hispiendo	hispes	hespiste	hespirás	hespirías
hespido	hispe	hispió	hespirá	hespiría
	hespimos	hespimos	hespiremos	hespiríamos
	hespís	hespisteis	hespiréis	hespiríais
	hispen	hispieron	hespirán	hespirían
HOJECER	hojezco	hojecí	hojeceré	hojecería
hojeciendo	hojeces	hojeciste	hojecerás	hojecerías
hojecido	hojece	hojeció	hojecerá	hojecería
	hojecemos	hojecimos	hojeceremos	hojeceríamos
	hojecéis	hojecisteis	hojeceréis	hojeceríais
	hojecen	hojecieron	hojecerán	hojecerían
HOLGAR	huelgo	holgué	holgaré	holgaría
holgando	huelgas	holgaste	holgarás	holgarías
holgado	huelga	holgó	holgará	holgaría
	holgamos	holgamos	holgaremos	holgaríamos
	holgáis	holgasteis	holgaréis	holgaríais
	huelgan	holgaron	holgarán	holgarían
HOLLAR	huello	hollé	hollaré	hollaría
hollando	huellas	hollaste	hollarás	hollarías
hollado	huella	holló	hollará	hollaría
	hollamos	hollamos	hollaremos	hollaríamos
	holláis	hollasteis	hollaréis	hollaríais
	huellan	hollaron	hollarán	hollarían

herretear herrumbrar herver hesitar hetar heterodinar heticarse hibiernar hibometrar
hidratar hidrogenar hidrolizar hidropicarse hidrosulfurar hidroxilar hidroxilizar hierbear
higadar higarar higienizar hijear hijuelar hilar hilvanar himplar hincar hinchar hinojar
hipar hipear hiperbolizar hiperestesiar hiperovarizar hipertrofiarse hipnotizar hipostenizar
hipotecar hipovarizar hirmar hirudinizar hiscalar hisopar hisopear hispanizar hispir historiar

IMPERATIVO	SUBJUNTIVO		
presente	presente	pretérito imperfecto	fut. imperfecto
	hierre	herrara-ase	herrare
hierra	hierres	herraras-ases	herrares
hierre	hierre	herrara-ase	herrare
herremos	herremos	herráramos-ásemos	herráremos
herrad	herréis	herrarais-aseis	herrareis
hierren	hierren	herraran-asen	herraren
	herviente	herventara-ase	herventare
hervienta	hervientes	herventaras-ases	herventares
herviente	herviente	herventara-ase	herventare
herventemos	herventemos	herventáramos-ásemos	herventáremos
herventad	herventéis	herventarais-aseis	herventareis
hervierten	hervierten	herventaran-asen	herventaren
	hierva	hirviera-iese	hirviere
hierve	hiervas	hirvieras-ieses	hirvieres
hierva	hierva	hirviera-iese	hirviere
hirvamos	hirvamos	hirviéramos-iésemos	hirviéremos
hervid	hirváis	hirvierais-ieseis	hirviereis
hiervan	hiervan	hirvieran-iesen	hirvieren
	hispa	hispiera-iese	hispiere
híspete	hispas	hispieras-ieses	hispieres
híspase	hispa	hispiera-iese	hispiere
hispámonos	hispamos	hispiéramos-iésemos	hispiéremos
hespíos	hispáis	hispierais-ieseis	hispiereis
híspanse	hispan	hispieran-iesen	hispieren
	hojezca	hojeciera-iese	hojeciere
hojece	hojezcas	hojecieras-ieses	hojecieres
hojezca	hojezca	hojeciera-iese	hojeciere
hojezcamos	hojezcamos	hojeciéramos-iésemos	hojeciéremos
hojeced	hojezcáis	hojecierais-ieseis	hojeciereis
hojezcan	hojezcan	hojecieran-iesen	hojecieren
	huelgue	holgara-ase	holgare
huelga	huelgues	holgaras-ases	holgares
huelgue	huelgue	holgara-ase	holgare
holguemos	holguemos	holgáramos-ásemos	holgáremos
holgad	holguéis	holgarais-aseis	holgareis
huelguen	huelguen	holgaran-asen	holgaren
	huelle	hollara-ase	hollare
huella	huelles	hollaras-ases	hollares
huelle	huelle	hollara-ase	hollare
hollemos	hollemos	holláramos-ásemos	holláremos
hollad	holléis	hollarais-aseis	hollareis
huellen	huellen	hollaran-asen	hollaren

hitar hocicar hociquear hogar hojaldrar hojear holandizar holear holgazanear holgazar hollinar hombrear homenajear homiciarse homogeneizar homogenizar homologar hondar hondear hondiar hondonar honestar honorar honorificar honrar hopear horacar horadar hormar hormejar hormiguear hormiguillar hornaguear hornear hornaguear horquetear horquillar horrar horrear **horripilar** horrorizar hospedar hospitalizar hostigar hostilizar

INFINITIVO	INDICATIVO			POTENCIAL
simple	presente	pret. indefinido	fut. imperfecto	simple o imp.
HUIR	huyo	huí	huiré	huiría
huyendo	huyes	huiste	huirás	huirías
huido	huye	huyó	huirá	huiría
	huimos	huimos	huiremos	huiríamos
	huís	huisteis	huiréis	huiríais
	huyen	huyeron	huirán	huirían
HUMEDECER	humedezco	humedecí	humedeceré	humedecería
humedeciendo	humedeces	humedeciste	humedecerás	humedecerías
humedecido	humedece	humedeció	humedecerá	humedecería
	humedecemos	humedecimos	humedeceremos	humedeceríamos
	humedecéis	humedecisteis	humedeceréis	humedeceríais
	humedecen	humedecieron	humedecerán	humedecerían
IMBUIR	imbuyo	imbuí	imbuiré	imbuiría
imbuyendo	imbuyes	imbuiste	imbuirás	imbuirías
imbuido	imbuye	imbuyó	imbuirá	imbuiría
	imbuimos	imbuimos	imbuiremos	imbuiríamos
	imbuís	imbuisteis	imbuiréis	imbuiríais
	imbuyen	imbuyeron	imbuirán	imbuirían
IMPERTIR	impierto	impertí	impertiré	impertiría
impirtiendo	impiertes	impertiste	impertirás	impertirías
impertido	impierte	impirtió	impertirá	impertiría
	impertimos	impertimos	impertiremos	impertiríamos
	impertís	impertisteis	impertiréis	impertiríais
	impierten	impirtieron	impertirán	impertirían
IMPREMIR	imprimo	impremí	impremiré	impremiría
impremiendo	imprimes	impremiste	impremirás	impremirías
impremido	imprime	imprimió	impremirá	impremiría
	impremimos	impremimos	impremiremos	impremiríamos
	impremís	impremisteis	impremiréis	impremiríais
	imprimen	imprimieron	impremirán	impremirían
IMPRIMIR	imprimo	imprimí	imprimiré	imprimiría
imprimiendo	imprimes	imprimiste	imprimirás	imprimirías
impreso/imprimido	imprime	imprimió	imprimirá	imprimiría
	imprimimos	imprimimos	imprimiremos	imprimiríamos
	imprimís	imprimisteis	imprimiréis	imprimiríais
	imprimen	imprimieron	imprimirán	imprimirían

im|pedir   im|poner   im|probar   inc|luir

hoyar hozar huachafear huachapear huaquear huaracar huaraquear huaripampear huatear huchear huelguear huesear huestear huevar huevear hueviar huilcar huincharse huisachar huisachear huisquilar hulear hulerear humanar humanizar humar humear humectar humedar humigar humiliar humillar hundir huracanarse hurgar hurgonear hurguetear hurlar huronear hurtar husmar husmear idealizar idear identificar idiotizar idolatrar ignifugar ignorar igualar iguar ijadear ilegitimar iludir iluminar ilusionar ilusionarse ilustrar imaginar imanar imantar imbiar imbunchar imbursar imitar impacientar impartir im-

IMPERATIVO	SUBJUNTIVO		
presente	presente	pretérito imperfecto	fut. imperfecto
	huya	huyera-yese	huyere
huye	huyas	huyeras-yeses	huyeres
huya	huya	huyera-yese	huyere
huyamos	huyamos	huyéramos-yésemos	huyéremos
huid	huyáis	huyerais-yeseis	huyereis
huyan	huyan	huyeran-yesen	huyeren
	humedezca	humedeciera-iese	humedeciere
humedece	humedezcas	humedecieras-ieses	humedecieres
humedezca	humedezca	humedeciera-iese	humedeciere
humedezcamos	humedezcamos	humedeciéramos-iésemos	humedeciéremos
humedeced	humedezcáis	humedecierais-ieseis	humedeciereis
humedezcan	humedezcan	humedecieran-iesen	humedecieren
	imbuya	imbuyera-yese	imbuyere
imbuye	imbuyas	imbuyeras-yeses	imbuyeres
imbuya	imbuya	imbuyera-yese	imbuyere
imbuyamos	imbuyamos	imbuyéramos-yésemos	imbuyéremos
imbuid	imbuyáis	imbuyerais-yeseis	imbuyereis
imbuyan	imbuyan	imbuyeran-yesen	imbuyeren
	impierta	impirtiera-iese	impirtiere
impierte	impiertas	impirtieras-ieses	impirtieres
impierta	impierta	impirtiera-iese	impirtiere
impirtamos	impirtamos	impirtiéramos-iésemos	impirtiéremos
impertid	impirtáis	impirtierais-ieseis	impirtiereis
impiertan	impiertan	impirtieran-iesen	impirtieren
	imprima	imprimiera-iese	imprimiere
imprime	imprimas	imprimieras-ieses	imprimieres
imprima	imprima	imprimiera-iese	imprimiere
imprimamos	imprimamos	imprimiéramos-iésemos	imprimiéremos
impremid	imprimáis	imprimierais-ieseis	imprimiereis
impriman	impriman	imprimieran-iesen	imprimieren
	imprima	imprimiera-iese	imprimiere
imprime	imprimas	imprimieras-ieses	imprimieres
imprima	imprima	imprimiera-iese	imprimiere
imprimamos	imprimamos	imprimiéramos-iésemos	imprimiéremos
imprimid	imprimáis	imprimierais-ieseis	imprimiereis
impriman	impriman	imprimieran-iesen	imprimieren

INFINITIVO	INDICATIVO			POTENCIAL
simple	presente	pret. indefinido	fut. imperfecto	simple o imp.
INCENSAR	incienso	incensé	incensaré	incensaría
incensando	inciensas	incensaste	incensarás	incensarías
incensado	inciensa	incensó	incensará	incensaría
	incensamos	incensamos	incensaremos	incensaríamos
	incensáis	incensasteis	incensaréis	incensaríais
	inciensan	incensaron	incensarán	incensarían
INDUCIR	induzco	induje	induciré	induciría
induciendo	induces	indujiste	inducirás	inducirías
inducido	induce	indujo	inducirá	induciría
	inducimos	indujimos	induciremos	induciríamos
	inducís	indujisteis	induciréis	induciríais
	inducen	indujeron	inducirán	inducirían
INFECIR	infizo	infecí	infeciré	infeciría
inficiendo	infices	infeciste	infecirás	infecirías
infecido	infice	infició	infecirá	infeciría
	infecimos	infecimos	infeciremos	infeciríamos
	infecís	infecisteis	infeciréis	infeciríais
	inficen	inficieron	infecirán	infecirían
INFERIR	infiero	inferí	inferiré	inferiría
inferiendo	infieres	inferiste	inferirás	inferirías
inferido	infiere	infirió	inferirá	inferiría
	inferimos	inferimos	inferiremos	inferiríamos
	inferís	inferisteis	inferiréis	inferiríais
	infieren	infirieron	inferirán	inferirían
INFERNAR	infierno	inferné	infernaré	infernaría
infernando	infiernas	infernaste	infernarás	infernarías
infernado	infierna	infernó	infernará	infernaría
	infernamos	infernamos	infernaremos	infernaríamos
	infernáis	infernasteis	infernaréis	infernaríais
	infiernan	infernaron	infernarán	infernarían
INGERIR	ingiero	ingerí	ingeriré	ingeriría
ingeriendo	ingieres	ingeriste	ingerirás	ingerirías
ingerido	ingiere	ingirió	ingerirá	ingeriría
	ingerimos	ingerimos	ingeriremos	ingeriríamos
	ingerís	ingeristeis	ingeriréis	ingeriríais
	ingieren	ingirieron	ingerirán	ingerirían
INHESTAR	inhiesto	inhesté	inhestaré	inhestaría
inhestando	inhiestas	inhestaste	inhestarás	inhestarías
inhestado	inhiesta	inhestó	inhestará	inhestaría
	inhestamos	inhestamos	inhestaremos	inhestaríamos
	inhestáis	inhestasteis	inhestaréis	inhestaríais
	inhiestan	inhestaron	inhestarán	inhestarían

indis|poner   in|fluir

incurvar indagar indemnizar independerse independizar indianizar indicar indiciar indignar indignarse indilgar indinar indisciplinarse individualizar individuar indulgir indultar indurar industrializar industriar inebriar inervar infamar infartar infatuar infatuarse infeccionar

IMPERATIVO	SUBJUNTIVO		
presente	presente	pretérito imperfecto	fut. imperfecto
	inciense	incensara-ase	incensare
inciensa	incienses	incensaras-ases	incensares
inciense	inciense	incensara-ase	incensare
incensemos	incensemos	incensáramos-ásemos	incensáremos
incensad	incenséis	incensarais-aseis	incensareis
inciensen	inciensen	incensaran-asen	incensaren
	induzca	indujera-jese	indujere
induce	induzcas	indujeras-jeses	indujeres
induzca	induzca	indujera-jese	indujere
induzcamos	induzcamos	indujéramos-jésemos	indujéremos
inducid	induzcáis	indujerais-jeseis	indujereis
induzcan	induzcan	indujeran-jesen	indujeren
	infiza	inficiera-iese	inficiere
infice	infizas	inficieras-ieses	inficieres
infiza	infiza	inficiera-iese	inficiere
infizamos	infizamos	inficiéramos-iésemos	inficiéremos
infecid	infizáis	inficierais-ieseis	inficiereis
infizan	infizan	inficieran-iesen	inficieren
	infiera	infiriera-iese	infiriere
infiere	infieras	infirieras-ieses	infirieres
infiera	infiera	infiriera-iese	infiriere
infiramos	infiramos	infiriéramos-iésemos	infiriéremos
inferid	infiráis	infirierais-ieseis	infiriereis
infieran	infieran	infirieran-iesen	infirieren
	infierne	infernara-ase	infernare
infierna	infiernes	infernaras-ases	infernares
infierne	infierne	infernara-ase	infernare
infernemos	infernemos	infernáramos-ásemos	infernáremos
infernad	infernéis	infernarais-aseis	infernareis
infiernen	infiernen	infernaran-asen	infernaren
	ingiera	ingiriera-iese	ingiriere
ingiere	ingieras	ingirieras-ieses	ingirieres
ingiera	ingiera	ingiriera-iese	ingiriere
ingiramos	ingiramos	ingiriéramos-iésemos	ingiriéremos
ingerid	ingiráis	ingirierais-ieseis	ingiriereis
ingieran	ingieran	ingirieran-iesen	ingirieren
	inhieste	inhestara-ase	inhestare
inhiesta	inhiestes	inhestaras-ases	inhestares
inhieste	inhieste	inhestara-ase	inhestare
inhestemos	inhestemos	inhestáramos-ásemos	inhestáremos
inhestad	inhestéis	inhestarais-aseis	inhestareis
inhiesten	inhiesten	inhestaran-asen	inhestaren

---

infectar infecundarse infestar infeudar infibular inficionar infiltrar infingir infinitar
infirmar inflamar inflar infligir informar infringir infundir infurtir infusar infuscar
ingeniar inglesar ingletar ingletear ingresar ingrir ingurgitar inhabilitar inhabitar inhalar

INFINITIVO	INDICATIVO			POTENCIAL
simple	presente	pret. indefinido	fut. imperfecto	simple o imp.
INJERIR	injiero	injerí	injeriré	injeriría
injeriendo	injieres	injeriste	injerirás	injerirías
injerido	injiere	injirió	injerirá	injeriría
	injerimos	injerimos	injeriremos	injeriríamos
	injerís	injeristeis	injeriréis	injeriríais
	injieren	injirieron	injerirán	injerirían
INQUIRIR	inquiero	inquirí	inquiriré	inquiriría
inquiriendo	inquieres	inquiriste	inquirirás	inquirirías
inquirido	inquiere	inquirió	inquirirá	inquiriría
	inquirimos	inquirimos	inquiriremos	inquiriríamos
	inquirís	inquiristeis	inquiriréis	inquiriríais
	inquieren	inquirieron	inquirirán	inquirirían
INSERIR	insiero	inserí	inseriré	inseriría
insiriendo	insieres	inseriste	inserirás	inserirías
inserto	insiere	insirió	inserirá	inseriría
	inserimos	inserimos	inseriremos	inseriríamos
	inserís	inseristeis	inseriréis	inseriríais
	insieren	insirieron	inserirán	inserirían
INSTITUIR	instituyo	instituí	instituiré	instituiría
instituyendo	instituyes	instituiste	instituirás	instituirías
instituido	instituye	instituyó	instituirá	instituiría
	instituimos	instituimos	instituiremos	instituiríamos
	instituís	instituisteis	instituiréis	instituiríais
	instituyen	instituyeron	instituirán	instituirían
INSTRUIR	instruyo	instruí	instruiré	instruiría
instruyendo	instruyes	instruiste	instruirás	instruirías
instruido	instruye	instruyó	instruirá	instruiría
	instruimos	instruimos	instruiremos	instruiríamos
	instruís	instruisteis	instruiréis	instruiríais
	instruyen	instruyeron	instruirán	instruirían
INTERFERIR	interfiero	interferí	interferiré	interferiría
interfiriendo	interfieres	interferiste	interferirás	interferirías
interferido	interfiere	interfirió	interferirá	interferiría
	interferimos	interferimos	interferiremos	interferiríamos
	interferís	interferisteis	interferiréis	interferiríais
	interfieren	interfirieron	interferirán	interferirían
INTERSERIR	intersiero	interserí	interseriré	interseriría
intersiriendo	intersieres	interseriste	interserirás	interserirías
interserido	intersiere	intersirió	interserirá	interseriría
	interserimos	interserimos	interseriremos	interseriríamos
	interserís	interseristeis	interseriréis	interseriríais
	intersieren	intersirieron	interserirán	interserirían

in|(e)scribir   in|seguir   interc|luir   inter|decir   inter|poner   inter|venir

inhiar   inhibir   inhumar   iniciar   injertar   injonear   injuriar   inmergir   inmigrar   inmiscuir   inmolar   inmortalizar   inmovilizar   inmunizar   inmutar   innovar   inobservar   inocular   inorar   inquietar   inquinar   insacular   insalivar   insculpir   insenescer   insensibilizar   insertar   insidiar   insimular   insinuar   insistir   insolar   insolentar   inspeccionar   inspirar   instalar   instar   instaurar   instigar   instilar   instimular   institucionalizar   instrumentar   insubordinar   insudar-

IMPERATIVO	SUBJUNTIVO		
presente	presente	pretérito imperfecto	fut. imperfecto
	injiera	injiriera-iese	injiriere
injiere	injieras	injirieras-ieses	injirieres
injiera	injiera	injiriera-iese	injiriere
injiramos	injiramos	injiriéramos-iésemos	injiriéremos
injerid	injiráis	injirierais-ieseis	injiriereis
injieran	injieran	injirieran-iesen	injirieren
	inquiera	inquiriera-iese	inquiriere
inquiere	inquieras	inquirieras-ieses	inquirieres
inquiera	inquiera	inquiriera-iese	inquiriere
inquiramos	inquiramos	inquiriéramos-iésemos	inquiriéremos
inquirid	inquiráis	inquirierais-ieseis	inquiriereis
inquieran	inquieran	inquirieran-iesen	inquirieren
	insiera	insiriera-iese	insiriere
insiere	insieras	insirieras-ieses	insirieres
insiera	insiera	insiriera-iese	insiriere
insiramos	insiramos	insiriéramos-iésemos	insiriéremos
inserid	insiráis	insirierais-ieseis	insiriereis
insieran	insieran	insirieran-iesen	insirieren
	instituya	instituyera-yese	instituyere
instituye	instituyas	instituyeras-yeses	instituyeres
instituya	instituya	instituyera-yese	instituyere
instituyamos	instituyamos	instituyéramos-yésemos	instituyéremos
instituid	instituyáis	instituyerais-yeseis	instituyereis
instituyan	instituyan	instituyeran-yesen	instituyeren
	instruya	instruyera-yese	instruyere
instruye	instruyas	instruyeras-yeses	instruyeres
instruya	instruya	instruyera-yese	instruyere
instruyamos	instruyamos	instruyéramos-yésemos	instruyéremos
instruid	instruyáis	instruyerais-yeseis	instruyereis
instruyan	instruyan	instruyeran-yesen	instruyeren
	interfiera	interfiriera-iese	interfiriere
interfiere	interfieras	interfirieras-ieses	interfirieres
interfiera	interfiera	interfiriera-iese	interfiriere
interfiramos	interfiramos	interfiriéramos-iésemos	interfiriéremos
interferid	interfiráis	interfirierais-ieseis	interfiriereis
interfieran	interfieran	interfirieran-iesen	interfirieren
	intersiera	intersiriera-iese	intersiriere
intersiere	intersieras	intersieiras-ieses	intersirieres
intersiera	intersiera	intersiriera-iese	intersiriere
intersiramos	intersiramos	intersiriéramos-iésemos	intersiriéremos
interserid	intersiráis	intersirierais-ieseis	intersiriereis
intersieran	intersieran	intersirieran-iesen	intersirieren

insuflar insular insultar insumir insurgir insurreccionar integrar intencionar intender
intensar intensificar intentar intercalar interceder interceptar intercomunicarse interdictar
interesar interfilar interfoliar interinar interiorarse interiorizar interlinear intermediar
intermitir internacionalizar internar interpaginar interpelar interpolar interprender
interpretar interrogar interromper interrumpir intersecarse intimar intimidar intitular

INFINITIVO	INDICATIVO			POTENCIAL
simple	presente	pret. indefinido	fut. imperfecto	simple o imp.
INTERVERTIR intervirtiendo intervertido	intervierto interviertes intervierte intervertimos intervertís intervierten	intervertí intervertiste intervirtió intervertimos intervertisteis intervirtieron	intervertiré intervertirás intervertirá intervertiremos intervertiréis intervertirán	intervertiría intervertirías intervertiría intervertiríamos intervertiríais intervertirían
INTRODUCIR introduciendo introducido	introduzco introduces introduce introducimos introducís introducen	introduje introdujiste introdujo introdujimos introdujisteis introdujeron	introduciré introducirás introducirá introduciremos introduciréis introducirán	introduciría introducirías introduciría introduciríamos introduciríais introducirían
INTUIR intuyendo intuido	intuyo intuyes intuye intuimos intuís intuyen	intuí intuiste intuyó intuimos intuisteis intuyeron	intuiré intuirás intuirá intuiremos intuiréis intuirán	intuiría intuirías intuiría intuiríamos intuiríais intuirían
INVERNAR invernando invernado	invierno inviernas invierna invernamos invernáis inviernan	inverné invernaste invernó invernamos invernasteis invernaron	invernaré invernarás invernará invernaremos invernaréis invernarán	invernaría invernarías invernaría invernaríamos invernaríais invernarían
INVERTIR invirtiendo invertido	invierto inviertes invierte invertimos invertís invierten	invertí invertiste invirtió invertimos invertisteis invirtieron	invertiré invertirás invertirá invertiremos invertiréis invertirán	invertiría invertirías invertiría invertiríamos invertiríais invertirían
INZUIR inzuyendo inzuido	inzuyo inzuyes inzuye inzuimos inzuís inzuyen	inzuí inzuiste inzuyó inzuimos inzuisteis inzuyeron	inzuiré inzuirás inzuirá inzuiremos inzuiréis inzuirán	inzuiría inzuirías inzuiría inzuiríamos inzuiríais inzuirían
IR [*] yendo ido	voy vas va vamos váis van	fui fuiste fue fuimos fuisteis fueron	iré irás irá iremos iréis irán	iría irías iría iríamos iríais irían

[*] *Pretérito imperfecto: iba, ibas, iba, íbamos, ibais, iban.*

in|venir   in|vestir

intoxicar   intranquilizar   intratar   intribautar   intricar   intrigar   intrincar   intrometerse
intrusarse   intrusear   intubar   inundar   inutilizar   invadir   invaginar   invalidar

IMPERATIVO	SUBJUNTIVO		
presente	presente	pretérito imperfecto	fut. imperfecto
	intervierta	intervirtiera-iese	intervirtiere
intervierte	interviertas	intervirtieras-ieses	intervirtieres
intervierta	intervierta	intervirtiera-iese	intervirtiere
intervirtamos	intervirtamos	intervirtiéramos-iésemos	intervirtiéremos
intervertid	intervirtáis	intervirtierais-ieseis	intervirtiereis
interviertan	interviertan	intervirtieran-iesen	intervirtieren
	introduzca	introdujera-jese	introdujere
introduce	introduzcas	introdujeras-jeses	introdujeres
introduzca	introduzca	introdujera-jese	introdujere
introduzcamos	introduzcamos	introdujéramos-jésemos	introdujéremos
introducid	introduzcáis	introdujerais-jeseis	introdujereis
introduzcan	introduzcan	introdujeran-jesen	introdujeren
	intuya	intuyera-yese	intuyere
intuye	intuyas	intuyeras-yeses	intuyeres
intuya	intuya	intuyera-yese	intuyere
intuyamos	intuyamos	intuyéramos-yésemos	intuyéremos
intuid	intuyáis	intuyerais-yeseis	intuyereis
intuyan	intuyan	intuyeran-yesen	intuyeren
	invierne	invernara-ase	invernare
invierna	inviernes	invernaras-ases	invernares
invierne	invierne	invernara-ase	invernare
invernemos	invernemos	invernáramos-ásemos	invernáremos
invernad	invernéis	invernarais-aseis	invernareis
inviernen	inviernen	invernaran-asen	invernaren
	invierta	invirtiera-iese	invirtiere
invierte	inviertas	invirtieras-ieses	invirtieres
invierta	invierta	invirtiera-iese	invirtiere
invirtamos	invirtamos	invirtiéramos-iésemos	invirtiéremos
invertid	invirtáis	invirtierais-ieseis	invirtiereis
inviertan	inviertan	invirtieran-iesen	invirtieren
	inzuya	inzuyera-yese	inzuyere
inzuye	inzuyas	inzuyeras-yeses	inzuyeres
inzuya	inzuya	inzuyera-yese	inzuyere
inzuyamos	inzuyamos	inzuyéramos-yésemos	inzuyéremos
inzuid	inzuyáis	inzuyerais-yeseis	inzuyereis
inzuyan	inzuyan	inzuyeran-yesen	inzuyeren
	vaya	fuera-fuese	fuere
ve	vayas	fueras-fueses	fueres
vaya	vaya	fuera-fuese	fuere
vayamos	vayamos	fuéramos-fuésemos	fuéremos
id	vayáis	fuerais-fueseis	fuereis
vayan	vayan	fueran-fuesen	fueren

invectivar   invehir   inventar   inventariar   investigar   inveterarse   inviar   invidiar
invigilar   invitar   invocar   involucrar   inyectar   inyungir   iodurar   ionizar   irarse
iridiar   irirear   irisar   ironizar   irradiar   irrespetar   irreverenciar   irrigar   irritar   irrogar

INFINITIVO	INDICATIVO			POTENCIAL
simple	presente	pret. indefinido	fut. imperfecto	simple o imp.
IRRUIR	irruyo	irruí	irruiré	irruiría
irruyendo	irruyes	irruiste	irruirás	irruirías
irruido	irruye	irruyó	irruirá	irruiría
	irruimos	irruimos	irruiremos	irruiríamos
	irruís	irruisteis	irruiréis	irruiríais
	irruyen	irruyeron	irruirán	irruirían
JIMENZAR	jimienzo	jimencé	jimenzaré	jimenzaría
jimenzando	jimienzas	jimenzaste	jimenzarás	jimenzarías
jimenzado	jimienza	jimenzó	jimenzará	jimenzaría
	jimenzamos	jimenzamos	jimenzaremos	jimenzaríamos
	jimenzáis	jimenzasteis	jimenzaréis	jimenzaríais
	jimienzan	jimenzaron	jimenzarán	jimenzarían
JUGAR	juego	jugué	jugaré	jugaría
jugando	juegas	jugaste	jugarás	jugarías
jugado	juega	jugó	jugará	jugaría
	jugamos	jugamos	jugaremos	jugaríamos
	jugáis	jugasteis	jugaréis	jugaríais
	juegan	jugaron	jugarán	jugarían
JUÑIR	juño	juñí	juñiré	juñiría
juñendo	juñes	juñiste	juñirás	juñirías
juñido	juñe	juñó	juñirá	juñiría
	juñimos	juñimos	juñiremos	juñiríamos
	juñís	juñisteis	juñiréis	juñiríais
	juñen	juñeron	juñirán	juñirían
JUVENECER	juvenezco	juvenecí	juveneceré	juvenecería
juveneciendo	juveneces	juveneciste	juvenecerás	juvenecerías
juvenecido	juvenece	juveneció	juvenecerá	juvenecería
	juvenecemos	juvenecimos	juveneceremos	juveneceríamos
	juvenecéis	juvenecisteis	juveneceréis	juveneceríais
	juvenecen	juvenecieron	juvenecerán	juvenecerían
LAGRIMACER	lagrimazco	lagrimací	lagrimaceré	lagrimacería
lagrimaciendo	lagrimaces	lagrimaciste	lagrimacerás	lagrimacerías
lagrimacido	lagrimace	lagrimació	lagrimacerá	lagrimacería
	lagrimacemos	lagrimacimos	lagrimaceremos	lagrimaceríamos
	lagrimacéis	lagrimacisteis	lagrimaceréis	lagrimaceríais
	lagrimacen	lagrimacieron	lagrimacerán	lagrimacerían

jen|tender

irrumpir islamizar ispear istriar italianizar itar iterar izar izquierdear jabalconar jabalonar jabardear jabear jabelar jabelgar jabonar jabonear jacalear jacarear jacer jactar jacular jachar jadear jadiar jaezar jaguar jaharrar jairar jajar jalar jalbegar jalear jaleizar jalonar jalonear jalpacar jallar jamaquear jamar jambar jambrar jamurar jamuscar janear japear japonizar japorcar japurcar jaquear jaquir jar jarabear jaranear jarapotear jaratar jarciar jardear jarear jarearse jaricar jaripear jarochar jaropar jaropear jarrar jarrear jarretar jasar jaspear jaspiar jatear jedar jeder jemiquear jerarquizar jeremiquear jericoplear jerigoncear jerigonzar jerimiquear jeringar jeringuear jeroglificar jesusear jetar jetear jibarear jijar jijear jilear jilotear jimelgar jimenzar jimiquear jinetear jinglar jinquetear jipar jipatearse jirimiquear jirpear jitar

IMPERATIVO	SUBJUNTIVO		
presente	presente	pretérito imperfecto	fut. imperfecto
	irruya	irruyera-yese	irruyere
irruye	irruyas	irruyeras-yeses	irruyeres
irruya	irruya	irruyera-yese	irruyere
irruyamos	irruyamos	irruyéramos-yésemos	irruyéremos
irruid	irruyáis	irruyerais-yeseis	irruyereis
irruyan	irruyan	irruyeran-yesen	irruyeren
	jimience	jimenzara-ase	jimenzare
jimienza	jimiences	jimenzaras-ases	jimenzares
jimience	jimience	jimenzara-ase	jimenzare
jimencemos	jimencemos	jimenzáramos-ásemos	jimenzáremos
jimenzad	jimencéis	jimenzarais-aseis	jimenzareis
jimiencen	jimiencen	jimenzaran-asen	jimenzaren
	juegue	jugara-ase	jugare
juega	juegues	jugaras-ases	jugares
juegue	juegue	jugara-ase	jugare
juguemos	juguemos	jugáramos-ásemos	jugáremos
jugad	juguéis	jugarais-aseis	jugareis
jueguen	jueguen	jugaran-asen	jugaren
	juña	juñera-ese	juñere
juñe	juñas	juñeras-eses	juñeres
juña	juña	juñera-ese	juñere
juñamos	juñamos	juñéramos-ésemos	juñéremos
juñid	juñáis	juñerais-eseis	juñereis
juñan	juñan	juñeran-esen	juñeren
	juvenezca	juveneciera-iese	juveneciere
juvenece	juvenezcas	juvenecieras-ieses	juvenecieres
juvenezca	juvenezca	juveneciera-iese	juveneciere
juvenezcamos	juvenezcamos	juveneciéramos-iésemos	juveneciéremos
juveneced	juvenezcáis	juvenecierais-ieseis	juveneciereis
juvenezcan	juvenezcan	juvenecieran-iesen	juvenecieren
	lagrimazca	lagrimaciera-iese	lagrimaciere
lagrimace	lagrimazcas	lagrimacieras-ieses	lagrimacieres
lagrimazca	lagrimazca	lagrimaciera-iese	lagrimaciere
lagrimazcamos	lagrimazcamos	lagrimaciéramos-iésemos	lagrimaciéremos
lagrimaced	lagrimazcáis	lagrimacierais-ieseis	lagrimaciereis
lagrimazcan	lagrimazcan	lagrimacieran-iesen	lagrimacieren

---

jobear jocar jocear jocotear jochar jochear jocher jondear jonjabar jonjear jonjolear jopar jopear jorcar jorfear jornalar jorobar joropear jorrar joruchear jorungar jostrar jotrar jovar juagar juanchear juanear jubertar jubilar juchar judaizar judicar juguetear jujear julepear jumarse jumetrear junar juncir jungar juntar juñar jupiar juramentar jurar jurgar jurgucear juriacar jurungar jusmeterse justar justiciar justificar justipreciar jututear juzgar labializar labiosear laborar laborear labrar lacear lacerar lacerear lacrar lacrear lacrimar lactar lachar lachear ladear ladrar ladrear ladrillar ladronear lagar lagarearse lagartear lagotear lagrimar lagrimear laicizar lajear lalar lamar lambarear lambarerear lambear lamber lambetear lambisconear lambisquear lambrusquear lambucear lamentar lamer laminar lamiscar lampacear lampar lampear lamprear lancear

INFINITIVO	INDICATIVO			POTENCIAL
simple	presente	pret. indefinido	fut. imperfecto	simple o imp.
LANGUIDECER	languidezco	languidecí	languideceré	languidecería
languideciendo	languideces	languideciste	languidecerás	languidecerías
languidecido	languidece	languideció	languidecerá	languidecería
	languidecemos	languidecimos	languideceremos	languideceríamos
	languidecéis	languidecisteis	languideceréis	languideceríais
	languidecen	languidecieron	languidecerán	languidecerían
LEER	leo	leí	leeré	leería
leyendo	lees	leiste	leerás	leerías
leido	lee	leyó	leerá	leería
	leemos	leimos	leeremos	leeríamos
	leéis	leisteis	leeréis	leeríais
	leen	leyeron	leerán	leerían
LENTECER	lentezco	lentecí	lenteceré	lentecería
lenteciendo	lenteces	lenteciste	lentecerás	lentecerías
lentecido	lentece	lenteció	lentecerá	lentecería
	lentecemos	lentecimos	lenteceremos	lenteceríamos
	lentecéis	lentecisteis	lenteceréis	lenteceríais
	lentecen	lentecieron	lentecerán	lentecerían
LICUECER	licuezco	licuecí	licueceré	licuecería
licueciendo	licueces	licueciste	licuecerás	licuecerías
licuecido	licuece	licueció	licuecerá	licuecería
	licuecemos	licuecimos	licueceremos	licueceríamos
	licuecéis	licuecisteis	licueceréis	licueceríais
	licuecen	licuecieron	licuecerán	licuecerían
LICUEFACER	licuefago	licuefice	licuefaré	licuefaría
licuefaciendo	licuefaces	licueficiste	licuefarás	licuefarías
licuefacido	licueface	licuefizo	licuefará	licuefaría
	licuefacemos	licueficimos	licuefaremos	licuefaríamos
	licuefacéis	licueficisteis	licuefaréis	licuefaríais
	licuefacen	licueficieron	licuefarán	licuefarían
LIVIDECER	lividezco	lividecí	livideceré	lividecería
livideciendo	livideces	livideciste	lividecerás	lividecerías
lividecido	lividece	livideció	lividecerá	lividecería
	lividecemos	lividecimos	livideceremos	livideceríamos
	lividecéis	lividecisteis	livideceréis	livideceríais
	lividecen	lividecieron	lividecerán	lividecerían

lancinar lanchar landear languar languciar lanzar lañar lapachar lapidar lapidificar lapizar laquear lardar lardear largar lascar lastar lastimar lastrar lastrear latear latiguear latinar latinear latinizar latir latitar latrocinar laucar laudanizar laudar laurear lavar lavotear laxar layar lazar lazdrar lazrar lectitar lechar lechear lecherear lechucear lechugar leer legalizar legar legiferar legislar legitimar legrar leijar lejar leldar lembrar lengüear lengüetear lenificar lenir lenizar leñar leñatear leñificar lepar

IMPERATIVO	SUBJUNTIVO		
presente	presente	pretérito imperfecto	fut. imperfecto
	languidezca	languideciera-iese	languideciere
languidece	languidezcas	languidecieras-ieses	languidecieres
languidezca	languidezca	languideciera-iese	languideciere
languidezcamos	languidezcamos	languideciéramos-iésemos	languideciéremos
languideced	languidezcáis	languidecierais-ieseis	languideciereis
languidezcan	languidezcan	languidecieran-iesen	languidecieren
	lea	leyera-yese	leyere
lee	leas	leyeras-yeses	leyeres
lea	lea	leyera-yese	leyere
leamos	leamos	leyéramos-yésemos	leyéremos
leed	leáis	leyerais-yeseis	leyereis
lean	lean	leyeran-yesen	leyeren
	lentezca	lenteciera-iese	lenteciere
lentece	lentezcas	lentecieras-ieses	lentecieres
lentezca	lentezca	lenteciera-iese	lenteciere
lentezcamos	lentezcamos	lenteciéramos-iésemos	lenteciéremos
lenteced	lentezcáis	lentecierais-ieseis	lenteciereis
lentezcan	lentezcan	lentecieran-iesen	lentecieren
	licuezca	licueciera-iese	licueciere
licuece	licuezcas	licuecieras-ieses	licuecieres
licuezca	licuezca	licueciera-iese	licueciere
licuezcamos	licuezcamos	licueciéramos-iésemos	licueciéremos
licueced	licuezcáis	licuecierais-ieseis	licueciereis
licuezcan	licuezcan	licuecieran-iesen	licuecieren
	licuefaga	licueficiera-iese	licueficiere
licuefaz o licueface	licuefagas	licueficieras-ieses	licueficieres
licuefaga	licuefaga	licueficiera-iese	licueficiere
licuefagamos	licuefagamos	licueficiéramos-iésemos	licueficiéremos
licuefaced	licuefagáis	licueficierais-ieseis	licueficiereis
licuefagan	licuefagan	licueficieran-iesen	licueficieren
	lividezca	livid[eciera-iese	livid[eciere
lividece	lividezcas	lividecieras-ieses	lividecieres
lividezca	lividezca	livid}eciera-iese	livid}eciere
lividezcamos	lividezcamos	livideciéramos-iésemos	livideciéremos
livideced	lividezcáis	lividecierais-ieseis	livideciereis
lividezcan	lividezcan	lividecieran-iesen	lividecieren

---

lerdear   lesear   lesionar   lestear   letificar   letrear   leudar   levantar   levar   levigar   lexica-
lizar   liar   libar   libelar   liberalizar   liberar   libertar   librar   librear   licenciar   licitar   licuar
lidiar   lievar   ligar   ligerear   lijar   lilequear   liliquear   limar   limitar   limosnar   limosnear
limpiar   limpiarse   lincear   linchar   lindar   linear   liofilizar   lipidiar   liquidar   liquidificar
lisar   lisiar   lisonjar   lisonjear   lisonjearse   listar   listonar   litar   literatear
litigar   litofotografiar   litografiar   liudar   lixiviar   lizar   loar

INFINITIVO	INDICATIVO			POTENCIAL
simple	presente	pret. indefinido	fut. imperfecto	simple o imp.
LOBREGUECER	lobreguezco	lobreguecí	lobregueceré	lobreguecería
lobregueciendo	lobregueces	lobregueciste	lobreguecerás	lobreguecerías
lobreguecido	lobreguece	lobregueció	lobreguecerá	lobreguecería
	lobreguecemos	lobreguecimos	lobregueceremos	lobregueceríamos
	lobreguecéis	lobreguecisteis	lobregueceréis	lobregueceríais
	lobreguecen	lobreguecieron	lobreguecerán	lobreguecerían
LOZANECER	lozanezco	lozanecí	lozaneceré	lozanecería
lozaneciendo	lozaneces	lozaneciste	lozanecerás	lozanecerías
lozanecido	lozanece	lozaneció	lozanecerá	lozanecería
	lozanecemos	lozanecimos	lozaneceremos	lozaneceríamos
	lozanecéis	lozanecisteis	lozaneceréis	lozaneceríais
	lozanecen	lozanecieron	lozanecerán	lozanecerían
LUCIR	luzco	lucí	luciré	luciría
luciendo	luces	luciste	lucirás	lucirías
lucido	luce	lució	lucirá	luciría
	lucimos	lucimos	luciremos	luciríamos
	lucís	lucisteis	luciréis	luciríais
	lucen	lucieron	lucirán	lucirían
LUIR *	luyo	luí	luiré	luiría
luyendo	luyes	luiste	luirás	luirías
luido	luye	luyó	luirá	luiría
	luimos	luimos	luiremos	luiríamos
	luís	luisteis	luiréis	luiríais
	luyen	luyeron	luirán	luirían
LLOVER				
lloviendo				
llovido	llueve	llovió	lloverá	llovería
MAGRECER	magrezco	magrecí	magreceré	magrecería
magreciendo	magreces	magreciste	magrecerás	magrecerías
magrecido	magrece	magreció	magrecerá	magrecería
	magrecemos	magrecimos	magreceremos	magreceríamos
	magrecéis	magrecisteis	magreceréis	magreceríais
	magrecen	magrecieron	magrecerán	magrecerían
MAJOLAR	majuelo	majolé	majolaré	majolaría
majolando	majuelas	majolaste	majolarás	majolarías
majolado	majuela	majoló	majolará	majolaría
	majolamos	majolamos	majolaremos	majolaríamos
	majoláis	majolasteis	majolaréis	majolaríais
	majuelan	majolaron	majolarán	majolarean

mal|herir mal|facer

lobear localizar locar logar logizar lograr logrear lomar lombardear lomear loncotear
lonchar longear lonjear loquear losar lotear lotificar lotizar lozanear lubricar lubri-
ficar luciar lucrar lucrarse lucubrar luchar ludiar ludir lujar lujuriar lullir luminar
lunanizar lunarear lustrar lustrear llagar llamar llamear llantar llantear llapar llatir
llaucar llauquearse llegar llenar lleudar llevar llorar lloriquear llorisquear lloritar
llotrar lloviznar ** macacinear macadamizar macanear macaquear macar macerar macerar
macetear macizar macollar maconear macujear macular macurcarse machacar macha-
carse machambrar machaquear machar macharse machascarse machear machetear

IMPERATIVO	SUBJUNTIVO		
presente	presente	pretérito imperfecto	fut. imperfecto
	lobreguezca	lobregueciera-iese	lobregueciere
lobreguece	lobreguezcas	lobreguecieras-ieses	lobreguecieres
lobreguezca	lobreguezca	lobregueciera-iese	lobregueciere
lobreguezcamos	lobreguezcamos	lobregueciéramos-iésemos	lobregueciéremos
lobregueced	lobreguezcáis	lobreguecierais-ieseis	lobregueciereis
lobreguezcan	lobreguezcan	lobreguecieran-iesen	lobreguecieren
	lozanezca	lozaneciera-iese	lozaneciere
lozanece	lozanezcas	lozanecieras-ieses	lozanecieres
lozanezca	lozanezca	lozaneciera-iese	lozaneciere
lozanezcamos	lozanezcamos	lozaneciéramos-iésemos	lozaneciéremos
lozaneced	lozanezcáis	lozanecierais-ieseis	lozaneciereis
lozanezcan	lozanezcan	lozanecieran-iesen	lozanecieren
	luzca	luciera-iese	luciere
luce	luzcas	lucieras-ieses	lucieres
luzca	luzca	luciera-iese	luciere
luzcamos	luzcamos	luciéramos-iésemos	luciéremos
lucid	luzcáis	lucierais-ieseis	luciereis.
luzcan	luzcan	lucieran-iesen	lucieren
	luya	luyera-yese	luyere
luye	luyas	luyeras-yeses	luyeres
luya	luya	luyera-yese	luyere
luyamos	luyamos	luyéramos-yésemos	luyéremos
luid	luyáis	luyerais-yeseis	luyereis
luyan	luyan	luyeran-yesen	luyeren
	llueva	lloviera-iese	lloviere
	magrezca	magreciera-iese	magreciere
magrece	magrezcas	magrecieras-ieses	magrecieres
magrezca	magrezca	magreciera-iese	magreciere
magrezcamos	magrezcamos	magreciéramos-iésemos	magreciéremos
magreced	magrezcáis	magrecierais-ieseis	magreciereis
magrezcan	magrezcan	magrecieran-iesen	magrecieren
	majuele	majolara-ase	majolare
majuela	majueles	majolaras-ases	majolares
majuele	majuele	majolara-ase	majolare
majolemos	majolemos	majoláramos-ásemos	majoláremos
majolad	majoléis	majolarais-aseis	majolareis
majuelen	majuelen	majolaran-asen	majolaren

machihembrar machihembrarse machimbrarse machinarse machitucar machonear macho-
rrear machucar madefactar madeficar maderar madrear madrearse madrugar madurar
madurgar maestralizar maestrar maestrear magadizar magancear maganzonear maginar
magnetizar magnificar magostar magrear maguarse magular magullar mahometizar
maicear maisiar majadear majaderear majar majaretear majasear majencar malacos-
tumbrar malangrinar malanocharse malañar malaxar malbaratar malcasar malcocinar

---

*   Redimir censos.   **   Esencialmente impersonal.

INFINITIVO	INDICATIVO			POTENCIAL
simple	presente	pret. indefinido	fut. imperfecto	simple o imp.
MALCORNAR malcornando malcornado	malcuerno malcuernas malcuerna malcornamos malcornáis malcuernan	malcorné malcornaste malcornó malcornamos malcornasteis malcornaron	malcornaré malcornarás malcornará malcornaremos malcornaréis malcornarán	malcornaría malcornarías malcornaría malcornaríamos malcornaríais malcornarían
MALDECIR maldiciendo maldecido|maldito	maldigo maldices maldice maldecimos maldecís maldicen	maldije maldijiste maldijo maldijimos maldijisteis maldijeron	maldeciré maldecirás maldecirá maldeciremos maldeciréis maldecirán	maldeciría maldecirías maldeciría maldeciríamos maldeciríais maldecirían
MANCORNAR mancornando mancornado	mancuerno mancuernas mancuerna mancornamos mancornáis mancuernan	mancorné mancornaste mancornó mancornamos mancornasteis mancornaron	mancornaré mancornarás mancornará mancornaremos mancornaréis mancornarán	mancornaría mancornarías mancornaría mancornaríamos mancornaríais mancornarían
MANFERIR manfiriendo manferido	manfiero manfieres manfiere manferimos manferís manfieren	manferí manferiste manfirió manferimos manferisteis manfirieron	manferiré manferirás manferirá manferiremos manferiréis manferirán	manferiría manferirías manferiría manferiríamos manferiríais manferirían
MANIFESTAR manifestando manifestado	manifiesto manifiestas manifiesta manifestamos manifestáis manifiestan	manifesté manifestaste manifestó manifestamos manifestasteis manifestaron	manifestaré manifestarás manifestará manifestaremos manifestaréis manifestarán	manifestaría manifestarías manifestaría manifestaríamos manifestaríais manifestarían
MANIR maniendo manido	manimos manís	maní maniste manió manimos manisteis manieron	maniré manirás manirá maniremos maniréis manirán	maniría manirías maniría maniríamos maniríais manirían

---

mal\|herir mal\|querer mal\|sonar mal\|traer mante\|caer man\|tener manu\|(e)scribir manu\|tener

---

malcolocar malcomer malcreer malcriar maleabilizar malear maleficiar maleinizar malemplear maletear malfamar malgastar malhumorar maliciar malignar malingrar malmariar malmeter malmodiar malograr malojear malonear maloquear malparar malparir malpasar malplear malquistar malrotar malsinar maltratar malvar malvender malversar malvezar malvivir malladar mallar mamantear mamar mamarrachar mammonizar mamonear

IMPERATIVO	SUBJUNTIVO		
presente	presente	pretérito imperfecto	fut. imperfecto
	malcuerne	malcornara-ase	malcornare
malcuerna	malcuernes	malcornaras-ases	malcornares
malcuerne	malcuerne	malcornara-ase	malcornare
malcornemos	malcornemos	malcornáramos-ásemos	malcornáremos
malcornad	malcornéis	malcornarais-aseis	malcornareis
malcuernen	malcuernen	malcornaran-asen	malcornaren
	maldiga	maldijera-jese	maldijere
maldice	maldigas	maldijeras-jeses	maldijeres
maldiga	maldiga	maldijera-jese	maldijere
maldigamos	maldigamos	maldijéramos-jésemos	maldijéremos
maldecid	maldigáis	maldijerais-jeseis	maldijereis
maldigan	maldigan	maldijeran-jesen	maldijeren
	mancuerne	mancornara-ase	mancornare
mancuerna	mancuernes	mancornaras-ases	mancornares
mancuerne	mancuerne	mancornara-ase	mancornare
mancornemos	mancornemos	mancornáramos-ásemos	mancornáremos
mancornad	mancornéis	mancornarais-aseis	mancornareis
mancuernen	mancuernen	mancornaran-asen	mancornaren
	manfiera	manfiriera-iese	manfiriere
manfiere	manfieras	manfirieras-ieses	manfirieres
manfiera	manfiera	manfiriera-iese	manfiriere
manfiramos	manfiramos	manfiriéramos-iésemos	manfiriéremos
manferid	manfiráis	manfirierais-ieseis	manfiriereis
manfieran	manfieran	manfirieran-iesen	manfirieren
	manifieste	manifestara-ase	manifestare
manifiesta	manifiestes	manifestaras-ases	manifestares
manifieste	manifieste	manifestara-ase	manifestare
manifestemos	manifestemos	manifestáramos-ásemos	manifestáremos
manifestad	manifestéis	manifestarais-aseis	manifestareis
manifiesten	manifiesten	manifestaran-asen	manifestaren
		maniera-iese	maniere
		manieras-ieses	manieres
		maniera-iese	maniere
		maniéramos-iésemos	maniéremos
manid		manierais-ieseis	maniereis
		manieran-iesen	manieren

---

mamonizar   mamparar   mampostear   mampresar   mamujar   mamullar   mamusear   manar
mancar   mancellar   mancillar   mancipar   mancomunar   mancornar   mancornear   manchar
mandar   mandilar   manducar   manear   manejar   manganear   mangar   mangarse   mangonear
mangrullar   manguarear   manguear   maniatar   maniobrar   manipular   manipulear   manjolar
manobrar   manobriar   manojar   manojear   manosear   manotear   manquear   mantear   mantequear

INFINITIVO	INDICATIVO			POTENCIAL
simple	presente	pret. indefinido	fut. imperfecto	simple o imp.
MEDIR midiendo medido	mido mides mide medimos medís miden	medí mediste midió medimos medisteis midieron	mediré medirás medirá mediremos mediréis medirán	mediría medirías mediría mediríamos mediríais medirían
MELAR melando melado	mielo mielas miela melamos meláis mielan	melé melaste meló melamos melasteis melaron	melaré melarás melará melaremos melaréis melarán	melaría melarías melaría melaríamos melaríais melarían
MENTAR mentando mentado	miento mientas mienta mentamos mentáis mientan	menté mentaste mentó mentamos mentasteis mentaron	mentaré mentarás mentará mentaremos mentaréis mentarán	mentaría mentarías mentaría mentaríamos mentaríais mentarían
MENTIR mintiendo mentido	miento mientes miente mentimos mentís mienten	mentí mentiste mintió mentimos mentisteis mintieron	mentiré mentirás mentirá mentiremos mentiréis mentirán	mentiría mentirías mentiría mentiríamos mentiríais mentirían
MERECER mereciendo merecido	merezco mereces merece merecemos merecéis merecen	merecí mereciste mereció merecimos merecisteis merecieron	mereceré merecerás merecerá mereceremos mereceréis merecerán	merecería merecerías merecería mereceríamos mereceríais merecerían
MERENDAR merendando merendado	meriendo meriendas merienda merendamos merendáis meriendan	merendé merendaste merendó merendamos merendasteis merendaron	merendaré merendarás merendará merendaremos merendaréis merendarán	merendaría merendarías merendaría merendaríamos merendaríais merendarían

mantornar manualizar manualizarse manufacturar manumitir manzanear mañanar
mañanear mañear mañerear mañosear mapolear maquear maquilar maquilear maquillar
maquinar marañar maraquear maravillar maravillarse marcar marcear marcenar mar-
chamar marchar marchitar marear margar margenar marginar margomar margullar
maridar marimbear marinar marinear mariposear mariscar marizar marizarse marlotar
marmolear marmotear marmullar maromear marotear marquear marquetar marramizar
marranear marrar marrear marrojar marsupializar martajar martillar martiriar mar-
tirizar marullear masajear masar mascar mascarar mascujar mascullar masillar
mastear masticar mastigar masturbarse matafiolar matafionar mataperrear matar matear
materializar maternizar matizar matracar matraquear matratucar matrerear matricular
matrimoniar matrizar matufiar maturranguear matutear maucar maular maulear maullar
mayar mayear mayorar mayordomear mazamorrear mazar maznar mazonar mazonear

IMPERATIVO	SUBJUNTIVO		
presente	presente	pretérito imperfecto	fut. imperfecto
	mida	midiera-iese	midiere
mide	midas	midieras-ieses	midieres
mida	mida	midiera-iese	midiere
midamos	midamos	midiéramos-iésemos	midiéremos
medid	midáis	midierais-ieseis	midiereis
midan	midan	midieran-iesen	midieren
	miele	melara-ase	melare
miela	mieles	melaras-ases	melares
miele	miele	melara-ase	melare
melemos	melemos	meláramos-ásemos	meláremos
melad	meléis	melarais-aseis	melareis
mielen	mielen	melaran-asen	melaren
	miente	mentara-ase	mentare
mienta	mientes	mentaras-ases	mentares
miente	miente	mentara-ase	mentare
mentemos	mentemos	mentáramos-ásemos	mentáremos
mentad	mentéis	mentarais-aseis	mentareis
mienten	mienten	mentaran-asen	mentaren
	mienta	mintiera-iese	mintiere
miente	mientas	mintieras-ieses	mintieres
mienta	mienta	mintiera-iese	mintiere
mintamos	mintamos	mintiéramos-iésemos	mintiéremos
mentid	mintáis	mintierais-ieseis	mintiereis
mientan	mientan	mintieran-iesen	mintieren
	merezca	mereciera-iese	mereciere
merece	merezcas	merecieras-ieses	merecieres
merezca	merezca	mereciera-iese	mereciere
merezcamos	merezcamos	mereciéramos-iésemos	mereciéremos
mereced	merezcáis	merecierais-ieseis	mereciereis
merezcan	merezcan	merecieran-iesen	merecieren
	meriende	merendara-ase	merendare
merienda	meriendes	merendaras-ases	merendares
meriende	meriende	merendara-ase	merendare
merendemos	merendemos	merendáramos-ásemos	merendáremos
merendad	merendéis	merendarais-aseis	merendareis
merienden	merienden	merendaran-asen	merendaren

mazorcar mear mecanizar mecanografiar mecatear mecer mechar mechificar mechonear medar medianizar mediar mediatizar medicamentar medicar medicinar meditar mediumnizar medrar meducar mejer mejorar melancolizar melcochar meldar melear melecinar melenar melgar melificar melindrear melindrizar mellar membrar memorar memorizar menar menazar mencionar mendigar mendiguear mendingar menear menequear menguar menorar menorear menorgar menoscabar menospreciar menstruar mensurar menudear menuzar meollar merar mercadear mercancear mercantilizar mercar mercear mercedar mercendear mercerizar mercurializar merendillar merengar meretricar meritar mermar merodear mesar mescabar mesclar mestizar mesturar mesurar metafisiquear metaforizar metalar metalizar metamorfosear metatizar meteorizar meter metilar metodizar metrallar metrear metrificar meucar mezclar mezquinar mezuquear miagar miañar miar microcinematografiar microcopiar microfilmar micronizar migar militar militarizar milonguear

INFINITIVO	INDICATIVO			POTENCIAL
simple	presente	pret. indefinido	fut. imperfecto	simple o imp.
MOBLAR	mueblo	moblé	moblaré	moblaría
moblando	mueblas	moblaste	moblarás	moblarías
moblado	muebla	mobló	moblará	moblaría
	moblamos	moblamos	moblaremos	moblaríamos
	mobláis	moblasteis	moblaréis	moblaríais
	mueblan	moblaron	moblarán	moblarían
MOHECER	mohezco	mohecí	moheceré	mohecería
moheciendo	moheces	moheciste	mohecerás	mohecerías
mohecido	mohece	moheció	mohecerá	mohecería
	mohecemos	mohecimos	moheceremos	moheceríamos
	mohecéis	mohecisteis	moheceréis	moheceríais
	mohecen	mohecieron	mohecerán	mohecerían
MOLER	muelo	molí	moleré	molería
moliendo	mueles	moliste	molerás	molerías
molido	muele	molió	molerá	molería
	molemos	molimos	moleremos	moleríamos
	moléis	molisteis	moleréis	moleríais
	muelen	molieron	molerán	molerían
MORDER	muerdo	mordí	morderé	mordería
mordiendo	muerdes	mordiste	morderás	morderías
mordido	muerde	mordió	morderá	mordería
	mordemos	mordimos	morderemos	morderíamos
	mordéis	mordisteis	morderéis	morderíais
	muerden	mordieron	morderán	morderían
MORIR	muero	morí	moriré	moriría
muriendo	mueres	moriste	morirás	morirías
muerto	muere	murió	morirá	moriría
	morimos	morimos	moriremos	moriríamos
	morís	moristeis	moriréis	moriríais
	mueren	murieron	morirán	morirían
MOSTRAR	muestro	mostré	mostraré	mostraría
mostrando	muestras	mostraste	mostrarás	mostrarías
mostrado	muestra	mostró	mostrará	mostraría
	mostramos	mostramos	mostraremos	mostraríamos
	mostráis	mostrasteis	mostraréis	mostraríais
	muestran	mostraron	mostrarán	mostrarían

---

mono|substituir

milpear   millonear   mimar   mimbrar   mimbrear   mimosear   minar   minchar   mindanguear
minear   mineralizar   mingar   mingonear   minguar   miniar   minificar   minimizar   ministrar
minorar   minutar   miñarse   miñoquear   miquear   mirar   mirificar   mirlar   misar   miserear
misionar   mistar   mistificar   misturar   mitificar   mitigar   mitinear   mitinguear   mitotear
mitrar   mixtear   mixtificar   mixturar   mocar   mocear   mocionar   mochar   modelar   moderar
modernizar   modestar   modificar   modorrar   modular   mofar   mofarse   mofear   moflir   mogollar
mogollear   mogosiar   mohatrar   mohosearse   mojar   mojonar   mojosearse   moldar   moldear
moldurar   molear   molestar   molificar   molonquear   molturar   mollear   mollentar   mollicar

IMPERATIVO	SUBJUNTIVO		
presente	presente	pretérito imperfecto	fut. imperfecto
	mueble	moblara-ase	moblare
muebla	muebles	moblaras-ases	moblares
mueble	mueble	moblara-ase	moblare
moblemos	moblemos	moblaramos-ásemos	moblaremos
moblad	mobléis	moblarais-aseis	moblareis
mueblen	mueblen	moblaran-asen	moblaren
	mohezca	moheciera-iese	moheciere
mohece	mohezcas	mohecieras-ieses	mohecieres
mohezca	mohezca	moheciera-iese	moheciere
mohezcamos	mohezcamos	moheciéramos-iésemos	moheciéremos
moheced	mohezcáis	mohecierais-ieseis	moheciereis
mohezcan	mohezcan	mohecieran-iesen	mohecieren
	muela	moliera-iese	moliere
muele	muelas	molieras-ieses	molieres
muela	muela	moliera-iese	moliere
molamos	molamos	moliéramos-iésemos	moliéremos
moled	moláis	molierais-ieseis	moliereis
muelan	muelan	molieran-iesen	molieren
	muerda	mordiera-iese	mordiere
muerde	muerdas	mordieras-ieses	mordieres
muerda	muerda	mordiera-iese	mordiere
mordamos	mordamos	mordiéramos-iésemos	mordiéremos
morded	mordáis	mordierais-ieseis	mordiereis
muerdan	muerdan	mordieran-iesen	mordieren
	muera	muriera-iese	muriere
muere	mueras	murieras-ieses	murieres
muera	muera	muriera-iese	muriere
muramos	muramos	muriéramos-iésemos	muriéremos
morid	muráis	murierais-ieseis	muriereis
mueran	mueran	murieran-iesen	murieren
	muestre	mostrara-ase	mostrare
muestra	muestres	mostraras-ases	mostrares
muestre	muestre	mostrara-ase	mostrare
mostremos	mostremos	mostráramos-ásemos	mostráremos
mostrad	mostréis	mostrarais-aseis	mostrareis
muestren	muestren	mostraran-asen	mostraren

mollificar mollir mollizmar * mollimnear * momear momificar mondar monear monedar
monedear monetizar monguear monologar monopolizar monoptongar montadgar montanear
montantear montar montazgar montear moquear moquetear moquitear moralizar morar
morcar mordicar mordiscar mordisquear moretear morfar morfinizar morigerar mor-
mullar mormurar morrar morrear morronguear mortajar mortificar mortiguar moscardear
mosconear mosquear mosquetear mostear mostrear motar motear motejar motilar motivar motorizar

* Esencialmente impersonal.

INFINITIVO	INDICATIVO			POTENCIAL
simple	presente	pret. indefinido	fut. imperfecto	simple o imp.
MOVER	muevo	moví	moveré	movería
moviendo	mueves	moviste	moverás	moverías
movido	mueve	movió	moverá	movería
	movemos	movimos	moveremos	moveríamos
	movéis	movisteis	moveréis	moveríais
	mueven	movieron	moverán	moverían
MUIR	muyo	muí	muiré	muiría
muyendo	muyes	muiste	muirás	muirías
muido	muye	muyó	muirá	muiría
	muimos	muimos	muiremos	muiríamos
	muís	muisteis	muiréis	muiríais
	muyen	muyeron	muirán	muirían
MULLIR	mullo	mullí	mulliré	mulliría
mullendo	mulles	mulliste	mullirás	mullirías
mullido	mulle	mulló	mullirá	mulliría
	mullimos	mullimos	mulliremos	mulliríamos
	mullís	mullisteis	mulliréis	mulliríais
	mullen	mulleron	mullirán	mullirían
MUÑIR	muño	muñí	muñiré	muñiría
muñendo	muñes	muñiste	muñirás	muñirías
muñido	muñe	muñó	muñirá	muñiría
	muñimos	muñimos	muñiremos	muñiríamos
	muñís	muñisteis	muñiréis	muñiríais
	muñen	muñeron	muñirán	muñirían
NACER	nazco	nací	naceré	nacería
naciendo	naces	naciste	nacerás	nacerías
nacido	nace	nació	nacerá	nacería
	nacemos	nacimos	naceremos	naceríamos
	nacéis	nacisteis	naceréis	naceríais
	nacen	nacieron	nacerán	nacerían
NEGAR	niego	negué	negaré	negaría
negando	niegas	negaste	negarás	negarías
negado	niega	negó	negará	negaría
	negamos	negamos	negaremos	negaríamos
	negáis	negasteis	negaréis	negaríais
	niegan	negaron	negarán	negarían
NEGRECER	negrezco	negrecí	negreceré	negrecería
negreciendo	negreces	negreciste	negrecerás	negrecerías
negrecido	negrece	negreció	negrecerá	negrecería
	negrecemos	negrecimos	negreceremos	negreceríamos
	negrecéis	negrecisteis	negreceréis	negreceríais
	negrecen	negrecieron	negrecerán	negrecerían

movilizar mozonear muchachear muchiguar mudar mueblar muellear muequear muescar
muflir mugar mugir mujar mujerear mulatear mulatizar mulcar multar multiplicar
mullicar mundanear mundear mundializar mundificar municionar municipalizar munir
muñequear muquir murar murciar murmujear murmullar murmurar musar musicar

IMPERATIVO	SUBJUNTIVO		
presente	presente	pretérito imperfecto	fut. imperfecto
	mueva	moviera-iese	moviere
mueve	muevas	movieras-ieses	movieres
mueva	mueva	moviera-iese	moviere
movamos	movamos	moviéramos-iésemos	moviéremos
moved	mováis	movierais-ieseis	moviereis
muevan	muevan	movieran-iesen	movieren
	muya	muyera-yese	muyere
muye	muyas	muyeras-yeses	muyeres
muya	muya	muyera-yese	muyere
muyamos	muyamos	muyéramos-yésemos	muyéremos
muid	muyáis	muyerais-yeseis	muyereis
muyan	muyan	muyeran-yesen	muyeren
	mulla	mullera-ese	mullere
mulle	mullas	mulleras-eses	mulleres
mulla	mulla	mullera-ese	mullere
mullamos	mullamos	mulléramos-ésemos	mulléremos
mullid	mulláis	mullerais-eseis	mullereis
mullan	mullan	mulleran-esen	mulleren
	muña	muñera-ese	muñere
muñe	muñas	muñeras-eses	muñeres
muña	muña	muñera-ese	muñere
muñamos	muñamos	muñéramos-ésemos	muñéremos
muñid	muñáis	muñerais-eseis	muñereis
muñan	muñan	muñeran-esen	muñeren
	nazca	naciera-iese	naciere
nace	nazcas	nacieras-ieses	nacieres
nazca	nazca	naciera-iese	naciere
nazcamos	nazcamos	naciéramos-iésemos	naciéremos
naced	nazcáis	nacierais-ieseis	naciereis
nazcan	nazcan	nacieran-iesen	nacieren
	niegue	negara-ase	negare
niega	niegues	negaras-ases	negares
niegue	niegue	negara-ase	negare
neguemos	neguemos	negáramos-ásemos	negáremos
negad	neguéis	negarais-aseis	negareis
nieguen	nieguen	negaran-asen	negaren
	negrezca	negreciera-iese	negreciere
negrece	negrezcas	negrecieras-ieses	negrecieres
negrezca	negrezca	negreciera-iese	negreciere
negrezcamos	negrezcamos	negreciéramos-iésemos	negreciéremos
negreced	negrezcáis	negrecierais-ieseis	negreciereis
negrezcan	negrezcan	negrecieran-iesen	negrecieren

musitar mustiarse mutilar nacionalizar nadar nafrar nagualear nagualizar najarse nal-
guear namorar nancear nanear narcotizar naricear narigonear narrar nasalizar nascer
naturalizar naufragar naurar nausear navajear navegar navigar nazarear neblinear necear
necesitar necrosificar negociar negrear negreguear nejar nembrar neniar nerviar nesgar

INFINITIVO	INDICATIVO			POTENCIAL
simple	presente	pret. indefinido	fut. imperfecto	simple o imp.
NEVAR nevando nevado	nieva	nevó	nevará	nevaría
NOBLECER nobleciendo noblecido	noblezco nobleces noblece noblecemos noblecéis noblecen	noblecí nobleciste nobleció noblecimos noblecisteis noblecieron	nobleceré noblecerás noblecerá nobleceremos nobleceréis noblecerán	noblecería noblecerías noblecería nobleceríamos nobleceríais noblecerían
OBEDECER obedeciendo obedecido	obedezco obedeces obedece obedecemos obedecéis obedecen	obedecí obedeciste obedeció obedecimos obedecisteis obedecieron	obedeceré obedecerás obedecerá obedeceremos obedeceréis obedecerán	obedecería obedecerías obedecería obedeceríamos obedeceríais obedecerían
OBSCURECER obscureciendo obscurecido	obscurezco obscureces obscurece obscurecemos obscurecéis obscurecen	obscurecí obscureciste obscureció obscurecimos obscurecisteis obscurecieron	obscureceré obscurecerás obscurecerá obscureceremos obscureceréis obscurecerán	obscurecería obscurecerías obscurecería obscureceríamos obscureceríais obscurecerían
OBSTRUIR obstruyendo obstruido	obstruyo obstruyes obstruye obstruimos obstruís obstruyen	obstruí obstruiste obstruyó obstruimos obstruisteis obstruyeron	obstruiré obstruirás obstruirá obstruiremos obstruiréis obstruirán	obstruiría obstruirías obstruiría obstruiríamos obstruiríais obstruirían
OFRECER ofreciendo ofrecido	ofrezco ofreces ofrece ofrecemos ofrecéis ofrecen	ofrecí ofreciste ofreció ofrecimos ofrecisteis ofrecieron	ofreceré ofrecerás ofrecerá ofreceremos ofreceréis ofrecerán	ofrecería ofrecerías ofrecería ofreceríamos ofreceríais ofrecerían
OÍR oyendo oído	oigo oyes oye oímos oís oyen	oí oíste oyó oímos oísteis oyeron	oiré oirás oirá oiremos oiréis oirán	oiría oirías oiría oiríamos oiríais oirían

ob|tener   oc|luir

neumar neurotizar neutralizar neutrodinar neviscar * nielar nimbar niñear niquelar niquelizar nitratar nitrificar nitrogenar nitrosificar nivelar nixquesar nocer nocir noctambular nombrar nominar noquear nordestear nordovestear normalizar normanizar normar noroestear nortear noruestear notar noticiar notificar novar novelar novelear novelizar noviar nublar nucir nudrir nulificar numerar nunciar nutrir ñafiar ñafitear ñafrar ñamar ñangar 'ñangotarse ñanguear ñapar ñapear ñarrear ñatear ñauar ñequear ñipar ñongarse ñongotarse ñonguear ñoñar ñoñear ñublar ñuscar ñutir obcecar obcegar obelar

IMPERATIVO	SUBJUNTIVO		
presente	presente	pretérito imperfecto	fut. imperfecto
	nieve	nevara-ase	nevare
	noblezca	nobleciera-iese	nobleciere
noblece	noblezcas	noblecieras-ieses	noblecieres
noblezca	noblezca	nobleciera-iese	nobleciere
noblezcamos	noblezcamos	nobleciéramos-iésemos	nobleciéremos
nobleced	noblezcáis	noblecierais-ieseis	nobleciereis
noblezcan	noblezcan	noblecieran-iesen	noblecieren
	obedezca	obedeciera-iese	obedeciere
obedece	obedezcas	obedecieras-ieses	obedecieres
obedezca	obedezca	obedeciera-iese	obedeciere
obedezcamos	obedezcamos	obedeciéramos-iésemos	obedeciéremos
obedeced	obedezcáis	obedecierais-ieseis	obedeciereis
obedezcan	obedezcan	obedecieran-iesen	obedecieren
	obscurezca	obscureciera-iese	obscureciere
obscurece	obscurezcas	obscurecieras-ieses	obscurecieres
obscurezca	obscurezca	obscureciera-iese	obscureciere
obscurezcamos	obscurezcamos	obscureciéramos-iésemos	obscureciéremos
obscureced	obscurezcáis	obscurecierais-ieseis	obscureciereis
obscurezcan	obscurezcan	obscurecieran-iesen	obscurecieren
	obstruya	obstruyera-yese	obstruyere
obstruye	obstruyas	obstruyeras-yeses	obstruyeres
obstruya	obstruya	obstruyera-yese	obstruyere
obstruyamos	obstruyamos	obstruyéramos-yésemos	obstruyéremos
obstruid	obstruyáis	obstruyerais-yeseis	obstruyereis
obstruyan	obstruyan	obstruyeran-yesen	obstruyeren
	ofrezca	ofreciera-iese	ofreciere
ofrece	ofrezcas	ofrecieras-ieses	ofrecieres
ofrezca	ofrezca	ofreciera-iese	ofreciere
ofrezcamos	ofrezcamos	ofreciéramos-iésemos	ofreciéremos
ofreced	ofrezcáis	ofrecierais-ieseis	ofreciereis
ofrezcan	ofrezcan	ofrecieran-iesen	ofrecieren
	oiga	oyera-yese	oyere
oye	oigas	oyeras-yeses	oyeres
oiga	oiga	oyera-yese	oyere
oigamos	oigamos	oyéramos-yésemos	oyéremos
oíd	oigáis	oyerais-yeseis	oyereis
oigan	oigan	oyeran-yesen	oyeren

obenquiar   obispar   objetar   objetivar   oblar   oblicuar   obligar   obliterar   obnubilar   obrar
obscurar   obsecrar   obseder   obsediar   obsequiar   observar   obsesionar   obstaculizar   obstar
obstinarse   obstruccionar   obstruir   obtemperar   obturar   obviar   ocalear   ocasionar   ocelar
ociar   ociosear   octavar   octavear   octaviar   octuplicar   ocultar   ocupar   ocuparse   ocurrir
ochar   ochavar   odiar   odiosear   ofender   oficializar   oficiar   ofrendar   ofuscar   ojalar   ojar

Esencialmente impersonal.

INFINITIVO	INDICATIVO			POTENCIAL
simple	presente	pret. indefinido	fut. imperfecto	simple o imp.
OLER oliendo olido	huelo hueles huele olemos oléis huelen	olí oliste olió olimos olisteis olieron	oleré olerás olerá oleremos oleréis olerán	olería olerías olería oleríamos oleríais olerían
ONECER oneciendo onecido	onezco oneces onece onecemos onecéis onecen	onecí oneciste oneció onecimos onecisteis onecieron	oneceré onecerás onecerá oneceremos oneceréis onecerán	onecería onecerías onecería oneceríamos oneceríais onecerían
ORECER oreciendo orecido	orezco oreces orece orecemos orecéis orecen	orecí oreciste oreció orecimos orecisteis orecieron	oreceré orecerás orecerá oreceremos oreceréis orecerán	orecería orecerías orecería oreceríamos oreceríais orecerían
ORFANECER orfaneciendo orfanecido	orfanezco orfaneces orfanece orfanecemos orfanecéis orfanecen	orfanecí orfaneciste orfaneció orfanecimos orfanecisteis orfanecieron	orfaneceré orfanecerás orfanecerá orfaneceremos orfaneceréis orfanecerán	orfanecería orfanecerías orfanecería orfaneceríamos orfaneceríais orfanecerían
ORGULLECER orgulleciendo orgullecido	orgullezco orgulleces orgullece orgullecemos orgullecéis orgullecen	orgullecí orgulleciste orgulleció orgullecimos orgullecisteis orgullecieron	orgulleceré orgullecerás orgullecerá orgulleceremos orgulleceréis orgullecerán	orgullecería orgullecerías orgullecería orgulleceríamos orgulleceríais orgullecerían
OSCURECER oscureciendo oscurecido	oscurezco oscureces oscurece oscurecemos oscurecéis oscurecen	oscurecí oscureciste oscureció oscurecimos oscurecisteis oscurecieron	oscureceré oscurecerás oscurecerá oscureceremos oscureceréis oscurecerán	oscurecería oscurecerías oscurecería oscureceríamos oscureceríais oscurecerían
PACENTAR pacentando pacentado	paciento pacientas pacienta pacentamos pacentáis pacientan	pacenté pacentaste pacentó pacentamos pacentasteis pacentaron	pacentaré pacentarás pacentará pacentaremos pacentaréis pacentarán	pacentaría pacentarías pacentaría pacentaríamos pacentaríais pacentarían

o|poner

ojear ojetear ojetillar ojotarse olear oletear olfatear oliscar olivar olorizar olorosar
olvidar ombligar ominar omitir oncear ondear ondrar ondular onotar opacar opacificar
opear operar opilar opilarse opinar opositar opresar oprimir oprobiar opsonificar
opsonizar optar opugnar orar orbayar orbitar ordenar ordeñar ordinar orear orejar

IMPERATIVO	SUBJUNTIVO		
presente	presente	pretérito imperfecto	fut. imperfecto
	huela	oliera-iese	oliere
huele	huelas	olieras-ieses	olieres
huela	huela	oliera-iese	oliere
olamos	olamos	oliéramos-iésemos	oliéremos
oled	oláis	olierais-ieseis	oliereis
huelan	huelan	olieran-iesen	olieren
	onezca	oneciera-iese	oneciere
onece	onezcas	onecieras-ieses	onecieres
onezca	onezca	oneciera-iese	oneciere
onezcamos	onezcamos	oneciéramos-iésemos	oneciéremos
oneced	onezcáis	onecierais-ieseis	oneciereis
onezcan	onezcan	onecieran-iesen	onecieren
	orezca	oreciera-iese	oreciere
orece	orezcas	orecieras-ieses	orecieres
orezca	orezca	oreciera-iese	oreciere
orezcamos	orezcamos	oreciéramos-iésemos	oreciéremos
oreced	orezcáis	orecierais-ieseis	oreciereis
orezcan	orezcan	orecieran-iesen	orecieren
	orfanezca	orfaneciera-iese	orfaneciere
orfanece	orfanezcas	orfanecieras-ieses	orfanecieres
orfanezca	orfanezca	orfaneciera-iese	orfaneciere
orfanezcamos	orfanezcamos	orfaneciéramos-iésemos	orfaneciéremos
orfaneced	orfanezcáis	orfanecierais-ieseis	orfaneciereis
orfanezcan	orfanezcan	orfanecieran-iesen	orfanecieren
	orgullezca	orgulleciera-iese	orgulleciere
orgullece	orgullezcas	orgullecieras-ieses	orgullecieres
orgullezca	orgullezca	orgulleciera-iese	orgulleciere
orgullezcamos	orgullezcamos	orgulleciéramos-iésemos	orgulleciéremos
orgulleced	orgullezcáis	orgullecierais-ieseis	orgulleciereis
orgullezcan	orgullezcan	orgullecieran-iesen	orgullecieren
	oscurezca	oscureciera-iese	oscureciere
oscurece	oscurezcas	oscurecieras-ieses	oscurecieres
oscurezca	oscurezca	oscureciera-iese	oscureciere
oscurezcamos	oscurezcamos	oscureciéramos-iésemos	oscureciéremos
oscureced	oscurezcáis	oscurecierais-ieseis	oscureciereis
oscurezcan	oscurezcan	oscurecieran-iesen	oscurecieren
	paciente	pacentara-ase	pacentare
pacienta	pacientes	pacentaras-ases	pacentares
paciente	paciente	pacentara-ase	pacentare
pacentemos	pacentemos	pacentáramos-ásemos	pacentáremos
pacentad	pacentéis	pacentarais-aseis	pacentareis
pacienten	pacienten	pacentaran-asen	pacentaren

orejear   orfar   organar   organizar   oriar   orientar   orificar   originar   orillar   orinar   orin-
quear   orlar   ormejar   ornamentar   ornar   ornear   orondear   oropelar   orquestar   ortigar
ortografiar   orvallar   orzar   osar   oscilar   osear   osificar   osificarse   oslar   ostentar   ostiñar
otar   otear   otilar   otoñar   otorgar   ovacionar   ovalar   ovar   overear   ovillar   oxear   oxidar
oxidular   oxigenar   oximar   ozonar   ozonificar   ozonizar   pablar   paccionar   pacificar

INFINITIVO	INDICATIVO			POTENCIAL
simple	presente	pret. indefinido	fut. imperfecto	simple o imp.
PACER	pazco	pací	paceré	pacería
paciendo	paces	paciste	pacerás	pacerías
pacido	pace	pació	pacerá	pacería
	pacemos	pacimos	paceremos	paceríamos
	pacéis	pacisteis	paceréis	paceríais
	pacen	pacieron	pacerán	pacerían
PADECER	padezco	padecí	padeceré	padecería
padeciendo	padeces	padeciste	padecerás	padecerías
padecido	padece	padeció	padecerá	padecería
	padecemos	padecimos	padeceremos	padeceríamos
	padecéis	padecisteis	padeceréis	padeceríais
	padecen	padecieron	padecerán	padecerían
PALIDECER	palidezco	palidecí	palideceré	palidecería
palideciendo	palideces	palideciste	palidecerás	palidecerías
palidecido	palidece	palideció	palidecerá	palidecería
	palidecemos	palidecimos	palideceremos	palideceríamos
	palidecéis	palidecisteis	palideceréis	palideceríais
	palidecen	palidecieron	palidecerán	palidecerían
PARECER	parezco	parecí	pareceré	parecería
pareciendo	pareces	pareciste	parecerás	parecerías
parecido	parece	pareció	parecerá	parecería
	parecemos	parecimos	pareceremos	pareceríamos
	parecéis	parecisteis	pareceréis	pareceríais
	parecen	parecieron	parecerán	parecerían
PEDIR	pido	pedí	pediré	pediría
pidiendo	pides	pediste	pedirás	pedirías
pedido	pide	pidió	pedirá	pediría
	pedimos	pedimos	pediremos	pediríamos
	pedís	pedisteis	pediréis	pediríais
	piden	pidieron	pedirán	pedirían
PENSAR	pienso	pensé	pensaré	pensaría
pensando	piensas	pensaste	pensarás	pensarías
pensado	piensa	pensó	pensará	pensaría
	pensamos	pensamos	pensaremos	pensaríamos
	pensáis	pensasteis	pensaréis	pensaríais
	piensan	pensaron	pensarán	pensarían

pati|quebrar

pactar pachorrear pachotear pachurrar padir padrear padrinear padrotear paganizar
pagar paginar pairar paitar pajarar pajarear pajarolear pajear palabrear paladear
paladinar palanganear palanquear palanquearse palar palatalizar palatizar palear palen-
quear paletear paliar paliquear palmar palmear palmetear palmotear palomear palonear
palotear palpar palpitar palpotear paluchear pallaquear pallar pampanear pam-
pear pamponear panadear pancreatizar pandear panderetear pandorguear panear panegirizar
panelear pangar pangarear panguear paniaguarse panificar panojar panquear pantocar
panucar papachar papalear papalotear papar paparrear papelear papeletear papeletizar
papelonear paporrear papujarse paquear paquetear parabolizar parafinar parafrasear
paragonar parahusar paralar paralelar paraliticarse paralizar paralogizar paramar para-
mear paramentar parangonar parapetarse parar parausar parcelar parcializar parcir
parchar pardear parear parejear parificar parir parkerizar parkesizar parlamentar

IMPERATIVO	SUBJUNTIVO		
presente	presente	pretérito imperfecto	fut. imperfecto
	pazca	paciera-iese	paciere
pace	pazcas	pacieras-ieses	pacieres
pazca	pazca	paciera-iese	paciere
pazcamos	pazcamos	paciéramos-iésemos	paciéremos
paced	pazcáis	pacierais-ieseis	paciereis
pazcan	pazcan	pacieran-iesen	pacieren
	padezca	padeciera-iese	padeciere
padece	padezcas	padecieras-ieses	padecieres
padezca	padezca	padeciera-iese	padeciere
padezcamos	padezcamos	padeciéramos-iésemos	padeciéremos
padeced	padezcáis	padecierais-ieseis	padeciereis
padezcan	padezcan	padecieran-iesen	padecieren
	palidezca	palideciera-iese	palideciere
palidece	palidezcas	palidecieras-ieses	palidecieres
palidezca	palidezca	palideciera-iese	palideciere
palidezcamos	palidezcamos	palideciéramos-iésemos	palideciéremos
palideced	palidezcáis	palidecierais-ieseis	palideciereis
palidezcan	palidezcan	palidecieran-iesen	palidecieren
	parezca	pareciera-iese	pareciere
parece	parezcas	parecieras-ieses	parecieres
parezca	parezca	pareciera-iese	pareciere
parezcamos	parezcamos	pareciéramos-iésemos	pareciéremos
pareced	parezcáis	parecierais-ieseis	pareciereis
parezcan	parezcan	parecieran-iesen	parecieren
	pida	pidiera-iese	pidiere
pide	pidas	pidieras-ieses	pidieres
pida	pida	pidiera-iese	pidiere
pidamos	pidamos	pidiéramos-iésemos	pidiéremos
pedid	pidáis	pidierais-ieseis	pidiereis
pidan	pidan	pidieran-iesen	pidieren
	piense	pensara-ase	pensare
piensa	pienses	pensaras-ases	pensares
piense	piense	pensara-ase	pensare
pensemos	pensemos	pensáramos-ásemos	pensáremos
pensad	penséis	pensarais-aseis	pensareis
piensen	piensen	pensaran-asen	pensaren

parlamentear parlar parlotear parodiar parolar parpadear parpar parquear parrafear parrandear parrar partear participar particularizar partir parvear parvificar pasamanar pasaportar pasaportear pasar pascar pasear pasigrafiar pasmar paspar pasquinar pastar pastear pastelear pasterizar pasteurizar pastorear pastorizar pasturar patalear patale- tear patear patentar patentizar patinar patochear patojear patolear patraquear patriar patrocinar patronear patrullar patulequear patullar paular pausar pautar pavear pavimentar pavonar pavonear pavordear payanar payanear payar pealar pebrinar pecar pecilgar pecorear pectar pechacar pechar pedacear pedalear pedantear pedazar peder peer pegar pegostear pegotear peguntar peinar peindrar pelambrar pelar pelear pelechar pelegrinar pelichear peligrar pelotear peludear pellizcar penar pencar pendejear pendenciar pender pendonear pendrar penejar penejear penetrar penitenciar pensar pensionar pensionarse peñarse peñasquear peñerar peñiscar peñizcar peñorar peonar

INFINITIVO	INDICATIVO			POTENCIAL
simple	presente	pret. indefinido	fut. imperfecto	simple o imp.
PERCOLLAR	percuello	percollé	percollaré	percollaría
percollando	percuellas	percollaste	percollarás	percollarías
percollado	percuella	percolló	percollará	percollaría
	percollamos	percollamos	percollaremos	percollaríamos
	percolláis	percollasteis	percollaréis	percollaríais
	percuellan	percollaron	percollarán	percollarían
PERDER	pierdo	perdí	perderé	perdería
perdiendo	pierdes	perdiste	perderás	perderías
perdido	pierde	perdió	perderá	perdería
	perdemos	perdimos	perderemos	perderíamos
	perdéis	perdisteis	perderéis	perderíais
	pierden	perdieron	perderán	perderían
PERECER	perezco	perecí	pereceré	perecería
pereciendo	pereces	pereciste	perecerás	perecerías
perecido	perece	pereció	perecerá	perecería
	perecemos	perecimos	pereceremos	pereceríamos
	perecéis	perecisteis	pereceréis	pereceríais
	perecen	perecieron	perecerán	perecerían
PERMANECER	permanezco	permanecí	permaneceré	permanecería
permaneciendo	permaneces	permaneciste	permanecerás	permanecerías
permanecido	permanece	permaneció	permanecerá	permanecería
	permanecemos	permanecimos	permaneceremos	permaneceríamos
	permanecéis	permanecisteis	permaneceréis	permaneceríais
	permanecen	permanecieron	permanecerán	permanecerían
PERQUIRIR	perquiero	perquirí	perquiriré	perquiriría
perquiriendo	perquieres	perquiriste	perquirirás	perquirirías
perquerido	perquiere	perquirió	perquirirá	perquiriría
	perquerimos	perquirimos	perquiriremos	perquiriríamos
	perquerís	perquiristeis	perquiriréis	perquiriríais
	perquieren	perquirieron	perquirirán	perquirirían
PERTENECER	pertenezco	pertenecí	perteneceré	pertenecería
perteneciendo	perteneces	perteneciste	pertenecerás	pertenecerías
pertenecido	pertenece	perteneció	pertenecerá	pertenecería
	pertenecemos	pertenecimos	perteneceremos	perteneceríamos
	pertenecéis	pertenecisteis	perteneceréis	perteneceríais
	pertenecen	pertenecieron	pertenecerán	pertenecerían
PERVERTIR	pervierto	pervertí	pervertiré	pervertiría
pervirtiendo	perviertes	pervertiste	pervertirás	pervertirías
pervertido	pervierte	pervirtió	pervertirá	pervertiría
	pervertimos	pervertimos	pervertiremos	pervertiríamos
	pervertís	pervertisteis	pervertiréis	pervertiríais
	pervierten	pervirtieron	pervertirán	pervertirían

peri|ponerse perni|quebrar per|seguir

peorar pepear pepenar peptonificar peptonizar peragrar peraltar percanzar percatar
percibir percontear percudir percutir perchar perchonar perchufar perdigar perdonar
perdurar perecear peregrinar perennizar perfeccionar perfectivar perfilar perforar perfumar perfumear pergeniar pergeñar perhinchir periclitar perifollar perifonear perifrasear perigear periodiquear periquear perjudicar perjudicarse perjurar perlificar per-

IMPERATIVO	SUBJUNTIVO		
presente	presente	pretérito imperfecto	fut. imperfecto
	percuelle	percollara-ase	percollare
percuella	percuelles	percollaras-ases	percollares
percuelle	percuelle	percollara-ase	percollare
percollemos	percollemos	percolláramos-ásemos	percolláremos
percollad	percolléis	percollarais-aseis	percollareis
percuellen	percuellen	percollaran-asen	percollaren
	pierda	perdiera-iese	perdiere
pierde	pierdas	perdieras-ieses	perdieres
pierda	pierda	perdiera-iese	perdiere
perdamos	perdamos	perdiéramos-iésemos	perdiéremos
perded	perdáis	perdierais-ieseis	perdiereis
pierdan	pierdan	perdieran-iesen	perdieren
	perezca	pereciera-iese	pereciere
perece	perezcas	perecieras-ieses	perecieres
perezca	perezca	pereciera-iese	pereciere
perezcamos	perezcamos	pereciéramos-iésemos	pereciéremos
pereced	perezcáis	perecierais-ieseis	pereciereis
perezcan	perezcan	perecieran-iesen	perecieren
	permanezca	permaneciera-iese	permaneciere
permanece	permanezcas	permanecieras-ieses	permanecieres
permanezca	permanezca	permaneciera-iese	permaneciere
permanezcamos	permanezcamos	permaneciéramos-iésemos	permaneciéremos
permaneced	permanezcáis	permanecierais-ieseis	permaneciereis
permanezcan	permanezcan	permanecieran-iesen	permanecieren
	perquiera	perquiriera-iese	perquiriere
perquiere	perquieras	perquirieras-ieses	perquirieres
perquiera	perquiera	perquiriera-iese	perquiriere
perquiramos	perquiramos	perquiriéramos-iésemos	perquiriéremos
perquerid	perquiráis	perquirierais-ieseis	perquiriereis
perquieran	perquieran	perquirieran-iesen	perquirieren
	pertenezca	perteneciera-iese	perteneciere
pertenece	pertenezcas	pertenecieras-ieses	pertenecieres
pertenezca	pertenezca	perteneciera-iese	perteneciere
pertenezcamos	pertenezcamos	perteneciéramos-iésemos	perteneciéremos
perteneced	pertenezcáis	pertenecierais-ieseis	perteneciereis
pertenezcan	pertenezcan	pertenecieran-iesen	pertenecieren
	pervierta	pervirtiera-iese	pervirtiere
pervierte	perviertas	pervirtieras-ieses	pervirtieres
pervierta	pervierta	pervirtiera-iese	pervirtiere
pervirtamos	pervirtamos	pervirtiéramos-iésemos	pervirtiéremos
pervertid	pervirtáis	pervirtierais-ieseis	pervirtiereis
perviertan	perviertan	pervirtieran-iesen	pervirtieren

longar   permitir   permutar   pernear   pernoctar   pernochar   pernotar   perorar   peroxidar
perpasar   perpenar   perpetrar   perpetuar   perpulir   perscrutar   perseverar   persianizar   per-
signar   persistir   personalizar   personarse   personificar   perspirar   persuadir   pertiguear
pertrechar   pertuguear   perturbar   peruanizar   pervertir   pervivir   pervulgar   pesar   pescar
pescocear   pescudar   pesetear   pesiar   pespitear   pespuntar   pespuntear

INFINITIVO	INDICATIVO			POTENCIAL
simple	presente	pret. indefinido	fut. imperfecto	simple o imp.
PESQUERIR	pesquiero	pesquerí	pesqueriré	pesqueriría
pesquiriendo	pesquieres	pesqueriste	pesquerirás	pesquerirías
pesquerido	pesquiere	pesquirió	pesquerirá	pesqueriría
	pesquerimos	pesquerimos	pesqueriremos	pesqueriríamos
	pesquerís	pesqueristeis	pesqueriréis	pesqueriríais
	pesquieren	pesquirieron	pesquerirán	pesquerirían
PESQUIRIR	pesquiero	pesquirí	pesquiriré	pesquiriría
pesquiriendo	pesquieres	pesquiriste	pesquirirás	pesquirirías
pesquirido	pesquiere	pesquirió	pesquirirá	pesquiriría
	pesquirimos	pesquirimos	pesquiriremos	pesquiriríamos
	pesquirís	pesquiristeis	pesquiriréis	pesquiriríais
	pesquieren	pesquirieron	pesquirirán	pesquirirían
PIMPOLLECER	pimpollezco	pimpollecí	pimpolleceré	pimpollecería
pimpolleciendo	pimpolleces	pimpolleciste	pimpollecerás	pimpollecerías
pimpollecido	pimpollece	pimpolleció	pimpollecerá	pimpollecería
	pimpollecemos	pimpollecimos	pimpolleceremos	pimpolleceríamos
	pimpollecéis	pimpollecisteis	pimpolleceréis	pimpolleceríais
	pimpollecen	pimpollecieron	pimpollecerán	pimpollecerían
PLACER	plazco	plací	placeré	placería
placiendo	places	placiste	placerás	placerías
placido	place	plació-plugo	placerá	placería
	placemos	placimos	placeremos	placeríamos
	placéis	placisteis	placeréis	placeríais
	placen	placieron-pluguieron	placerán	placerían
PLAÑIR	plaño	plañí	plañiré	plañiría
plañendo	plañes	plañiste	plañirás	plañirías
plañido	plañe	plañó	plañirá	plañiría
	plañimos	plañimos	plañiremos	plañiríamos
	plañís	plañisteis	plañiréis	plañiríais
	plañen	plañeron	plañirán	plañirían
PLASTECER	plastezco	plastecí	plasteceré	plastecería
plasteciendo	plasteces	plasteciste	plastecerás	plastecerías
plastecido	plastece	plasteció	plastecerá	plastecería
	plastecemos	plastecimos	plasteceremos	plasteceríamos
	plastecéis	plastecisteis	plasteceréis	plasteceríais
	plastecen	plastecieron	plastecerán	plastecerían

pesquisar pestañar pestañear pestiñar petaquear petar petardear peticionar petrificar piafar pialar piar picanear picar picardear picarizar picazar picotear picurearse picharse pichinchar pichinchear pichipararse pichisebear pichisidear picholear pichonear pichulear pifar pifiar pignorar pijotear pilar pilcar pilfarse pilguarse pilonar pilotear piltrafear pillar pillear pimplar pimpollear pinar pincelar pinchar pinchulear pindarizar pindonguear pinenear pingar pingorotear pingotear pinguetear pinjar pintar pintarrajar pintarrajear pintear pintiguar pintiparar pintonear pintorear pintoretear pin-

IMPERATIVO	SUBJUNTIVO		
presente	presente	pretérito imperfecto	fut. imperfecto
	pesquiera	pesquiriera-iese	pesquiriere
pesquiere	pesquieras	pesquirieras-ieses	pesquirieres
pesquiera	pesquiera	pesquiriera-iese	pesquiriere
pesquiramos	pesquiramos	pesquiriéramos-iésemos	pesquiriéremos
pesquerid	pesquiráis	pesquirierais-ieseis	pesquiriereis
pesquieran	pesquieran	pesquirieran-iesen	pesquirieren
	pesquiera	pesquiriera-iese	pesquiriere
pesquiere	pesquieras	pesquirieras-ieses	pesquirieres
pesquiera	pesquiera	pesquiriera-iese	pesquiriere
pesquiramos	pesquiramos	pesquiriéramos-iésemos	pesquiriéremos
pesquirid	pesquiráis	pesquirierais-ieseis	pesquiriereis
pesquieran	pesquieran	pesquirieran-iesen	pesquirieren
	pimpollezca	pimpolleciera-iese	pimpolleciere
pimpollece	pimpollezcas	pimpollecieras-ieses	pimpollecieres
pimpollezca	pimpollezca	pimpolleciera-iese	pimpolleciere
pimpollezcamos	pimpollezcamos	pimpolleciéramos-iésemos	pimpolleciéremos
pimpolleced	pimpollezcáis	pimpollecierais-ieseis	pimpolleciereis
pimpollezcan	pimpollezcan	pimpollecieran-iesen	pimpollecieren
	plazca	placiera-iese	placiere
place	plazcas	placieras-ieses	placieres
plazca-plegue	plazca	placiera-pluguiera-iese	placiere-pluguiere
plazcamos	plazcamos	placiéramos-iésemos	placiéremos
placed	plazcáis	placierais-ieseis	placiereis
plazcan	plazcan	placieran-iesen	placieren
	plaña	plañera-ese	plañere
plañe	plañas	plañeras-eses	plañeres
plaña	plaña	plañera-ese	plañere
plañamos	plañamos	plañéramos-ésemos	plañéremos
plañid	plañáis	plañerais-eseis	plañereis
plañan	plañan	plañeran-esen	plañeren
	plastezca	plasteciera-iese	plasteciere
plastece	plastezcas	plastecieras-ieses	plastecieres
plastezca	plastezca	plasteciera-iese	plasteciere
plastezcamos	plastezcamos	plasteciéramos-iésemos	plasteciéremos
plasteced	plastezcáis	plastecierais-ieseis	plasteciereis
plastezcan	plastezcan	plastecieran-iesen	plastecieren

---

torrear   pintorretear   pinturear   pinzar   piñear   piñiscar   piñizcar   piñonear   piñonguear
piñorar   piolar   pipar   pipetar   pipetear   pipiar   piquear   piquichonear   piquinear   pirar
pirarse   piratear   pircar   pirogenar   pirograbar   piropear   pirquinear   pirrarse   pirronizar
piruetear   pisar   piscar   pisonear   pisotear   pistar   pistolear   pitagorizar   pitar   pitarrasear
pitear   pitirrear   pitojear   pitorrearse   piular   pivotear   pizcar   placar   placear   placentearse
plagar   plagiar   plajear   planchar   planchear   planear   planificar   plantar   plantear   plantificar
plantillar   plaquear   plasmar   plastear   platear   platicar   platinar   platonizar   playear

INFINITIVO	INDICATIVO			POTENCIAL
simple	presente	pret. indefinido	fut. imperfecto	simple o imp.
PLEGAR plegando plegado	pliego pliegas pliega plegamos plegáis pliegan	plegué plegaste plegó plegamos plegasteis plegaron	plegaré plegarás plegará plegaremos plegaréis plegarán	plegaría plegarías plegaría plegaríamos plegaríais plegarían
POBLAR poblando poblado	pueblo pueblas puebla poblamos pobláis pueblan	poblé poblaste pobló poblamos poblasteis poblaron	poblaré poblarás poblará poblaremos poblaréis poblarán	poblaría poblarías poblaría poblaríamos poblaríais poblarían
PODECER podeciendo podecido	podezco podeces podece podecemos podecéis podecen	podecí podeciste podeció podecimos podecisteis podecieron	podeceré podecerás podecerá podeceremos podeceréis podecerán	podecería podecerías podecería podeceríamos podeceríais podecerían
PODER pudiendo podido	puedo puedes puede podemos podéis pueden	pude pudiste pudo pudimos pudisteis pudieron	podré podrás podrá podremos podréis podrán	podría podrías podría podríamos podríais podrían
PODRECER podreciendo podrecido	podrezco podreces podrece podrecemos podrecéis podrecen	podrecí podreciste podreció podrecimos podrecisteis podrecieron	podreceré podrecerás podrecerá podreceremos podreceréis podrecerán	podrecería podrecerías podrecería podreceríamos podreceríais podrecerían
PODRIR pudriendo podrido	pudro pudres pudre podrimos podrís pudren	podrí podriste pudrió podrimos podristeis pudrieron	podriré podrirás podrirá podriremos podriréis podrirán	podriría podrirías podriría podriríamos podriríais podrirían
POLIR poliendo polido	polimos polís	polí poliste polió polimos polisteis polieron	poliré polirás polirá poliremos poliréis polirán	poliría polirías poliría poliríamos poliríais polirían

---

plegar   pleitear   plisar   plomar   plomear   plorar   plumajear   plumear   pluralizar   pobretear
pocear   podar   podenquear   poetar   poetizar   pojar   polarizar   polcar   polemizar   polimerizarse

IMPERATIVO	SUBJUNTIVO		
presente	presente	pretérito imperfecto	fut. imperfecto
	pliegue	plegara-ase	plegare
pliega	pliegues	plegaras-ases	plegares
pliegue	pliegue	plegara-ase	plegare
pleguemos	pleguemos	plegáramos-ásemos	plegáremos
plegad	pleguéis	plegarais-aseis	plegareis
plieguen	plieguen	plegaran-asen	plegaren
	pueble	poblara-ase	poblare
puebla	puebles	poblaras-ases	poblares
pueble	pueble	poblara-ase	poblare
poblemos	poblemos	pobláramos-ásemos	pobláremos
poblad	pobléis	poblarais-aseis	poblareis
pueblen	pueblen	poblaran-asen	poblaren
	podezca	podeciera-iese	podeciere
podece	podezcas	podecieras-ieses	podecieres
podezca	podezca	podeciera-iese	podeciere
podezcamos	podezcamos	podeciéramos-iésemos	podeciéremos
podeced	podezcáis	podecierais-ieseis	podeciereis
podezcan	podezcan	podecieran-iesen	podecieren
	pueda	pudiera-iese	pudiere
puede	puedas	pudieras-ieses	pudieres
pueda	pueda	pudiera-iese	pudiere
podamos	podamos	pudiéramos-iésemos	pudiéremos
poded	podáis	pudierais-ieseis	pudiereis
puedan	puedan	pudieran-iesen	pudieren
	podrezca	podreciera-iese	podreciere
podrece	podrezcas	podrecieras-ieses	podrecieres
podrezca	podrezca	podreciera-iese	podreciere
podrezcamos	podrezcamos	podreciéramos-iésemos	podreciéremos
podreced	podrezcáis	podrecierais-ieseis	podreciereis
podrezcan	podrezcan	podrecieran-iesen	podrecieren
	pudra	pudriera-iese	pudriere
pudre	pudras	pudrieras-ieses	pudrieres
pudra	pudra	pudriera-iese	pudriere
pudramos	pudramos	pudriéramos-iésemos	pudriéremos
podrid	pudráis	pudrierais-ieseis	pudriereis
pudran	pudran	pudrieran-iesen	pudrieren
		poliera-iese	poliere
		polieras-ieses	polieres
		poliera-iese	poliere
		poliéramos-iésemos	poliéremos
polid		polierais-ieseis	poliereis
		polieran-iesen	polieren

polinizar   politipar   politiquear   politizar   pololear   poltronear   poltronizarse   polvificar   polvorear   polvorizar   pompar   pompear   pomponearse   poncharse   ponchear   ponderar   pontazguear

INFINITIVO	INDICATIVO			POTENCIAL
simple	presente	pret. indefinido	fut. imperfecto	simple o imp.
PONER	pongo	puse	pondré	pondría
poniendo	pones	pusiste	pondrás	pondrías
puesto	pone	puso	pondrá	pondría
	ponemos	pusimos	pondremos	pondríamos
	ponéis	pusisteis	pondréis	pondríais
	ponen	pusieron	pondrán	pondrían
POSTAR	puesto	posté	postaré	postaría
postando	puestas	postaste	postarás	postarías
postado	puesta	postó	postará	postaría
	postamos	postamos	postaremos	postaríamos
	postáis	postasteis	postaréis	postaríais
	puestan	postaron	postarán	postarían
PREDECIR	predigo	predije	predeciré	predeciría
prediciendo	predices	predijiste	predecirás	predecirías
predicho	predice	predijo	predecirá	predeciría
	predecimos	predijimos	predeciremos	predeciríamos
	predecís	predijisteis	predeciréis	predeciríais
	predicen	predijeron	predecirán	predecirían
PREFERIR	prefiero	preferí	preferiré	preferiría
prefiriendo	prefieres	preferiste	preferirás	preferirías
preferido	prefiere	prefirió	preferirá	preferiría
	preferimos	preferimos	preferiremos	preferiríamos
	preferís	preferisteis	preferiréis	preferiríais
	prefieren	prefirieron	preferirán	preferirían
PRETERIR	pretiero	preterí	preteriré	preteriría
pretiriendo	pretieres	preteriste	preterirás	preterirías
preterido	pretiere	pretirió	preterirá	preteriría
	preterimos	preterimos	preteriremos	preteriríamos
	preterís	preteristeis	preteriréis	preteriríais
	pretieren	pretirieron	preterirán	preterirían
PREVALECER	prevalezco	prevalecí	prevaleceré	prevalecería
prevaleciendo	prevaleces	prevaleciste	prevalecerás	prevalecerías
prevalecido	prevalece	prevaleció	prevalecerá	prevalecería
	prevalecemos	prevalecimos	prevaleceremos	prevaleceríamos
	prevalecéis	prevalecisteis	prevaleceréis	prevaleceríais
	prevalecen	prevalecieron	prevalecerán	prevalecerían

pos|poner pre|concebir pre|conocer predis|poner pre|elegir pre|establecer pre|ferir pre|ducir

pontear pontificar ponzoñar popar poporear popular popularizar porcar pordiosear porfiar porfijar porfirizar porgar porhijar pormenorizar poromear porracear porrear portar portarse portazgar portear portillar poruñear porvidar posar posarse posdatar poseer posesionar posibilitar postear postergar postilar postrar postrarse postsincronizar postular potabilizar potar potenciar potrear poyar pozar practicar prear prebendar precaucionarse precautelar precaver precaverse preceder preceptar preceptuar preciar precingir precintar precipitar precipitarse precisar precitar preconizar predefinir pre-

IMPERATIVO	SUBJUNTIVO		
presente	presente	pretérito imperfecto	fut. imperfecto
	ponga	pusiera-iese	pusiere
pon	pongas	pusieras-ieses	pusieres
ponga	ponga	pusiera-iese	pusiere
pongamos	pongamos	pusiéramos-iésemos	pusiéremos
poned	pongáis	pusierais-ieseis	pusiereis
pongan	pongan	pusieran-iesen	pusieren
	pueste	postara-ase	postare
puesta	puestes	postaras-ases	postares
pueste	pueste	postara-ase	postare
postemos	postemos	postáramos-ásemos	postáremos
postad	postéis	postarais-aseis	postareis
puesten	puesten	postaran-asen	postaren
	prediga	predijera-jese	predijere
predice	predigas	predijeras-jeses	predijeres
prediga	prediga	predijera-jese	predijere
predigamos	predigamos	predijéramos-jèsemos	predijéremos
predecid	predigáis	predijerais-jeseis	predijereis
predigan	predigan	predijeran-jesen	predijeren
	prefiera	prefiriera-iese	prefiriere
prefiere	prefieras	prefirieras-ieses	prefirieres
prefiera	prefiera	prefiriera-iese	prefiriere
prefiramos	prefiramos	prefiriéramos-iésemos	prefiriéremos
preferid	prefiráis	prefirierais-ieseis	prefiriereis
prefieran	prefieran	prefirieran-iesen	prefirieren
	pretiera	pretiriera-iese	pretiriere
pretiere	pretieras	pretirieras-ieses	pretirieres
pretiera	pretiera	pretiriera-iese	pretiriere
pretiramos	pretiramos	pretiriéramos-iésemos	pretiriéremos
preterid	pretiráis	pretirierais-ieseis	pretiriereis
pretieran	pretieran	pretirieran-iesen	pretirieren
	prevalezca	prevaleciera-iese	prevaleciere
prevalece	prevalezcas	prevalecieras-ieses	prevalecieres
prevalezca	prevalezca	prevaleciera-iese	prevaleciere
prevalezcamos	prevalezcamos	prevaleciéramos-iésemos	prevaleciéremos
prevaleced	prevalezcáis	prevalecierais-ieseis	prevaleciereis
prevalezcan	prevalezcan	prevalecieran-iesen	prevalecieren

---

pre|morir   pre|mostrar   pre|poner   pr|escribir   pre|sentir   presu|poner   pre|tender

---

destinar   predeterminar   predicar   predominar   preentonar   preexistir   prefabricar   prefigurar
prefijar   prefinir   pregar   pregonar   preguntar   pregustar   prejuzgar   preludiar   premeditar
premiar   premitir   prendar   prendarse   prender   prenotar   prensar   prenunciar   preñar
preocupar   preopinar   preordinar   preorganizar   preparar   prepararse   preponderar   preposterar
presagiar   presar   prescindir   presenciar   presentar   preservar   preservarse   presidiar
presidir   presionar   prestar   prestidigitar   prestigiar   prestir   presumir   presupuestar
pretensar   pretermitir   preternaturalizar   pretextar   pretinar   prevaricar

INFINITIVO	INDICATIVO			POTENCIAL
simple	presente	pret. indefinido	fut. imperfecto	simple o imp.
PROBAR probando probado	pruebo pruebas prueba probamos probáis prueban	probé probaste probó probamos probasteis probaron	probaré probarás probará probaremos probaréis probarán	probaría probarías probaría probaríamos probaríais probarían
PRODUCIR produciendo producido	produzco produces produce producimos producís producen	produje produjiste produjo produjimos produjisteis produjeron	produciré producirás producirá produciremos produciréis producirán	produciría producirías produciría produciríamos produciríais producirían
PROFERIR profiriendo proferido	profiero profieres profiere proferimos proferís profieren	proferí proferiste profirió proferimos proferisteis profirieron	proferiré proferirás proferirá proferiremos proferiréis proferirán	proferiría proferirías proferiría proferiríamos proferiríais proferirían
PROSTITUIR prostituyendo prostituido	prostituyo prostituyes prostituye prostituimos prostituís prostituyen	prostituí prostituiste prostituyó prostituimos prostituisteis prostituyeron	prostituiré prostituirás prostituirá prostituiremos prostituiréis prostituirán	prostituiría prostituirías prostituiría prostituiríamos prostituiríais prostituirían
PROVECER proveciendo provecido	provezco proveces provece provecemos provecéis provecen	provecí proveciste proveció provecimos provecisteis provecieron	proveceré provecerás provecerá proveceremos proveceréis provecerán	provecería provecerías provecería proveceríamos proveceríais provecerían
PROVEER proveyendo proveído|provisto	proveo provees provee proveemos proveéis proveen	proveí proveiste proveyó proveímos proveísteis proveyeron	proveeré proveerás proveerá proveeremos proveeréis proveerán	proveería proveerías proveería proveeríamos proveeríais proveerían

pre|valer   pre|venir   pre|ver   pro|mover   pro|poner   pro|(e)scribir   pro|seguir   prosu|poner

previlejar   priar   primar   primearse   primeriar   primorear   principar   principiar   pringar
prisar   priscar   prismatizar   privar   privarse   privilegiar   privillejar   proceder   procesar
proclamar   procrear   procurar   prodigar   proejar   proejear   profanar   profanizar   profazar
profesar   profetar   profetizar   profijar   profligar   profundar   profundizar   programar   progresar
prohibir   prohijar   proletarizar   prolijear   prologar   prologuizar   prolongar   promanar   pro-

IMPERATIVO	SUBJUNTIVO		
presente	presente	pretérito imperfecto	fut. imperfecto

	pruebe	probara-ase	probare
prueba	pruebes	probaras-ases	probares
pruebe	pruebe	probara-ase	probare
probemos	probemos	probáramos-ásemos	probáremos
probad	probéis	probarais-aseis	probareis
prueben	prueben	probaran-asen	probaren

	produzca	produjera-jese	produjere
produce	produzcas	produjeras-jeses	produjeres
produzca	produzca	produjera-jese	produjere
produzcamos	produzcamos	produjéramos-jésemos	produjéremos
producid	produzcáis	produjerais-jeseis	produjereis
produzcan	produzcan	produjeran-jesen	produjeren

	profiera	profiriera-iese	profiriere
profiere	profieras	profirieras-ieses	profirieres
profiera	profiera	profiriera-iese	profiriere
profiramos	profiramos	profiriéramos-iésemos	profiriéremos
proferid	profiráis	profirierais-ieseis	profiriereis
profieran	profieran	profirieran-iesen	profirieren

	prostituya	prostituyera-yese	prostituyere
prostituye	prostituyas	prostituyeras-yeses	prostituyeres
prostituya	prostituya	prostituyera-yese	prostituyere
prostituyamos	prostituyamos	prostituyéramos-yésemos	prostituyéremos
prostituid	prostituyáis	prostituyerais-yeseis	prostituyereis
prostituyan	prostituyan	prostituyeran-yesen	prostituyeren

	provezca	proveciera-iese	proveciere
provece	provezcas	provecieras-ieses	provecieres
provezca	provezca	proveciera-iese	proveciere
provezcamos	provezcamos	proveciéramos-iésemos	proveciéremos
proveced	provezcáis	provecierais-ieseis	proveciereis
provezcan	provezcan	provecieran-iesen	provecieren

	provea	proveyera-yese	proveyere
provee	proveas	proveyeras-yeses	proveyeres
provea	provea	proveyera-yese	proveyere
proveamos	proveamos	proveyéramos-yésemos	proveyéremos
proveed	proveáis	proveyerais-yeseis	proveyereis
provean	provean	proveyeran-yesen	proveyeren

---

pro|venir

---

mediar   prometer   promiscuar   promocionar   promulgar   pronosticar   pronturiar   pronunciar   propagar   propalar   propasar   propasarse   propiciar   propinar   proporcionar   propositar   pro-pugnar   propulsar   prorratear   prorrogar   prorrumpir   prosaizar   prosear   prosificar   pros-pectar   prosperar   prosternarse   prostrar   protagonizar   proteger   protestar   protocolar   pro-vagar   provenzalizar   proverbiar   providenciar   provocar   proyectar   prudenciar   puar   pubescer

INFINITIVO	INDICATIVO			POTENCIAL
simple	presente	pret. indefinido	fut. imperfecto	simple o imp.

QUEBRAR	quiebro	quebré	quebraré	quebraría
quebrando	quiebras	quebraste	quebrarás	quebrarías
quebrado	quiebra	quebró	quebrará	quebraría
	quebramos	quebramos	quebraremos	quebraríamos
	quebráis	quebrasteis	quebraréis	quebraríais
	quiebran	quebraron	quebrarán	quebrarían

QUERER	quiero	quise	querré	querría
queriendo	quieres	quisiste	querrás	querrías
querido	quiere	quiso	querrá	querría
	queremos	quisimos	querremos	querríamos
	queréis	quisisteis	querréis	querríais
	quieren	quisieron	querrán	querrían

RAER	rao-raigo	raí	raeré	raería
rayendo	raes	raíste	raerás	raerías
raído	rae	rayó	raerá	raería
	raemos	raímos	raerem...	raeríamos
	raéis	raísteis	raeréis	raeríais
	raen	rayeron	raerán	raerían

RAREFACER	rarefago	rarefice	rarefaré	rarefaría
rarefaciendo	rarefaces	rareficiste	rarefarás	rarefarías
rarefacto	rareface	rarefizo	rareferá	rarefaría
	rarefacemos	rareficimos	rarefaremos	rarefaríamos
	rarefacéis	rareficisteis	rarefaréis	rarefaríais
	rarefacen	rareficieron	rareferán	rarefarían

REBLANDECER	reblandezco	reblandecí	reblandeceré	reblandecería
reblandeciendo	reblandeces	reblandeciste	reblandecerás	reblandecerías
reblandecido	reblandece	reblandeció	reblandecerá	reblandecería
	reblandecemos	reblandecimos	reblandeceremos	reblandeceríamos
	reblandecéis	reblandecisteis	reblandeceréis	reblandeceríais
	reblandecen	reblandecieron	reblandecerán	reblandecerían

---

re|abrir   re|agradecer   re|aparecer   re|apretar   re|aventar   re|bullir

publicar   pucherear   pudelar   pudrir   puertear   puerterear   pugilar   pugnar   pujar   pulgonear
pulimentar   pulir   pulpar   pulpiar   pulsar   pulsear   pulular   pulverizar   punar   puncionar   punchar
pungir   punguear   punir   puntalear   puntar   puntear   puntillar   puntillear   puntualizar   puntuar
punzar   punzonar   puñalear   pupear   purar   purear   purgar   purgarse   purificar   puriscar
purpurar   purpurear   pusuquear   putañear   putear   puyar   quebrajar   quebrajear   quebrantar
quebrazar   quechuizar   quedar   quedarse   quejar   quejarse   quemar   quemarse   querar   quera-
tinizar   querellarse   querer   querochar   quesear   quichuizar   quietar   quilatar   quildear   qui-
lificar   quilombear   quilpar   quiltrear   quillar   quillotrar   quimbear   quimerear   quimerizar
quimificar   quinar   quinchar   quinchonear   quinear   quinguear   quiniar   quinolear   quintar   quin-
tuplicar   quiñar   quisnear   quisquillar   quisquirse   quistarse   quitar   quitarse   quizar   rabear
raberear   rabiar   rabiatar   rabilar   rabizar   rabonar   rabonear   rabosear   rabotar   rabotear
racimar   raciocinar   racionalizar   racionar   rachar   rachizar   radiar   radicalizar   radicar

IMPERATIVO	SUBJUNTIVO		
presente	presente	pretérito imperfecto	fut. imperfecto
	quiebre	quebrara-ase	quebrare
quiebra	quiebres	quebraras-ases	quebrares
quiebre	quiebre	quebrara-ase	quebrare
quebremos	quebremos	quebráramos-ásemos	quebráremos
quebrad	quebréis	quebrarais-aseis	quebrareis
quiebren	quiebren	quebraran-asen	quebraren
	quiera	quisiera-iese	quisiere
quiere	quieras	quisieras-ieses	quisieres
quiera	quiera	quisiera-iese	quisiere
queramos	queramos	quisiéramos-iésemos	quisiéremos
quered	queráis	quisierais-ieseis	quisiereis
quieran	quieran	quisieran-iesen	quisieren
	raiga	rayera-yese	rayere
rae	raigas	rayeras-yeses	rayeres
raiga	raiga	rayera-yese	rayere
raigamos	raigamos	rayéramos-yésemos	rayéremos
raed	raigáis	rayerais-yeseis	rayereis
raigan	raigan	rayeran-yesen	rayeren
	rarefaga	rareficiera-iese	rareficiere
rarefaz o rareface	rarefagas	rareficieras-ieses	rareficieres
rarefaga	rarefaga	rareficiera-iese	rareficiere
rarefagamos	rarefagamos	rareficiéramos-iésemos	rareficiéremos
rarefaced	rarefagáis	rareficierais-ieseis	rareficiereis
rarefagan	rarefagan	rareficieran-iesen	rareficieren
	reblandezca	reblandeciera-iese	reblandeciere
reblandece	reblandezcas	reblandecieras-ieses	reblandecieres
reblandezca	reblandezca	reblandeciera-iese	reblandeciere
reblandezcamos	reblandezcamos	reblandeciéramos-iésemos	reblandeciéremos
reblandeced	reblandezcáis	reblandecierais-ieseis	reblandeciereis
reblandezcan	reblandezcan	reblandecieran-iesen	reblandecieren

---

radiobalizar radiodifundir radiodirigir radiografiar radiolocalizar radiotelefonear radiote-
legrafiar raer rafear rafezar raguar rahezar raicear raigar raimar raizar rajar
rajetear rajuñar ralbar ralear rallar ramajear ramalear ramear ramificarse ramonear
rancar ranciar ranclarse ranchar ranchear ranear ranfuñar rapar rapelar rapiñar
rapizar raposear raptar rapuzar raquear rarificar rasar rasarse rascabuchar rasca-
buchear rascadillar rascar rascuñar rasgar rasguear rasguñar rasmillar raspar raspear
rasponear rasquetear rastillar rastrallar rastrar rastrear rastrillar rastrillear rastrojar
rastrojear rasurar ratear ratificar ratigar ratonar raumear rayar razar raziar razonar
reaccionar reactivar reacuñar readaptar readmitir reafirmar reagravar realegrarse rea-
lizar realquilar realzar reanimar reanudar reaplicar reapreciar rearar rearmar rease-
gurar reasignar reasumir reatar reavivar rebajarse rebajar rebajarse rebalgar rebalsar
reballar rebanar rebanear rebañar rebaquear rebasar rebatir rebautizar rebeber rebelarse

INFINITIVO	INDICATIVO			POTENCIAL
simple	presente	pret. indefinido	fut. imperfecto	simple o imp.
RECENTAR recentando recentado	reciento recientas recienta recentamos recentáis recientan	recenté recentaste recentó recentamos recentasteis recentaron	recentaré recentarás recentará recentaremos recentaréis recentarán	recentaría recentarías recentaría recentaríamos recentaríais recentarían
RECOMENDAR recomendando recomendado	recomiendo recomiendas recomienda recomendamos recomendáis recomiendan	recomendé recomendaste recomendó recomendamos recomendasteis recomendaron	recomendaré recomendarás recomendará recomendaremos recomendaréis recomendarán	recomendaría recomendarías recomendaría recomendaríamos recomendaríais recomendarían
RECORDAR recordando recordado	recuerdo recuerdas recuerda recordamos recordáis recuerdan	recordé recordaste recordó recordamos recordasteis recordaron	recordaré recordarás recordará recordaremos recordaréis recordarán	recordaría recordarías recordaría recordaríamos recordaríais recordarían
RECRUDECER recrudeciendo recrudecido	recrudezco recrudeces recrudece recrudecemos recrudecéis recrudecen	recrudecí recrudeciste recrudeció recrudecimos recrudecisteis recrudecieron	recrudeceré recrudecerás recrudecerá recrudeceremos recrudeceréis recrudecerán	recrudecería recrudecerías recrudecería recrudeceríamos recrudeceríais recrudecerían
REDARGÜIR redarguyendo redargüido	redarguyo redarguyes redarguye redargüimos redargüís redarguyen	redargüí redargüiste redarguyó redargüimos redargüisteis redarguyeron	redargüiré redargüirás redargüirá redargüiremos redargüiréis redargüirán	redargüiría redargüirías redargüiría redargüiríamos redargüiríais redargüirían
REDECIR rediciendo redicho	redigo redices redice redecimos redecís redicen	redije redijiste redijo redijimos redijisteis redijeron	rediciré redecirás redecirá rediciremos rediciréis redecirán	rediciría redecirías rediciría rediciríamos rediciríais redecirían

---

re|caer rec|alentar re|ceñir rec|luir re|cocer re|colar re|colegir re|comenzar recom|poner
re|conducir re|conocer re|constituir re|construir re|contar re|convalecer recon|venir

---

rebellar rebenquear reberar rebezar rebinar reblar rebocar rebollar rebombar reboñar
rebordar rebordear reborujar rebosar rebotar rebozar rebramar rebrillar rebrincar
rebrotar rebruñir rebudiar rebufar rebujar rebumbar reburdear reburujar rebuscar
rebutir rebuznar recabar recabdar recachear recadar recairar recalar recalcar recal-
citrar recalzar recamar recambiar recantar recapacitar recapitular recargar recatar
recatarse recatear recatonear recauchutar recaudar recavar recazar recebar recebojar
recebollar recechar recejar recelar receptar recercar recetar recibir recidivar recin-
char reciprocar recitar reclamar reclavar reclinar reclutar recobrar recodar recodir

IMPERATIVO	SUBJUNTIVO		
presente	presente	pretérito imperfecto	fut. imperfecto
	reciente	recentara-ase	recentare
recienta	recientes	recentaras-ases	recentares
reciente	reciente	recentara-ase	recentare
recentemos	recentemos	recentáramos-ásemos	recentáremos
recentad	recentéis	recentarais-aseis	recentareis
recienten	recienten	recentaran-asen	recentaren
	recomiende	recomendara-ase	recomendare
recomienda	recomiendes	recomendaras-ases	recomendares
recomiende	recomiende	recomendara-ase	recomendare
recomendemos	recomendemos	recomendáramos-ásemos	recomendáremos
recomendad	recomendéis	recomendarais-aseis	recomendareis
recomienden	recomienden	recomendaran-asen	recomendaren
	recuerde	recordara-ase	recordare
recuerda	recuerdes	recordaras-ases	recordares
recuerde	recuerde	recordara-ase	recordare
recordemos	recordemos	recordáramos-ásemos	recordáremos
recordad	recordéis	recordarais-aseis	recordareis
recuerden	recuerden	recordaran-asen	recordaren
	recrudezca	recrudeciera-iese	recrudeciere
recrudece	recrudezcas	recrudecieras-ieses	recrudecieres
recrudezca	recrudezca	recrudeciera-iese	recrudeciere
recrudezcamos	recrudezcamos	recrudeciéramos-iésemos	recrudeciéremos
recrudeced	recrudezcáis	recrudecierais-ieseis	recrudeciereis
recrudezcan	recrudezcan	recrudecieran-iesen	recrudecieren
	redarguya	redarguyera-yese	redarguyere
redarguye	redarguyas	redarguyeras-yeses	redarguyeres
redarguya	redarguya	redarguyera-yese	redarguyere
redarguyamos	redarguyamos	redarguyéramos-yésemos	redarguyéremos
redargüid	redarguyáis	redarguyerais-yeseis	redarguyereis
redarguyan	redarguyan	redarguyeran-yesen	redarguyeren
	rediga	redijera-jese	redijere
redice	redigas	redijeras-jeses	redijeres
rediga	rediga	redijera-jese	redijere
redigamos	redigamos	redijéramos-jésemos	redijéremos
redecid	redigáis	redijerais-jeseis	redijereis
redigan	redigan	redijeran-jesen	redijeren

---

re|cortar re|crecer re|distribuir

---

recoger recolectar recomerse recompartir recompensar reconcentrar reconciliar recon-
comerse recondenar reconectar reconfirmar reconfortar reconquistar reconsiderar recon-
vencer reconvertir recopilar recorrer recortar recorvar recoser recovar recrear re-
crearse recriar recriminar recrujir recruzar rectar rectificar rectorar recuadrar
recubrir recudir recuestar recular recuñar recuperar recurar recurrir recurvar recusar
rechazar rechiflar rechinar rechispear rechistar rechizar rechupar redactar redamar
redar redear redescubrir redhibir rediezmar redilar redilear redimir redituar
redoblar redoblegar redomonear redondear redorar redrar redundar redundir

INFINITIVO	INDICATIVO			POTENCIAL
simple	presente	pret. indefinido	fut. imperfecto	simple o imp.
REDUCIR	reduzco	reduje	reduciré	reduciría
reduciendo	reduces	redujiste	reducirás	reducirías
reducido	reduce	redujo	reducirá	reduciría
	reducimos	redujimos	reduciremos	reduciríamos
	reducís	redujisteis	reduciréis	reduciríais
	reducen	redujeron	reducirán	reducirían
REFERIR	refiero	referí	referiré	referiría
refiriendo	refieres	referiste	referirás	referirías
referido	refiere	refirió	referirá	referiría
	referimos	referimos	referiremos	referiríamos
	referís	referisteis	referiréis	referiríais
	refieren	refirieron	referirán	referirían
REGAR	riego	regué	regaré	regaría
regando	riegas	regaste	regarás	regarías
regado	riega	regó	regará	regaría
	regamos	regamos	regaremos	regaríamos
	regáis	regasteis	regaréis	regaríais
	riegan	regaron	regarán	regarían
REGIR	rijo	regí	regiré	regiría
rigiendo	riges	registe	regirás	regirías
regido	rige	rigió	regirá	regiría
	regimos	regimos	regiremos	regiríamos
	regís	registeis	regiréis	regiríais
	rigen	rigieron	regirán	regirían
REGOLDAR	regüeldo	regoldé	regoldaré	regoldaría
regoldando	regüeldas	regoldaste	regoldarás	regoldarías
regoldado	regüelda	regoldó	regoldará	regoldaría
	regoldamos	regoldamos	regoldaremos	regoldaríamos
	regoldáis	regoldasteis	regoldaréis	regoldaríais
	regüeldan	regoldaron	regoldarán	regoldarían
REGRADECER	regradezco	regradecí	regradeceré	regradecería
regradeciendo	regradeces	regradeciste	regradecerás	regradecerías
regradecido	regradece	regradeció	regradecerá	regradecería
	regradecemos	regradecimos	regradeceremos	regradeceríamos
	regradecéis	regradecisteis	regradeceréis	regradeceríais
	regradecen	regradecieron	regradecerán	regradecerían
REGROSAR	regrueso	regrosé	regrosaré	regrosaría
regrosando	regruesas	regrosaste	regrosarás	regrosarías
regrosado	regruesa	regrosó	regrosará	regrosaría
	regrosamos	regrosamos	regrosaremos	regrosaríamos
	regrosáis	regrosasteis	regrosaréis	regrosaríais
	regruesan	regrosaron	regrosarán	regrosarían

re|doler   re|elegir   re|facer   re|florecer   re|fluir   re|forzar   re|fregar   re|freir

reduplicar   reedificar   reeditar   reeducar   reembarcar   reembargar   reembolsar   reemplazar
reemprender   reencarnar   reenganchar   reengendrar   reensayar   reentrar   reenviar   reenvidar
reestructurar   reexaminar   reexpedir   reexportar   refaccionar   refalar   refeccionar   refertar
refezar   refigurar   refinar   refirmar   refistolear   reflectar   reflejar   reflexionar   refocilar

IMPERATIVO	SUBJUNTIVO		
presente	presente	pretérito imperfecto	fut. imperfecto
	reduzca	redujera-jese	redujere
reduce	reduzcas	redujeras-jeses	redujeres
reduzca	reduzca	redujera-jese	redujere
reduzcamos	reduzcamos	redujéramos-jésemos	redujéremos
reducid	reduzcáis	redujerais-jeseis	redujereis
reduzcan	reduzcan	redujeran-jesen	redujeren
	refiera	refiriera-iese	refiriere
refiere	refieras	refirieras-ieses	refirieres
refiera	refiera	refiriera-iese	refiriere
refiramos	refiramos	refiriéramos-iésemos	refiriéremos
referid	refiráis	refirierais-ieseis	refiriereis
refieran	refieran	refirieran-iesen	refirieren
	riega	regara-ase	regare
riega	riegas	regaras-ases	regares
riegue	riega	regara-ase	regare
reguemos	reguemos	regáramos-ásemos	regáremos
regad	reguéis	regarais-aseis	regareis
rieguen	rieguen	regaran-asen	regaren
	rija	rigiera-iese	rigiere
rige	rijas	rigieras-ieses	rigieres
rija	rija	rigiera-iese	rigiere
rijamos	rijamos	rigiéramos-iésemos	rigiéremos
regid	rijáis	rigierais-ieseis	rigiereis
rijan	rijan	rigieran-iesen	rigieren
	regüelde	regoldara-ase	regoldare
regüelda	regueldes	regoldaras-ases	regoldares
reguelde	regüelde	regoldara-ase	regoldare
regoldemos	regoldemos	regoldáramos-ásemos	regoldáremos
regoldad	regoldéis	regoldarais-aseis	regoldareis
regüelden	regüelden	regoldaran-asen	regoldaren
	regradezca	regradeciera-iese	regradeciere
regradece	regradezcas	regradecieras-ieses	regradecieres
regradezca	regradezca	regradeciera-iese	regradeciere
regradezcamos	regradezcamos	regradeciéramos-iésemos	regradeciéremos
regradeced	regradezcáis	regradecierais-ieseis	regradeciereis
regradezcan	regradezcan	regradecieran-iesen	regradecieren
	regruese	regrosara-ase	regrosare
regruesa	regrueses	regrosaras-ases	regrosares
regruese	regruese	regrosara-ase	regrosare
regrosemos	regrosemos	regrosáramos-ásemos	regrosáremos
regrosad	regroséis	regrosarais-aseis	regrosareis
regruesen	regruesen	regrosaran-asen	regrosaren

re|gañir   regi|mentar

reforjar reformar refractar refrenar refrendar refrescar refriar refrigerar refringir refucilar refugiar refulgir refundir refunfuñar refutar regacear regalar regalarse regalonear regañar regatar regatear regatonear regazar regenerar regentar regentear regimplar regionalizar registrar reglamentar reglar regletear regocijar regodear regolfar regorjarse

INFINITIVO	INDICATIVO			POTENCIAL
simple	presente	pret. indefinido	fut. imperfecto	simple o imp.
REHENDRIR rehindriendo rehendrido	rehíndro rehíndres rehíndre rehendrimos rehendrís rehíndren	rehendrí rehendriste rehindrió rehendrimos rehendristeis rehindrieron	rehendriré rehendrirás rehendrirá rehendriremos rehendriréis rehendrirán	rehendriría rehendrirías rehendriría rehendriríamos rehendriríais rehendrirían
REÍR riendo reído	río ríes ríe reímos reís ríen	reí reíste rió reímos reísteis rieron	reiré reirás reirá reiremos reiréis reirán	reiría reirías reiría reiríamos reiríais reirían
REJUVENECER rejuveneciendo rejuvenecido	rejuvenezco rejuveneces rejuvenece rejuvenecemos rejuvenecéis rejuvenecen	rejuvenecí rejuveneciste rejuveneció rejuvenecimos rejuvenecisteis rejuvenecieron	rejuveneceré rejuvenecerás rejuvenecerá rejuveneceremos rejuveneceréis rejuvenecerán	rejuvenecería rejuvenecerías rejuvenecería rejuveneceríamos rejuveneceríais rejuvenecerían
REMANECER remaneciendo remanecido	remanezco remaneces remanece remanecemos remanecéis remanecen	remanecí remaneciste remaneció remanecimos remanecisteis remanecieron	remaneceré remanecerás remanecerá remaneceremos remaneceréis remanecerán	remanecería remanecerías remanecería remaneceríamos remaneceríais remanecerían
REMENDAR remendando remendado	remiendo remiendas remienda remendamos remendáis remiendan	remendé remendaste remendó remendamos remendasteis remendaron	remendaré remendarás remendará remendaremos remendaréis remendarán	remendaría remendarías remendaría remendaríamos remendaríais remendarían
REMOLAR remolando remolado	remuelo remuelas remuela remolamos remoláis remuelan	remolé remolaste remoló remolamos remolasteis remolaron	remolaré remolarás remolará remolaremos remolaréis remolarán	remolaría remolarías remolaría remolaríamos remolaríais remolarían

---

re|gruñir   re|hacer   re|henchir   re|hender   re|herir   re|herrar   re|hervir   re|hollar   re|huir

regostarse regotrar regraciar regresar reguardar regueretear regüetrar regular regula-
rizar regurgitar rehabilitar rehallar rehartar rehelear rehilar rehogar rehoyar rehugar
rehumectar rehundir rehurtarse rehusar reimpatriar reimportar reinar reincidir rein-
corporar reingresar reinocular reinstalar reintegrar reiterar reivindicar rejacar rejitar
rejonear rejundir rejuntar relabrar relacionar relajar relajear relamer relampaguear

IMPERATIVO	SUBJUNTIVO		
presente	presente	pretérito imperfecto	fut. imperfecto
	rehíndra	rehindriera-iese	rehindriere
rehíndre	rehíndras	rehindrieras-ieses	rehindrieres
rehíndra	rehíndra	rehindriera-iese	rehindriere
rehindramos	rehindramos	rehindriéramos-iésemos	rehindriéremos
rehendrid	rehindráis	rehindrierais-ieseis	rehindriereis
rehíndran	rehíndran	rehindrieran-iesen	rehindrieren
	ría	riera-iese	riere
ríe	rías	rieras-ieses	rieres
ría	ría	riera-iese	riere
riamos	riamos	riéramos-iésemos	riéremos
reíd	riáis	rierais-ieseis	riereis
rían	rían	rieran-iesen	rieren
	rejuvenezca	rejuveneciera-iese	rejuveneciere
rejuvenece	rejuvenezcas	rejuvenecieras-ieses	rejuvenecieres
rejuvenezca	rejuvenezca	rejuveneciera-iese	rejuveneciere
rejuvenezcamos	rejuvenezcamos	rejuveneciéramos-iésemos	rejuveneciéremos
rejuveneced	rejuvenezcáis	rejuvenecierais-ieseis	rejuveneciereis
rejuvenezcan	rejuvenezcan	rejuvenecieran-iesen	rejuvenecieren
	remanezca	remaneciera-iese	remaneciere
remanece	remanezcas	remanecieras-ieses	remanecieres
remanezca	remanezca	remaneciera-iese	remaneciere
remanezcamos	remanezcamos	remaneciéramos-iésemos	remaneciéremos
remaneced	remanezcáis	remanecierais-ieseis	remaneciereis
remanezcan	remanezcan	remanecieran-iesen	remanecieren
	remiende	remendara-ase	remendare
remienda	remiendes	remendaras-ases	remendares
remiende	remiende	remendara-ase	remendare
remendemos	remendemos	remendáramos-ásemos	remendáremos
remendad	remendéis	remendarais-aseis	remendareis
remienden	remienden	remendaran-asen	remendaren
	remuele	remolara-ase	remolare
remuela	remueles	remolaras-ases	remolares
remuele	remuele	remolara-ase	remolare
remolemos	remolemos	remoláramos-ásemos	remoláremos
remolad	remoléis	remolarais-aseis	remolareis
remuelen	remuelen	remolaran-asen	remolaren

---

re|humedecer   re|imprimir   rein|(e)scribir   re|invertir   re|lucir   re|medir   re|moler

relanzar   relatar   relauchar   relauchear   relavar   relaxar   relazar   releer   relegar   relejar
relevar   reliar   religar   relimar   relimpiar   relinchar   relingar   reluchar   relujar   relumbrar
rellanar   rellenar   remachar   remallar   remandar   remangar   remanir   remansarse   remar
remarcar   rematar   rembolsar   remecer   remedar   remediar   remejer   remellar   remembrar
rememorar   remendar   remenear   remesar   remeter   remilgarse   remineralizar   remirar

INFINITIVO	INDICATIVO			POTENCIAL
simple	presente	pret. indefinido	fut. imperfecto	simple o imp.
REMOSTECERSE	remostezco	remostecí	remosteceré	remostecería
remosteciéndose	remosteces	remosteciste	remostecerás	remostecerías
remostecido	remostece	remosteció	remostecerá	remostecería
	remostecemos	remostecimos	remosteceremos	remosteceríamos
	remostecéis	remostecisteis	remosteceréis	remosteceríais
	remostecen	remostecieron	remostecerán	remostecerían
RENDIR	rindo	rendí	rendiré	rendiría
rindiendo	rindes	rendiste	rendirás	rendirías
rendido	rinde	rindió	rendirá	rendiría
	rendimos	rendimos	rendiremos	rendiríamos
	rendís	rendisteis	rendiréis	rendiríais
	rinden	rindieron	rendirán	rendirían
RENEGAR	reniego	renegué	renegaré	renegaría
renegando	reniegas	renegaste	renegarás	renegarías
renegado	reniega	renegó	renegará	renegaría
	renegamos	renegamos	renegaremos	renegaríamos
	renegáis	renegasteis	renegaréis	renegaríais
	reniegan	renegaron	renegarán	renegarían
REPETIR	repito	repetí	repetiré	repetiría
repitiendo	repites	repetiste	repetirás	repetirías
repetido	repite	repitió	repetirá	repetiría
	repetimos	repetimos	repetiremos	repetiríamos
	repetís	repetisteis	repetiréis	repetiríais
	repiten	repitieron	repetirán	repetirían
RENOVAR	renuevo	renové	renovaré	renovaría
renovando	renuevas	renovaste	renovarás	renovarías
renovado	renueva	renovó	renovará	renovaría
	renovamos	renovamos	renovaremos	renovaríamos
	renováis	renovasteis	renovaréis	renovaríais
	renuevan	renovaron	renovarán	renovarían
REÑIR	riño	reñí	reñiré	reñiría
riñendo	riñes	reñiste	reñirás	reñirías
reñido	riñe	riñó	reñirá	reñiría
	reñimos	reñimos	reñiremos	reñiríamos
	reñís	reñisteis	reñiréis	reñiríais
	riñen	riñeron	reñirán	reñirían

re|morder   re|mover   re|mullir   re|nacer   re|negar   re|pacer   re|pensar   re|plegar   re|poblar

remitir remojar remolar remolcar remoldar remolinar remolinear remolonear remollar remondar remontar remontarse remorar remosquearse remostar remozar remplazar rempujar remudar remudiar remugar remunerar remusgar rencionar rencurarse rendar render renegrear rengar renguear reniñar renombrar renquear rentar renunciar renvalsar reoctavar reorganizar repagar repanchigarse repantigarse repapilarse reparar repartir repasar repastar repatriar repechar repeinar repelar repeler repellar repentizar repepenar repercudir repercutir reperiquetear repesar repicar repicotear repinarse

IMPERATIVO		SUBJUNTIVO	
presente	presente	pretérito imperfecto	fut. imperfecto
	remostezca	remosteciera-iese	remosteciere
remostécete	remostezcas	remostecieras-ieses	remostecieres
remostézcase	remostezca	remosteciera-iese	remosteciere
remostezcámonos	remostezcamos	remosteciéramos-iésemos	remosteciéremos
remosteceos	remostezcáis	remostecierais-ieseis	remosteciereis
remostézcanse	remostezcan	remostecieran-iesen	remostecieren
	rinda	rindiera-iese	rindiere
rinde	rindas	rindieras-ieses	rindieres
rinda	rinda	rindiera-iese	rindiere
rindamos	rindamos	rindiéramos-iésemos	rindiéremos
rendid	rindáis	rindierais-ieseis	rindiereis
rindan	rindan	rindieran-iesen	rindieren
	reniegue	renegara-ase	renegare
reniega	reniegues	renegaras-ases	renegares
reniegue	reniegue	renegara-ase	renegare
reneguemos	reneguemos	renegáramos-ásemos	renegáremos
renegad	reneguéis	renegarais-aseis	renegareis
renieguen	renieguen	renegaran-asen	renegaren
	repita	repitiera-iese	repitiere
repite	repitas	repitieras-ieses	repitieres
repita	repita	repitiera-iese	repitiere
repitamos	repitamos	repitiéramos-iésemos	repitiéremos
repetid	repitáis	repitierais-ieseis	repitiereis
repitan	repitan	repitieran-iesen	repitieren
	renueve	renovara-ase	renovare
renueva	renueves	renovaras-ases	renovares
renueve	renueve	renovara-ase	renovare
renovemos	renovemos	renováramos-ásemos	renováremos
renovad	renovéis	renovarais-aseis	renovareis
renueven	renueven	renovaran-asen	renovaren
	riña	riñera-ese	riñere
riñe	riñas	riñeras-eses	riñeres
riña	riña	riñera-ese	riñere
riñamos	riñamos	riñéramos-ésemos	riñéremos
reñid	riñáis	riñerais-eseis	riñereis
riñan	riñan	riñeran-esen	riñeren

re|podrir re|poner re|probar re|producir re|quebrar re|saber re|salir r|escribir

repintar repiquetear repisar repispear repizcar replanar replantar replantear replanti-
garse replegar repletar replicar repodar repollar reportar reportear reposar repostar
repreguntar reprehender reprender represar representar reprimir reprisar reprochar
reptar repudiar repudrir   repugnar repujar repulgar repulir repulsar repuntar repurgar
reputar requemar requestar requintar requintear requisar requisicionar resabiar resacar
resalar resalgarse resaltar resaludar resallar resanar resarcir resbalar rescaldar
rescatar rescindir rescoldar resoldearse resecar resellar resemblar reseñar reserva⁻

INFINITIVO	INDICATIVO			POTENCIAL
simple	presente	pret. indefinido	fut. imperfecto	simple o imp.
REQUERIR requiriendo requerido	requiero requieres requiere requerimos requerís requieren	requerí requeriste requirió requerimos requeristeis requirieron	requeriré requerirás requerirá requeriremos requeriréis requerirán	requeriría requerirías requeriría requeriríamos requeriríais requerirían
RESCONTRAR rescontrando rescontrado	rescuentro rescuentras rescuentra rescontramos rescontráis rescuentran	rescontré rescontraste rescontró rescontramos rescontrasteis rescontraron	rescontraré rescontrarás rescontrará rescontraremos rescontraréis rescontrarán	rescontraría rescontrarías rescontraría rescontraríamos rescontraríais rescontrarían
RESOLGAR resolgando resolgado	resuelgo resuelgas resuelga resolgamos resolgáis resuelgan	resolgué resolgaste resolgó resolgamos resolgasteis resolgaron	resolgaré resolgarás resolgará resolgaremos resolgaréis resolgarán	resolgaría resolgarías resolgaría resolgaríamos resolgaríais resolgarían
RESOLVER resolviendo resuelto	resuelvo resuelves resuelve resolvemos resolvéis resuelven	resolví resolviste resolvió resolvimos resolvisteis resolvieron	resolveré resolverás resolverá resolveremos resolveréis resolverán	resolvería resolverías resolvería resolveríamos resolveríais resolverían
RESOLLAR resollando resollado	resuello resuellas resuella resollamos resolláis resuellan	resollé resollaste resolló resollamos resollasteis resollaron	resollaré resollarás resollará resollaremos resollaréis resollarán	resollaría resollarías resollaría resollaríamos resollaríais resollarían
RESPLANDECER resplandeciendo resplandecido	resplandezco resplandeces resplandece resplandecemos resplandecéis resplandecen	resplandecí resplandeciste resplandeció resplandecimos resplandecisteis resplandecieron	resplandeceré resplandecerás resplandecerá resplandeceremos resplandeceréis resplandecerán	resplandecería resplandecerías resplandecería resplandeceríamos resplandeceríais resplandecerían
RESTITUIR restituyendo restituido	restituyo restituyes restituye restituimos restituís restituyen	restituí restituiste restituyó restituimos restituisteis restituyeron	restituiré restituirás restituirá restituiremos restituiréis restituirán	restituiría restituirías restituiría restituiríamos restituiríais restituirían

re|segar re|seguir re|sembrar re|sentarse re|sentirse re|soltarse re|sonar res|quebrar

resfalar resfriar residenciar residir resiegar resignar resillar resinar resisar resistir resobar resobrar resondrar resoplar resorber respagilar respailar respaldar respectar

IMPERATIVO	SUBJUNTIVO		
presente	presente	pretérito imperfecto	fut. imperfecto
	requiera	requiriera-iese	requiriere
requiere	requieras	requirieras-ieses	requirieres
requiera	requiera	requiriera-iese	requiriere
requiramos	requiramos	requiriéramos-iésemos	requiriéremos
requerid	requiráis	requirierais-ieseis	requiriereis
requieran	requieran	requirieran-iesen	requirieren
	rescuentre	rescontrara-ase	rescontrare
rescuentra	rescuentres	rescontraras-ases	rescontrares
rescuentre	rescuentre	rescontrara-ase	rescontrare
rescontremos	rescontremos	rescontráramos-ásemos	rescontráremos
rescontrad	rescontréis	rescontrarais-aseis	rescontrareis
rescuentren	rescuentren	rescontraran-asen	rescontraren
	resuelgue	resolgara-ase	resolgare
resuelga	resuelgues	resolgaras-ases	resolgares
resuelgue	resuelgue	resolgara-ase	resolgare
resolguemos	resolguemos	resolgáramos-ásemos	resolgáremos
resolgad	resolguéis	resolgarais-aseis	resolgareis
resuelguen	resuelguen	resolgaran-asen	resolgaren
	resuelva	resolviera-iese	resolviere
resuelve	resuelvas	resolvieras-ieses	resolvieres
resuelva	resuelva	resolviera-iese	resolviere
resolvamos	resolvamos	resolviéramos-iésemos	resolviéremos
resolved	resolváis	resolvierais-ieseis	resolviereis
resuelvan	resuelvan	resolvieran-iesen	resolvieren
	resuelle	resollara-ase	resollare
resuella	resuelles	resollaras-ases	resollares
resuelle	resuelle	resollara-ase	resollare
resollemos	resollemos	resolláramos-ásemos	resolláremos
resollad	resolléis	resollarais-aseis	resollareis
resuellen	resuellen	resollaran-asen	resollaren
	resplandezca	resplandeciera-iese	resplandeciere
resplandece	resplandezcas	resplandecieras-ieses	resplandecieres
resplandezca	resplandezca	resplandeciera-iese	resplandeciere
resplandezcamos	resplandezcamos	resplandeciéramos-iésemos	resplandeciéremos
resplandezcáis	resplandezcáis	resplandecierais-ieseis	resplandeciereis
resplandezcan	resplandezcan	resplandecieran-iesen	resplandecieren
	restituya	restituyera-yese	restituyere
restituye	restituyas	restituyeras-yeses	restituyeres
restituya	restituya	restituyera-yese	restituyere
restituyamos	restituyamos	restituyéramos-yésemos	restituyéremos
restituid	restituyáis	restituyerais-yeseis	restituyereis
restituyan	restituyan	restituyeran-yesen	restituyeren

---

respeluzar respetar respigar respingar respirar responder responsar responsear res-
quebrajar resquemar resquilar resquitar restallar restampar restañar restar restaurar

INFINITIVO	INDICATIVO			POTENCIAL
simple	presente	pret. indefinido	fut. imperfecto	simple o imp.
RESTREGAR restregando restregado	restriego restriegas restriega restregamos restregáis restriegan	restregué restregaste restregó restregamos restregasteis restregaron	restregaré restregarás restregará restregaremos restregaréis restregarán	restregaría restregarías restregaría restregaríamos restregaríais restregarían
RESTRIÑIR restriñendo restriñido	restriño restriñes restriñe restriñimos restriñís restriñen	restriñí restriñiste restriñó restriñimos restriñisteis restriñeron	restriñiré restriñirás restriñirá restriñiremos restriñiréis restriñirán	restriñiría restriñirías restriñiría restriñiríamos restriñiríais restriñirían
RETIÑIR retiñendo retiñido	retiño retiñes retiñe retiñimos retiñís retiñen	retiñí retiñiste retiñó retiñimos retiñisteis retiñeron	retiñiré retiñirás retiñirá retiñiremos retiñiréis retiñirán	retiñiría retiñirías retiñiría retiñiríamos retiñiríais retiñirían
RETOÑECER retoñeciendo retoñecido	retoñezco retoñeces retoñece retoñecemos retoñecéis retoñecen	retoñecí retoñeciste retoñeció retoñecimos retoñecisteis retoñecieron	retoñeceré retoñecerás retoñecerá retoñeceremos retoñeceréis retoñecerán	retoñecería retoñecerías retoñecería retoñeceríamos retoñeceríais retoñecerían
REVEJECER revejeciendo revejecido	revejezco revejeces revejece revejecemos revejecéis revejecen	revejecí revejeciste revejeció revejecimos revejecisteis revejecieron	revejeceré revejecerás revejecerá revejeceremos revejeceréis revejecerán	revejecería revejecerías revejecería revejeceríamos revejeceríais revejecerían
REVENTAR reventando reventado	reviento revientas revienta reventamos reventáis revientan	reventé reventaste reventó reventamos reventasteis reventaron	reventaré reventarás reventará reventaremos reventaréis reventarán	reventaría reventarías reventaría reventaríamos reventaríais reventarían
REVERTIR revirtiendo revertido	revierto reviertes revierte revertimos revertís revierten	revertí revertiste revirtió revertimos revertísteis revirtieron	revertiré revertirás revertirá revertiremos revertiréis revertirán	revertiría revertirías revertiría revertiríamos revertiríais revertirían

re|tallecer   re|temblar   re|tener   re|tentar   re|teñir   re|torcer   re|tostar   re|traducir   re|traer

restellar restingar restirarse restrellar restribar restrillar restringir resucitar resudar resultar resumir resurgir resurtir retacar retacear retachar retajar retallar retaquear retar retardar retasar retazar retejar retejer retemplar retesar retestinar retinar retinglar retintinear retir retirar retobar retobear retocar retolicar retomar retoñar retoñecer retorcijar retoricar retornar retortijar retozar retrabar retractar retrancar

IMPERATIVO	SUBJUNTIVO		
presente	presente	pretérito imperfecto	fut. imperfecto
	restriegue	restregara-ase	restregare
restriega	restriegues	restregaras-ases	restregares
restriegue	restriegue	restregara-ase	restregare
restreguemos	restreguemos	restregáramos-ásemos	restregáremos
restregad	restreguéis	restregarais-aseis	restregareis
restrieguen	restrieguen	restregaran-asen	restregaren
	restriña	restriñera-ese	restriñere
restriñe	restriñas	restriñeras-eses	restriñeres
restriña	restriña	restriñera-ese	restriñere
restriñamos	restriñamos	restriñéramos-ésemos	restriñéremos
restriñid	restriñáis	restriñerais-eseis	restriñereis
restriñan	restriñan	restriñeran-esen	restriñeren
	retiña	retiñera-ese	retiñere
retiñe	retiñas	retiñeras-eses	retiñeres
retiña	retiña	retiñera-ese	retiñere
retiñamos	retiñamos	retiñéramos-ésemos	retiñéremos
retiñid	retiñáis	retiñerais-eseis	retiñereis
retiñan	retiñan	retiñeran-esen	retiñeren
	retoñezca	retoñeciera-iese	retoñeciere
retoñece	retoñezcas	retoñecieras-ieses	retoñecieres
retoñezca	retoñezca	retoñeciera-iese	retoñeciere
retoñezcamos	retoñezcamos	retoñeciéramos-iésemos	retoñeciéremos
retoñeced	retoñezcáis	retoñecierais-ieseis	retoñeciereis
retoñezcan	retoñezcan	retoñecieran-iesen	retoñecieren
	revejezca	revejeciera-iese	revejeciere
revejece	revejezcas	revejecieras-ieses	revejecieres
revejezca	revejezca	revejeciera-iese	revejeciere
revejezcamos	revejezcamos	revejeciéramos-iésemos	revejeciéremos
revejeced	revejezcáis	revejecierais-ieseis	revejeciereis
revejezcan	revejezcan	revejecieran-iesen	revejecieren
	reviente	reventara-ase	reventare
revienta	revientes	reventaras-ases	reventares
reviente	reviente	reventara-ase	reventare
reventemos	reventemos	reventáramos-ásemos	reventáremos
reventad	reventéis	reventarais-aseis	reventareis
revienten	revienten	reventaran-asen	reventaren
	revierta	revirtiera-iese	revirtiere
revierte	reviertas	revirtieras-ieses	revirtieres
revierta	revierta	revirtiera-iese	revirtiere
revirtamos	revirtamos	revirtiéramos-iésemos	revirtiéremos
revertid	revirtáis	revirtierais-ieseis	revirtiereis
reviertan	reviertan	revirtieran-iesen	revirtieren

re|tribuir re|trocar re|tronar retro|traer re|venir re|ver re|verdecer re|verter re|vestir

retranquear retransmitir retrasar retratar retrechar retreparse retrillar retrobar retro-
ceder retrogradar retrovacunar retrovender retrucar retumbar retundir reunir reuntar
revacunar revalidar revalorizar revaluar revegetar revejirse revelar reveler revenar
revencer revender reverar reverberar reverenciar reversar revesar revezar revidar
revinar revindicar revirar revisar revistar revitar revivar revivificar revivir revocar

INFINITIVO	INDICATIVO			POTENCIAL
simple	presente	pret. indefinido	fut. imperfecto	simple o imp.
ROBUSTECER robusteciendo robustecido	robustezco robusteces robustece robustecemos robustecéis robustecen	robustecí robusteciste robusteció robustecimos robustecisteis robustecieron	robusteceré robustecerás robustecerá robusteceremos robusteceréis robustecerán	robustecería robustecerías robustecería robusteceríamos robusteceríais robustecerían
RODAR rodando rodado	ruedo ruedas rueda rodamos rodáis ruedan	rodé rodaste rodó rodamos rodasteis rodaron	rodaré rodarás rodará rodaremos rodaréis rodarán	rodaría rodarías rodaría rodaríamos rodaríais rodarían
ROER royendo roído	roigo-roo roes roe roemos roéis roen	roí roiste royó roímos roísteis royeron	roeré roerás roerá roeremos roeréis roerán	roería roerías roería roeríamos roeríais roerían
ROGAR rogando rogado	ruego ruegas ruega rogamos rogáis ruegan	rogué rogaste rogó rogamos rogasteis rogaron	rogaré rogarás rogará rogaremos rogaréis rogarán	rogaría rogarías rogaría rogaríamos rogaríais rogarían
ROMPER rompiendo rompido o roto	rompo rompes rompe rompemos rompéis rompen	rompí rompiste rompió rompimos rompisteis rompieron	romperé romperás romperá romperemos romperéis romperán	rompería romperías rompería romperíamos romperíais romperían
SABER sabiendo sabido	sé sabes sabe sabemos sabéis saben	supe supiste supo supimos supisteis supieron	sabré sabrás sabrá sabremos sabréis sabrán	sabría sabrías sabría sabríamos sabríais sabrían

---

re|volcar   re|volar   re|volver

---

revolear   revolotear   revoltear   revolucionar   revotarse   revulsar   reyertar   reyunar
rezagar   rezar   rezondrar   rezongar   rezumar   rezumbar   rezurcir   ribetear   ridiculizar
rielar   rifar   rilar   rimar   rimbombar   ringar   ringletear   ringueletear   rinzar   ripear   ripiar
riscar   risotear   rispar   rispiar   ritmar   rivalizar   rizar   robar   roblar   roblonar   roborar
robrar   rocamborear   rociar   rochar   rochelear   rodajear   rodear   rodrigar   roguetear   rojear   rolar
roldar   rolear   rollar   romadizarse   romanar   romancear   romanizar   romanzar   romear
roncar   roncear   ronchar   rondar   ronquear   ronronear   ronzar   roñar   rorar   rorrear   rosar
rosarse   roscar   rosear   rosegar   rosigar   rosnar   rosquear   rostir   rotar   rotear   rotular
roturar   royarse   rozar   roznar   ruar   rubificar   ruborizar   rubricar   rucanear   rucar   rucear

IMPERATIVO	SUBJUNTIVO		
presente	presente	pretérito imperfecto	fut. imperfecto
	robustezca	robusteciera-iese	robusteciere
robustece	robustezcas	robustecieras-ieses	robustecieres
robustezca	robustezca	robusteciera-iese	robusteciere
robustezcamos	robustezcamos	robusteciéramos-iésemos	robusteciéremos
robusteced	robustezcáis	robustecierais-ieseis	robusteciereis
robustezcan	robustezcan	robustecieran-iesen	robustecieren
	ruede	rodara-ase	rodare
rueda	ruedes	rodaras-ases	rodares
ruede	ruede	rodara-ase	rodare
rodemos	rodemos	rodáramos-ásemos	rodáremos
rodad	rodéis	rodarais-aseis	rodareis
rueden	rueden	rodaran-asen	rodaren
	roa-roiga	royera-yese	royere
roe	roas-roigas	royeras-yeses	royeres
roa-roiga	roa-roiga	royera-yese	royere
roamos-roigamos	roamos-roigamos	royéramos-yésemos	royéremos
roed	roáis	royerais-yeseis	royereis
roan-roigan	roan-roigan	royeran-yesen	royeren
	ruegue	rogara-ase	rogare
ruega	ruegues	rogaras-ases	rogares
ruegue	ruegue	rogara-ase	rogare
roguemos	roguemos	rogáramos-ásemos	rogáremos
rogad	roguéis	rogarais-aseis	rogareis
rueguen	rueguen	rogaran-asen	rogaren
	rompa	rompiera-iese	rompiere
rompe	rompas	rompieras-ieses	rompieres
rompa	rompa	rompiera-iese	rompiere
rompamos	rompamos	rompiéramos-iésemos	rompiéremos
romped	rompáis	rompierais-ieseis	rompiereis
rompan	rompan	rompieran-iesen	rompieren
	sepa	supiera-iese	supiere
sabe	sepas	supieras-ieses	supieres
sepa	sepa	supiera-iese	supiere
sepamos	sepamos	supiéramos-iésemos	supiéremos
sabed	sepáis	supierais-ieseis	supiereis
sepan	sepan	supieran-iesen	supieren

ruciar ruchar rufianear rugar rugir ruinar rujiar rular rumajear rumbar rumbear rumiar rumorarse rumorearse* rundir runfiar runflar runrunear runrunearse ruñar ruñir rusentar rusificar rusticar rustir rustrir rutar rutear rutiar rutilar sabanear sabatizar sablear saborear saborgar sabotear sabrosear saburrar sacar sacarificar saciar saciarse sacramentar sacrificar sacrificarse sacudir sachar saetear safar sagrar sahonarse sahumar sainar sainetear sajar sajelar sajornar salar salariar saldar sa-learse salegar salgar salificar salir salivar salmar salmear salmodiar salmorear

INFINITIVO	INDICATIVO			POTENCIAL
simple	presente	pret. indefinido	fut. imperfecto	simple o imp.
SALIR	salgo	salí	saldré	saldría
saliendo	sales	saliste	saldrás	saldrías
salido	sale	salió	saldrá	saldría
	salimos	salimos	saldremos	saldríamos
	salís	salisteis	saldréis	saldríais
	salen	salieron	saldrán	saldrían
SALPULLIR	salpullo	salpullí	salpulliré	salpulliría
salpullendo	salpulles	salpulliste	salpullirás	salpullirías
salpullido	salpulle	salpulló	salpullirá	salpulliría
	salpullimos	salpullimos	salpulliremos	salpulliríamos
	salpullís	salpullisteis	salpulliréis	salpulliríais
	salpullen	salpulleron	salpullirán	salpullirían
SANGRENTAR	sangriento	sangrenté	sangrentaré	sangrentaría
sangrentando	sangrientas	sangrentaste	sangrentarás	sangrentarías
sangrentado	sangrienta	sangrentó	sangrentará	sangrentaría
	sangrentamos	sangrentamos	sangrentaremos	sangrentaríamos
	sangrentáis	sangrentasteis	sangrentaréis	sangrentaríais
	sangrientan	sangrentaron	sangrentarán	sangrentarían
SARPULLIR	sarpullo	sarpullí	sarpulliré	sarpulliría
sarpullendo	sarpulles	sarpulliste	sarpullirás	sarpullirías
sarpullido	sarpulle	sarpulló	sarpullirá	sarpulliría
	sarpullimos	sarpullimos	sarpulliremos	sarpulliríamos
	sarpullís	sarpullisteis	sarpulliréis	sarpulliríais
	sarpullen	sarpulleron	sarpullirán	sarpullirían
SATISFACER	satisfago	satisfice	satisfaré	satisfaría
satisfaciendo	satisfaces	satisficiste	satisfarás	satisfarías
satisfecho	satisface	satisfizo	satisfará	satisfaría
	satisfacemos	satisficimos	satisfaremos	satisfaríamos
	satisfacéis	satisficisteis	satisfaréis	satisfaríais
	satisfacen	satisficieron	satisfarán	satisfarían
SEDUCIR	seduzco	seduje	seduciré	seduciría
seduciendo	seduces	sedujiste	seducirás	seducirías
seducido	seduce	sedujo	seducirá	seduciría
	seducimos	sedujimos	seduciremos	seduciríamos
	seducís	sedujisteis	seduciréis	seduciríais
	seducen	sedujeron	seducirán	seducirían
SEGAR	siego	segué	segaré	segaría
segando	siegas	segaste	segarás	segarías
segado	siega	segó	segará	segaría
	segamos	segamos	segaremos	segaríamos
	segáis	segasteis	segaréis	segaríais
	siegan	segaron	segarán	segarían

sar|mentar

salmuerarse salomar salpicar salpimentar salpiquear salpresar salsamentar salsear
saltar saltear saludar salvaguardar salvar salvarse sallar samar sambenitar sambutir
sancionar sancochar sandunguear sanear sanforizar sangaretear sangrar sanguificar

IMPERATIVO	SUBJUNTIVO		
presente	presente	pretérito imperfecto	fut. imperfecto
	salga	saliera-iese	saliere
sal	salgas	salieras-ieses	salieres
salga	salga	saliera-iese	saliere
salgamos	salgamos	saliéramos-iésemos	saliéremos
salid	salgáis	salierais-ieseis	saliereis
salgan	salgan	salieran-iesen	salieren
	salpulla	salpullera-ese	salpullere
salpulle	salpullas	salpulleras-eses	salpulleres
salpulla	salpulla	salpullera-ese	salpullere
salpullamos	salpullamos	salpulléramos-ésemos	salpulléremos
salpullid	salpulláis	salpullerais-eseis	salpullereis
salpullan	salpullan	salpulleran-esen	salpulleren
	sangriente	sangrentara-ase	sangrentare
sangrienta	sangrientes	sangrentaras-ases	sangrentares
sangriente	sangriente	sangrentara-ase	sangrentare
sangrentemos	sangrentemos	sangrentáramos-ásemos	sangrentáremos
sangrentad	sangrentéis	sangrentarais-aseis	sangrentareis
sangrienten	sangrienten	sangrentaran-asen	sangrentaren
	sarpulla	sarpullera-ese	sarpullere
sarpulle	sarpullas	sarpulleras-eses	sarpulleres
sarpulla	sarpulla	sarpullera-ese	sarpullere
sarpullamos	sarpullamos	sarpulléramos-ésemos	sarpulléremos
sarpullid	sarpulláis	sarpullerais-eseis	sarpullereis
sarpullan	sarpullan	sarpulleran-esen	sarpulleren
	satisfaga	satisficiera-iese	satisficiere
satisface	satisfagas	satisficieras-ieses	satisficieres
satisfaga	satisfaga	satisficiera-iese	satisficiere
satisfagamos	satisfagamos	satisficiéramos-iésemos	satisficiéremos
satisfaced	satisfagáis	satisficierais-ieseis	satisficiereis
satisfagan	satisfagan	satisficieran-iesen	satisficieren
	seduzca	sedujera-jese	sedujere
seduce	seduzcas	sedujeras-jeses	sedujeres
seduzca	seduzca	sedujera-jese	sedujere
seduzcamos	seduzcamos	sedujéramos-jésemos	sedujéremos
seducid	seduzcáis	sedujerais-jeseis	sedujereis
seduzcan	seduzcan	sedujeran-jesen	sedujeren
	siegue	segara-ase	segare
siega	siegues	segaras-ases	segares
siegue	siegue	segara-ase	segare
seguemos	seguemos	segáramos-ásemos	segáremos
segad	seguéis	segarais-aseis	segareis
sieguen	sieguen	segaran-asen	segaren

---

sanguiformar   sanjuanear   santificar   santiguar   sapear   saponificar   sapotear   saquear   sargentear   sarjar   sarrapiar   satelizar   satinar   satirizar   saturar   sazonar   sebear   sebosear   secar   seccionar   secrestar   secretar   secretear   secuestrar   secularizar   secundar   secutar   sedar   sedear   sedimentar   segmentar   segregar   segudar   seguetear   segundar

INFINITIVO	INDICATIVO			POTENCIAL
simple	presente	pret. indefinido	fut. imperfecto	simple o imp.
SEGUIR	sigo	seguí	seguiré	seguiría
siguiendo	sigues	seguiste	seguirás	seguirías
seguido	sigue	siguió	seguirá	seguiría
	seguimos	seguimos	seguiremos	seguiríamos
	seguís	seguisteis	seguiréis	seguiríais
	siguen	siguieron	seguirán	seguirían
SEMBRAR	siembro	sembré	sembraré	sembraría
sembrando	siembras	sembraste	sembrarás	sembrarías
sembrado	siembra	sembró	sembrará	sembraría
	sembramos	sembramos	sembraremos	sembraríamos
	sembráis	sembrasteis	sembraréis	sembraríais
	siembran	sembraron	sembrarán	sembrarían
SENTARSE	siento	senté	sentaré	sentaría
sentándose	sientas	sentaste	sentarás	sentarías
sentado	sienta	sentó	sentará	sentaría
	sentamos	sentamos	sentaremos	sentaríamos
	sentáis	sentasteis	sentaréis	sentaríais
	sientan	sentaron	sentarán	sentarían
SENTIR	siento	sentí	sentiré	sentiría
sintiendo	sientes	sentiste	sentirás	sentirías
sentido	siente	sintió	sentirá	sentiría
	sentimos	sentimos	sentiremos	sentiríamos
	sentís	sentisteis	sentiréis	sentiríais
	sienten	sintieron	sentirán	sentirían
SER	*(Ver la conjugación completa en la página 11.)*			
SERRAR	sierro	serré	serraré	serraría
serrando	sierras	serraste	serrarás	serrarías
serrado	sierra	serró	serrará	serraría
	serramos	serramos	serraremos	serraríamos
	serráis	serrasteis	serraréis	serraríais
	sierran	serraron	serrarán	serrarían
SERVIR	sirvo	serví	serviré	serviría
sirviendo	sirves	serviste	servirás	servirías
servido	sirve	sirvió	servirá	serviría
	servimos	servimos	serviremos	serviríamos
	servís	servisteis	serviréis	serviríais
	sirven	sirvieron	servirán	servirían

se|mentar   sobre|crecer   sobre|dar   sobreen|tender   sobre|estar   sobre|herir   sobre|poner

segurar seisavar selear seleccionar sellar semblantear semblar semejar seminar sen-
derar senderear sensibilizar sensitizar sentenciar señalar señalizar señar señolear
señorear separar sepelir septuplicar sepultar sequiar seranear serenar serenarse seriar
sermonar sermonear serpear serpentear serpollar serranjar serruchar servar serviciar
sesear sesgar sesionar sestar sestear setenar sextaferiar sextavar sextuplicar sietelevar

IMPERATIVO	SUBJUNTIVO		
presente	presente	pretérito imperfecto	fut. imperfecto
	siga	siguiera-iese	siguiere
sigue	sigas	siguieras-ieses	siguieres
siga	siga	siguiera-iese	siguiere
sigamos	sigamos	siguiéramos-iésemos	siguiéremos
seguid	sigáis	siguierais-ieseis	siguiereis
sigan	sigan	siguieran-iesen	siguieren
	siembre	sembrara-ase	sembrare
siembra	siembres	sembraras-ases	sembrares
siembre	siembre	sembrara-ase	sembrare
sembremos	sembremos	sembráramos-ásemos	sembráremos
sembrad	sembréis	sembrarais-aseis	sembrareis
siembren	siembren	sembraran-asen	sembraren
	siente	sentara-ase	sentare
siéntate	sientes	sentaras-ases	sentares
siéntese	siente	sentara-ase	sentare
sentémonos	sentemos	sentáramos-ásemos	sentáremos
sentaos	sentéis	sentarais-aseis	sentareis
siéntense	sienten	sentaran-asen	sentaren
	sienta	sintiera-iese	sintiere
siente	sientas	sintieras-ieses	sintieres
sienta	sienta	sintiera-iese	sintiere
sintamos	sintamos	sintiéramos-iésemos	sintiéremos
sentid	sintáis	sintierais-ieseis	sintiereis
sientan	sientan	sintieran-iesen	sintieren
	sierre	serrara-ase	serrare
sierra	sierres	serraras-ases	serrares
sierre	sierre	serrara-ase	serrare
serremos	serremos	serráramos-ásemos	serráremos
serrad	serréis	serrarais-aseis	serrareis
sierren	sierren	serraran-asen	serraren
	sirva	sirviera-iese	sirviere
sirve	sirvas	sirvieras-ieses	sirvieres
sirva	sirva	sirviera-iese	sirviere
sirvamos	sirvamos	sirviéramos-iésemos	sirviéremos
servid	sirváis	sirvierais-ieseis	sirviereis
sirvan	sirvan	sirvieran-iesen	sirvieren

sobre|salir　sobr|escribir　sobre|sembrar　sobre|solar　sobr|estar　sobre|venir

sigilar　signar　significar　siguetear　silabar　silabear　silabizar　silbar　silenciar　silgar silicatizar　silogizar　simar　simbolizar　simetrizar　simpar　simpatizar　simular　simultanear sinalefar　sincerar　sincerarse　sincopar　sincopizar　sincronizar　sindicar　singar　singlar singularizar　sintetizar　sintonizar　sircar　sirgar　sisar　sisear　sismar　sistemar　sistematizar sitar　sitiar　situar　situarse　soalzar　soasar　sobajar　sobajear　sobar　sobarcar　soberanear

INFINITIVO	INDICATIVO			POTENCIAL
simple	presente	pret. indefinido	fut. imperfecto	simple o imp.
SOBREVERTIR sobrevirtiendo sobrevertido	sobrevierto sobreviertes sobrevierte sobrevertimos sobrevertís sobrevierten	sobrevertí sobrevertiste sobrevirtió sobrevertimos sobrevertisteis sobrevirtieron	sobrevertiré sobrevertirás sobrevertirá sobrevertiremos sobrevertiréis sobrevertirán	sobrevertiría sobrevertirías sobrevertiría sobrevertiríamos sobrevertiríais sobrevertirían
SOCOLLAR socollando socollado	socuello socuellas socuella socollamos socolláis socuellan	socollé socollaste socolló socollamos socollasteis socollaron	socollaré socollarás socollará socollaremos socollaréis socollarán	socollaría socollarías socollaría socollaríamos socollaríais socollarían
SOLAR solando solado	suelo suelas suela solamos soláis suelan	solé solaste soló solamos solasteis solaron	solaré solarás solará solaremos solaréis solarán	solaría solarías solaría solaríamos solaríais solarían
SOLDAR soldando soldado	sueldo sueldas suelda soldamos soldáis sueldan	soldé soldaste soldó soldamos soldasteis soldaron	soldaré soldarás soldará soldaremos soldaréis soldarán	soldaría soldarías soldaría soldaríamos soldaríais soldarían
SOLER* soliendo solido	suelo sueles suele solemos soléis suelen	solí soliste solió solimos solisteis solieron		
SOLTAR soltando soltado	suelto sueltas suelta soltamos soltáis sueltan	solté soltaste soltó soltamos soltasteis soltaron	soltaré soltarás soltará soltaremos soltaréis soltarán	soltaría soltarías soltaría soltaríamos soltaríais soltarían

* Se usa también en pretérito imperfecto, regular.

sobre|verterse sobre|vestir sobre|volar so|fregar so|freír

soberbiar sobordar sobornar sobradar sobrar sobrasar sobrazar sobreabundar sobreaguar
sobrealimentar sobrealzar sobreañadir sobrearar sobreasar sobrebarrer sobrebeber sobre-
calentar sobrecargar sobrecartar sobrecenar sobrecoger sobrecoser sobrecurar sobredorar
sobreedificar sobreelevar sobreestimar sobreexagerar sobreexceder sobreexcitar sobrefundir
sobreganar sobregirar sobrehilar sobrelevar sobrellavar sobrellenar sobrellevar sobrenadar
sobrenaturalizar sobrenombrar sobreostentar sobrepagar sobrepasar sobrepintarse sobre-
poner sobrepujar sobresaltar sobresaltear sobresanar sobresaturar sobreseer sobresellar

IMPERATIVO	SUBJUNTIVO		
presente	presente	pretérito imperfecto	fut. imperfecto
	sobrevierta	sobrevirtiera-iese	sobrevirtiere
sobrevierte	sobreviertas	sobrevirtieras-ieses	sobrevirtieres
sobrevierta	sobrevierta	sobrevirtiera-iese	sobrevirtiere
sobrevirtamos	sobrevirtamos	sobrevirtiéramos-iésemos	sobrevirtiéremos
sobrevertid	sobrevirtáis	sobrevirtierais-ieseis	sobrevirtiereis
sobreviertan	sobreviertan	sobrevirtieran-iesen	sobrevirtieren
	socuelle	socollara-ase	socollare
socuella	socuelles	socollaras-ases	socollares
socuelle	socuelle	socollara-ase	socollare
socollemos	socollemos	socolláramos-ásemos	socolláremos
socollad	socolléis	socollarais-aseis	socollareis
socuellen	socuellen	socollaran-asen	socollaren
	suele	solara-ase	solare
suela	sueles	solaras-ases	solares
suele	suele	solara-ase	solare
solemos	solemos	soláramos-ásemos	soláremos
solad	soléis	solarais-aseis	solareis
suelen	suelen	solaran-asen	solaren
	suelde	soldara-ase	soldare
suelda	sueldes	soldaras-ases	soldares
suelde	suelde	soldara-ase	soldare
soldemos	soldemos	soldáramos-ásemos	soldáremos
soldad	soldéis	soldarais-aseis	soldareis
suelden	suelden	soldaran-asen	soldaren
	suela	soliera-iese	
	suelas	solieras-ieses	
	suela	soliera-iese	
	solamos	soliéramos-iésemos	
	soláis	solierais-ieseis	
	suelan	solieran-iesen	
	suelte	soltara-ase	soltare
suelta	sueltes	soltaras-ases	soltares
suelte	suelte	soltara-ase	soltare
soltemos	soltemos	soltáramos-ásemos	soltáremos
soltad	soltéis	soltarais-aseis	soltareis
suelten	suelten	soltaran-asen	soltaren

sobresolar *   sobretejer   sobrevivir   sobrexceder   sobrexcitar   socalar   socaliñar   socalzar
socapar socar socarrar socavar socializar socochar socolar socollonear socorrer sofaldar
sofisticar soflamar sofocar sofrenar soguear sojuzgar solacear solapar solaquear solarizarse
solazar solear solejar solemnizar soletar soletear solevantar solevar solfear solicitar
solidar solidarizar solidificar soliloquiar soliviantar soliviar solmenar solmisar solmizar

*   *Revestir un suelo.*

INFINITIVO	INDICATIVO			POTENCIAL
simple	presente	pret. indefinido	fut. imperfecto	simple o imp.
SOLVER solviendo suelto	suelvo suelves suelve solvemos solvéis suelven	solví solviste solvió solvimos solvisteis solvieron	solveré solverás solverá solveremos solveréis solverán	solvería solverías solvería solveríamos solveríais solverían
SONAR sonando sonado	sueno suenas suena sonamos sonáis suenan	soné sonaste sonó sonamos sonasteis sonaron	sonaré sonarás sonará sonaremos sonaréis sonarán	sonaría sonarías sonaría sonaríamos sonaríais sonarían
SOÑAR soñando soñado	sueño sueñas sueña soñamos soñáis sueñan	soñé soñaste soñó soñamos soñasteis soñaron	soñaré soñarás soñará soñaremos soñaréis soñarán	soñaría soñarías soñaría soñaríamos soñaríais soñarían
SORDECER sordeciendo sordecido	sordezco sordeces sordece sordecemos sordecéis sordecen	sordecí sordeciste sordeció sordecimos sordecisteis sordecieron	sordeceré sordecerás sordecerá sordeceremos sordeceréis sordecerán	sordecería sordecerías sordecería sordeceríamos sordeceríais sordecerían
SOSEGAR sosegando sosegado	sosiego sosiegas sosiega sosegamos sosegáis sosiegan	sosegué sosegaste sosegó sosegamos sosegasteis sosegaron	sosegaré sosegarás sosegará sosegaremos sosegaréis sosegarán	sosegaría sosegarías sosegaría sosegaríamos sosegaríais sosegarían
SOSTITUIR sostituyendo sostituido	sostituyo sostituyes sostituye sostituimos sostituís sostituyen	sostituí sostituiste sostituyó sostituimos sostituisteis sostituyeron	sostituiré sostituirás sostituirá sostituiremos sostituiréis sostituirán	sostituiría sostituirías sostituiría sostituiríamos sostituiríais sostituirían
SOTERRAR soterrando soterrado	sotierro sotierras sotierra soterramos soterráis sotierran	soterré soterraste soterró soterramos soterrasteis soterraron	soterraré soterrarás soterrará soterraremos soterraréis soterrarán	soterraría soterrarías soterraría soterraríamos soterraríais soterrarían

son|reír   son|rodarse   sol|(r)regar   sos|tener

solterear   solucionar   solvatar   solventar   sollamar   sollisparse   sollozar   somantar   somarrar
somatar   sombrar   sombrear   someter   someterse   somorgujar   somormujar   sompesar   sondar
sondear   sonetear   sonetizar   songuear   sonochar   sonorizar   sonrisar   sonrojar   sonrojear
sonrosar   sonrosear   sonrugirse   sonsacar   sonsañar   sonsear   sonsonetear   sopalancar   sopa-

IMPERATIVO	SUBJUNTIVO		
presente	presente	pretérito imperfecto	fut. imperfecto
	suelva	solviera-iese	solviere
suelve	suelvas	solvieras-ieses	solvieres
suelva	suelva	solviera-iese	solviere
solvamos	solvamos	solviéramos-iésemos	solviéremos
solved	solváis	solvierais-ieseis	solviereis
suelvan	suelvan	solvieran-iesen	solvieren
	suene	sonara-ase	sonare
suena	suenes	sonaras-ases	sonares
suene	suene	sonara-ase	sonare
sonemos	sonemos	sonáramos-ásemos	sonáremos
sonad	sonéis	sonarais-aseis	sonareis
suenen	suenen	sonaran-asen	sonaren
	sueñe	soñara-ase	soñare
sueña	sueñes	soñaras-ases	soñares
sueñe	sueñe	soñara-ase	soñare
soñemos	soñemos	soñáramos-ásemos	soñáremos
soñad	soñéis	soñarais-aseis	soñareis
sueñen	sueñen	soñaran-asen	soñaren
	sordezca	sordeciera-iese	sordeciere
sordece	sordezcas	sordecieras-ieses	sordecieres
sordezca	sordezca	sordeciera-iese	sordeciere
sordezcamos	sordezcamos	sordeciéramos-iésemos	sordeciéremos
sordeced	sordezcáis	sordecierais-ieseis	sordeciereis
sordezcan	sordezcan	sordecieran-iesen	sordecieren
	sosiegue	sosegara-ase	sosegare
sosiega	sosiegues	sosegaras-ases	sosegares
sosiegue	sosiegue	sosegara-ase	sosegare
soseguemos	soseguemos	sosegáramos-ásemos	sosegáremos
sosegad	soseguéis	sosegarais-aseis	sosegareis
sosieguen	sosieguen	sosegaran-asen	sosegaren
	sostituya	sostituyera-yese	sostituyere
sostituye	sostituyas	sostituyeras-yeses	sostituyeres
sostituya	sostituya	sostituyera-yese	sostituyere
sostituyamos	sostituyamos	sostituyéramos-yésemos	sostituyéremos
sostituid	sostituyáis	sostituyerais-yeseis	sostituyereis
sostituyan	sostituyan	sostituyeran-yesen	sostituyeren
	sotierre	soterrara-ase	soterrare
sotierra	sotierres	soterraras-ases	soterrares
sotierre	sotierre	soterrara-ase	soterrare
soterremos	soterremos	soterráramos-ásemos	soterráremos
soterrad	soterréis	soterrarais-aseis	soterrareis
sotierren	sotierren	soterraran-asen	soterraren

pear   sopapiar   sopar   sopear   sopesar   sopetear   soplar   soplonear   soplonizar   soportar
sopuntar   soquear   soquetear   sorber   sormigrar   sornar   sorocharse   sororizar   sorprender
sorprenderse   sorrabar   sorrajar   sorrapear   sorrascar   sorrasear   sorregar   sorrongar
sorrostrar   sorrostricar   sortear   sosacar   sosañar   sosar   soslayar   sospechar   sospesar
sosquinar   sotanear   sotar   sotaventarse   sotaventearse   sotilarse   sotilizar   sovietizar

INFINITIVO	INDICATIVO			POTENCIAL
simple	presente	pret. indefinido	fut. imperfecto	simple o imp.
SUAVECER	suavezco	suavecí	suaveceré	suavecería
suaveciendo	suaveces	suaveciste	suavecerás	suavecerías
suavecido	suavece	suaveció	suavecerá	suavecería
	suavecemos	suavecimos	suaveceremos	suaveceríamos
	suavecéis	suavecisteis	suaveceréis	suaveceríais
	suavecen	suavecieron	suavecerán	suavecerían
SUBSTITUIR	substituyo	substituí	substituiré	substituiría
substituyendo	substituyes	substituiste	substituirás	substituirías
substituido	substituye	substituyó	substituirá	substituiría
	substituimos	substituimos	substituiremos	substituiríamos
	substituís	substituisteis	substituiréis	substituiríais
	substituyen	substituyeron	substituirán	substituirían
SUBVERTIR	subvierto	subvertí	subvertiré	subvertiría
subvirtiendo	subviertes	subvertiste	subvertirás	subvertirías
subvertido	subvierte	subvirtió	subvertirá	subvertiría
	subvertimos	subvertimos	subvertiremos	subvertiríamos
	subvertís	subvertisteis	subvertiréis	subvertiríais
	subvierten	subvirtieron	subvertirán	subvertirían
SUGERIR	sugiero	sugerí	sugeriré	sugeriría
sugiriendo	sugieres	sugeriste	sugerirás	sugerirías
sugerido	sugiere	sugirió	sugerirá	sugeriría
	sugerimos	sugerimos	sugeriremos	sugeriríamos
	sugerís	sugeristeis	sugeriréis	sugeriríais
	sugieren	sugirieron	sugerirán	sugerirían
SUSTITUIR	sustituyo	sustituí	sustituiré	sustituiría
sustituyendo	sustituyes	sustituiste	sustituirás	sustituirías
sustituido|sustituto	sustituye	sustituyó	sustituirá	sustituiría
	sustituimos	sustituimos	sustituiremos	sustituiríamos
	sustituís	sustituisteis	sustituiréis	sustituiríais
	sustituyen	sustituyeron	sustituirán	sustituirían
TALLECER	tallezco	tallecí	talleceré	tallecería
talleciendo	talleces	talleciste	tallecerás	tallecerías
tallecido	tallece	talleció	tallecerá	tallecería
	tallecemos	tallecimos	talleceremos	talleceríamos
	tallecéis	tallecisteis	talleceréis	talleceríais
	tallecen	tallecieron	tallecerán	tallecerían

---

sub|arrendar   suben|tender   sub|(e)scribir   sub|seguir   subs|traer   sub|traer   sub|tender

suavificar suavizar subalquilar subalternar subastar subdelegar subestimar subdistinguir subdividir subfundir subinocular subintrar subir subirse subjectar subjugar subjuzgar sublevar sublimar sublimizar subministrar subordinar subrayar subrogar subsanar subsistir substanciar substantivar subtilizar subtitular subvencionar subyugar suceder succionar suceder sucintarse sucuchear sucumbir sudar suelear suestar suflar sufocar sufragar sufrir sugestionar suicidarse sujetar sujetarse sujuncar sulcar sulfatar sulfilar sulfitar sulfurar sumar sumariar sumergir suministrar sumir sumirse sunchar sunsuniar suntar supeditar superabundar superar supercapitalizar superitar supersaturar supervisar

IMPERATIVO	SUBJUNTIVO		
presente	presente	pretérito imperfecto	fut. imperfecto
	suavezca	suaveciera-iese	suaveciere
suavece	suavezcas	suavecieras-ieses	suavecieres
suavezca	suavezca	suaveciera-iese	suaveciere
suavezcamos	suavezcamos	suaveciéramos-iésemos	suaveciéremos
suaveced	suavezcáis	suavecierais-ieseis	suaveciereis
suavezcan	suavezcan	suavecieran-iesen	suavecieren
	substituya	substituyera-yese	substituyere
substituye	substituyas	substituyeras-yeses	substituyeres
substituya	substituya	substituyera-yese	substituyere
substituyamos	substituyamos	substituyéramos-yésemos	substituyéremos
substituid	substituyáis	substituyerais-yeseis	substituyereis
substituyan	substituyan	substituyeran-yesen	substituyeren
	subvierta	subvirtiera-iese	subvirtiere
subvierte	subviertas	subvirtieras-ieses	subvirtieres
subvierta	subvierta	subvirtiera-iese	subvirtiere
subvirtamos	subvirtamos	subvirtiéramos-iésemos	subvirtiéremos
subvertid	subvirtáis	subvirtierais-ieseis	subvirtiereis
subviertan	subviertan	subvirtieran-iesen	subvirtieren
	sugiera	sugiriera-iese	sugiriere
sugiere	sugieras	sugirieras-ieses	sugirieres
sugiera	sugiera	sugiriera-iese	sugiriere
sugiramos	sugiramos	sugiriéramos-iésemos	sugiriéremos
sugerid	sugiráis	sugirierais-ieseis	sugiriereis
sugieran	sugieran	sugirieran-iesen	sugirieren
	sustituya	sustituyera-yese	sustituyere
sustituye	sustituyas	sustituyeras-yeses	sustituyeres
sustituya	sustituya	sustituyera-yese	sustituyere
sustituyamos	sustituyamos	sustituyéramos-yésemos	sustituyéremos
sustituid	sustituyáis	sustituyerais-yeseis	sustituyereis
sustituyan	sustituyan	sustituyeran-yesen	sustituyeren
	tallezca	talleciera-iese	talleciere
tallece	tallezcas	tallecieras-ieses	tallecieres
tallezca	tallezca	talleciera-iese	talleciere
tallezcamos	tallezcamos	talleciéramos-iésemos	talleciéremos
talleced	tallezcáis	tallecierais-ieseis	talleciereis
tallezcan	tallezcan	tallecieran-iesen	tallecieren

sub|venir superen|tender super|poner super|venir su|poner su|(e)scribir sus|traer

supervivir suplantar suplicar supliciar suplir soportar supositar suprimir supurar suputar
surarse surcar surdir surgir surmontar surquearse surrunguear surtir suscitar suspender
suspirar susquinear sustanciar sustantivar sustentar sustentarse susunguear susurrar
sutilizar suturar tabalear tabaquear tabear tabellar tabernizar tabicar tabicarse tablear
tabletear tabular tacanear tacañear tacar taconear tachar tachonar tafear tafiletear
tagarotear taguar tahurear tailorizar taimarse tajar tajear tajonear tajurear talacar
taladrar talar talionar talonear taludar tallar tamalear tambalear tambar tamborear tamborilear
tamboritear tamillear tamizar tanatear tandear tangalear tanganear tangir tanguear tantear

INFINITIVO	INDICATIVO			POTENCIAL
simple	presente	pret. indefinido	fut. imperfecto	simple o imp.
TAÑER	taño	tañí	tañeré	tañería
tañendo	tañes	tañiste	tañerás	tañerías
tañido	tañe	tañó	tañerá	tañería
	tañemos	tañimos	tañeremos	tañeríamos
	tañéis	tañisteis	tañeréis	tañeríais
	tañen	tañeron	tañerán	tañerían
TARDECER	tardezco	tardecí	tardeceré	tardecería
tardeciendo	tardeces	tardeciste	tardecerás	tardecerías
tardecido	tardece	tardeció	tardecerá	tardecería
	tardecemos	tardecimos	tardeceremos	tardeceríamos
	tardecéis	tardecisteis	tardeceréis	tardeceríais
	tardecen	tardecieron	tardecerán	tardecerían
TEMBLAR	tiemblo	temblé	temblaré	temblaría
temblando	tiemblas	temblaste	temblarás	temblarías
temblado	tiembla	tembló	temblará	temblaría
	temblamos	temblamos	temblaremos	temblaríamos
	tembláis	temblasteis	temblaréis	temblaríais
	tiemblan	temblaron	temblarán	temblarían
TENDER	tiendo	tendí	tenderé	tendería
tendiendo	tiendes	tendiste	tenderás	tenderías
tendido	tiende	tendió	tenderá	tendería
	tendemos	tendimos	tenderemos	tenderíamos
	tendéis	tendisteis	tenderéis	tenderíais
	tienden	tendieron	tenderán	tenderían
TENER	tengo	tuve	tendré	tendría
teniendo	tienes	tuviste	tendrás	tendrías
tenido	tiene	tuvo	tendrá	tendría
	tenemos	tuvimos	tendremos	tendríamos
	tenéis	tuvisteis	tendréis	tendríais
	tienen	tuvieron	tendrán	tendrían
TENTAR	tiento	tenté	tentaré	tentaría
tentando	tientas	tentaste	tentarás	tentarías
tentado	tienta	tentó	tentará	tentaría
	tentamos	tentamos	tentaremos	tentaríamos
	tentáis	tentasteis	tentaréis	tentaríais
	tientan	tentaron	tentarán	tentarían
TEÑIR	tiño	teñí	teñiré	teñiría
tiñendo	tiñes	teñiste	teñirás	teñirías
teñido	tiñe	tiñó	teñirá	teñiría
	teñimos	teñimos	teñiremos	teñiríamos
	teñís	teñisteis	teñiréis	teñiríais
	tiñen	tiñeron	teñirán	teñirían

tañar tapar taparear tapequearse taperujarse tapetar tapialar tapiar tapiñar tapirujarse tapiscar tapizar tapizcar taponar tapujarse taquear taquigrafiar taracear tarantinear tarar tararear tarascar tarazar tardar tarifar tarificar tarjar tarjear tarjetearse tarrascar tarrear tartajear tartalear tartamudear tartarizar tasajear tasar tascar tasquear tastabillar tastar tataratear tataratiar tataretear tatemar tatolear tatuar taylorizar tazar

IMPERATIVO	SUBJUNTIVO		
presente	presente	pretérito imperfecto	fut. imperfecto
	taña	tañera-ese	tañere
tañe	tañas	tañeras-eses	tañeres
taña	taña	tañera-ese	tañere
tañamos	tañamos	tañéramos-ésemos	tañéremos
tañed	tañáis	tañerais-eseis	tañereis
tañan	tañan	tañeran-esen	tañeren
	tardezca	tardeciera-iese	tardeciere
tardece	tardezcas	tardecieras-ieses	tardecieres
tardezca	tardezca	tardeciera-iese	tardeciere
tardezcamos	tardezcamos	tardeciéramos-iésemos	tardeciéremos
tardeced	tardezcáis	tardecierais-ieseis	tardeciereis
tardezcan	tardezcan	tardecieran-iesen	tardecieren
	tiemble	temblara-ase	temblare
tiembla	tiembles	temblaras-ases	temblares
tiemble	tiemble	temblara-ase	temblare
temblemos	temblemos	tembláramos-ásemos	tembláremos
temblad	tembléis	temblarais-aseis	temblareis
tiemblen	tiemblen	temblaran-asen	temblaren
	tienda	tendiera-iese	tendiere
tiende	tiendas	tendieras-ieses	tendieres
tienda	tienda	tendiera-iese	tendiere
tendamos	tendamos	tendiéramos-iésemos	tendiéremos
tended	tendáis	tendierais-ieseis	tendiereis
tiendan	tiendan	tendieran-iesen	tendieren
	tenga	tuviera-iese	tuviere
ten	tengas	tuvieras-ieseis	tuvieres
tenga	tenga	tuviera-iese	tuviere
tengamos	tengamos	tuviéramos-iésemos	tuviéremos
tened	tengáis	tuvierais-ieseis	tuviereis
tengan	tengan	tuvieran-iesen	tuvieren
	tiente	tentara-ase	tentare
tienta	tientes	tentaras-ases	tentares
tiente	tiente	tentara-ase	tentare
tentemos	tentemos	tentáramos-ásemos	tentáremos
tentad	tentéis	tentarais-aseis	tentareis
tienten	tienten	tentaran-asen	tentaren
	tiña	tiñera-ese	tiñere
tiñe	tiñas	tiñeras-eses	tiñeres
tiña	tiña	tiñera-ese	tiñere
tiñamos	tiñamos	tiñéramos-ésemos	tiñéremos
teñid	tiñáis	tiñerais-eseis	tiñereis
tiñan	tiñan	tiñeran-esen	tiñeren

teclear techar tediar tejar tejer telar teledirigir teleferar telefonar telefonear tele-
grafiar telepatizar televisar temar temblequear templetear temer temorizar tempanar
temperar tempestar tempestear templar templarse temporalear temporalizar temporejar
temporizar tenacear tendear tenorizar tensar tentalear tentujar teologizar teorizar
tequiar tercerear terciar terear terebrar tergiversar terminar terquear terraplenar

INFINITIVO	INDICATIVO			POTENCIAL
simple	presente	pret. indefinido	fut. imperfecto	simple o imp.
TERRECER	terrezco	terrecí	terreceré	terrecería
terreciendo	terreces	terreciste	terrecerás	terrecerías
terrecido	terrece	terreció	terrecerá	terrecería
	terrecemos	terrecimos	terreceremos	terreceríamos
	terrecéis	terrecisteis	terreceréis	terreceríais
	terrecen	terrecieron	terrecerán	terrecerían
TOLLECER	tollezco	tollecí	tolleceré	tollecería
tolleciendo	tolleces	tolleciste	tollecerás	tollecerías
tollecido	tollece	tolleció	tollecerá	tollecería
	tollecemos	tollecimos	tolleceremos	tolleceríamos
	tollecéis	tollecisteis	tolleceréis	tolleceríais
	tollecen	tollecieron	tollecerán	tollecerían
TONAR	tueno	toné	tonaré	tonaría
tonando	tuenas	tonaste	tonarás	tonarías
tonado	tuena	tonó	tonará	tonaría
	tonamos	tonamos	tonaremos	tonaríamos
	tonáis	tonasteis	tonaréis	tonaríais
	tuenan	tonaron	tonarán	tonarían
TORCER	tuerzo	torcí	torceré	torcería
torciendo	tuerces	torciste	torcerás	torcerías
torcido	tuerce	torció	torcerá	torcería
	torcemos	torcimos	torceremos	torceríamos
	torcéis	torcisteis	torceréis	torceríais
	tuercen	torcieron	torcerán	torcerían
TORPECER	torpezco	torpecí	torpeceré	torpecería
torpeciendo	torpeces	torpeciste	torpecerás	torpecerías
torpecido	torpece	torpeció	torpecerá	torpecería
	torpecemos	torpecimos	torpeceremos	torpeceríamos
	torpecéis	torpecisteis	torpeceréis	torpeceríais
	torpecen	torpecieron	torpecerán	torpecerían
TOSTAR	tuesto	tosté	tostaré	tostaría
tostando	tuestas	tostaste	tostarás	tostarías
tostado	tuesta	tostó	tostará	tostaría
	tostamos	tostamos	tostaremos	tostaríamos
	tostáis	tostasteis	tostaréis	tostaríais
	tuestan	tostaron	tostarán	tostarían

terrear tersar tertuliar teruterear tesar tesaurizar tesorizar testamentar testar testarear
testerear testificar testiguar testimoniar tetanizar tetar tezar tibiar tichar tifiar tije-
retear tildar tilinguear tilintar tilintear tillar timar timbar timbear timbrar timonear
timpanizarse tincar tindalizar tingar tinglar tinquear tintar tinterillar tintinar tintinear
tinturar tipiar tipificar tiplear tiquear tiramollar tiranizar tirantear tirar tiritar tironear
tirotear titar titear titilar titiritar titubar titubear titular tizar tiznar tizonear toar
tobar tocar tocolotear toldar tolerar toletear toller tollir tomar toncarse tongonearse
tonificar tononcar tononquear tonsurar tontear tontolear topar topear topetear toponear
toquetear toquinear toquitear torear tormentar tornar tornasolar tornear torpear torpedear
torrar torrear tortear tortolear tortorar torturar tosejar toser tosigar totalizar totear totolear
totumear toxicar tozar trabajar trabar trabarse trabucar tracamudear tractar trafagar
traficar tragar tragelar tragonear traguear tragustearse traicionar traillar trajear

IMPERATIVO	SUBJUNTIVO		
presente	presente	pretérito imperfecto	fut. imperfecto
	terrezca	terreciera-iese	terreciere
terrece	terrezcas	terrecieras-ieses	terrecieres
terrezca	terrezca	terreciera-iese	terreciere
terrezcamos	terrezcamos	terreciéramos-iésemos	terreciéremos
terreced	terrezcáis	terrecierais-ieseis	terreciereis
terrezcan	terrezcan	terrecieran-iesen	terrecieren
	tollezca	tolleciera-iese	tolleciere
tollece	tollezcas	tollecieras-ieses	tollecieres
tollezca	tollezca	tolleciera-iese	tolleciere
tollezcamos	tollezcamos	tolleciéramos-iésemos	tolleciéremos
tolleced	tollezcáis	tollecierais-ieseis	tolleciereis
tollezcan	tollezcan	tollecieran-iesen	tollecieren
	tuene	tonara-ase	tonare
tuena	tuenes	tonaras-ases	tonares
tuene	tuene	tonara-ase	tonare
tonemos	tonemos	tonáramos-ásemos	tonáremos
tonad	tonéis	tonarais-aseis	tonareis
tuenen	tuenen	tonaran-asen	tonaren
	tuerza	torciera-iese	torciere
tuerce	tuerzas	torcieras-ieses	torcieres
tuerza	tuerza	torciera-iese	torciere
torzamos	torzamos	torciéramos-iésemos	torciéremos
torced	torzáis	torcierais-ieseis	torciereis
tuerzan	tuerzan	torcieran-iesen	torcieren
	torpezca	torpeciera-iese	torpeciere
torpece	torpezcas	torpecieras-ieses	torpecieres
torpezca	torpezca	torpeciera-iese	torpeciere
torpezcamos	torpezcamos	torpeciéramos-iésemos	torpeciéremos
torpeced	torpezcáis	torpecierais-ieseis	torpeciereis
torpezcan	torpezcan	torpecieran-iesen	torpecieren
	tueste	tostara-ase	tostare
tuesta	tuestes	tostaras-ases	tostares
tueste	tueste	tostara-ase	tostare
tostemos	tostemos	tostáramos-ásemos	tostáremos
tostad	tostéis	tostarais-aseis	tostareis
tuesten	tuesten	tostaran-asen	tostaren

trajelar trajinar tralacarse tralquear trallar tramar trambucar tramitar tramontar tramoyar trampear trampillar trancar trangalearse tranquear tranquilar tranquilizar transar transbordar transcurrir transdoblar transfigurar transflorar transflorear transformar transfretar transfundir transigir transir transitar translimitar translinear transmigrar transmitir transmontar transmudar transmutar transparentarse transpirar transportar transterminar transubstanciar transvasar tranzar trapacear trapalcarse trapalear trapalonear trapazar trapear trapicar trapichar trapichear trapilcar trapisondear trapujear traquear traqueotomizar traquetear traquinar trasanejar trasañejar trasbocar trasbordar trasbucar trascartarse trascender trasconejarse trascorrer trascuñar trascurrir trasdoblar trasdosear trasechar traseñalar trasfigurar trasflorar trasflorear trasfojar trasformar trasfretar trasfundir trasguear trashojar trashumar trasigar trasladar traslapar traslinear trasloar traslumbrar trasmandarse trasmañanar trasmatar trasmigrar trasminar

INFINITIVO	INDICATIVO			POTENCIAL
simple	presente	pret. indefinido	fut. imperfecto	simple o imp.
TRADUCIR	traduzco	traduje	traduciré	traduciría
traduciendo	traduces	tradujiste	traducirás	traducirías
traducido	traduce	tradujo	traducirá	traduciría
	traducimos	tradujimos	traduciremos	traduciríamos
	traducís	tradujisteis	traduciréis	traduciríais
	traducen	tradujeron	traducirán	traducirían
TRAER	traigo	traje	traeré	traería
trayendo	traes	trajiste	traerás	traerías
traído	trae	trajo	traerá	traería
	traemos	trajimos	traeremos	traeríamos
	traéis	trajisteis	traeréis	traeríais
	traen	trajeron	traerán	traerían
TRANSCENDER	transciendo	transcendí	transcenderé	transcendería
transcendiendo	transciendes	transcendiste	transcenderás	transcenderías
transcendido	transciende	transcendió	transcenderá	transcendería
	transcendemos	transcendimos	transcenderemos	transcenderíamos
	transcendéis	transcendisteis	transcenderéis	transcenderíais
	transcienden	transcendieron	transcenderán	transcenderían
TRANSFERIR	transfiero	transferí	transferiré	transferiría
transfiriendo	transfieres	transferiste	transferirás	transferirías
transferido	transfiere	transfirió	transferirá	transferiría
	transferimos	transferimos	transferiremos	transferiríamos
	transferís	transferisteis	transferiréis	transferiríais
	transfieren	transfirieron	transferirán	transferirían
TRASCENDER	trasciendo	trascendí	trascenderé	trascendería
trascendiendo	trasciendes	trascendiste	trascenderás	trascenderías
trascendido	trasciende	trascendió	trascenderá	trascendería
	trascendemos	trascendimos	trascenderemos	trascenderíamos
	trascendéis	trascendisteis	trascenderéis	trascenderíais
	trascienden	trascendieron	trascenderán	trascenderían
TRASCORDARSE	trascuerdo	trascordé	trascordaré	trascordaría
trascorcándose	trascuerdas	trascordaste	trascordarás	trascordarías
trascordado	trascuerda	trascordó	trascordará	trascordaría
	trascordamos	trascordamos	trascordaremos	trascordaríamos
	trascordáis	trascordasteis	trascordaréis	trascordaríais
	trascuerdan	trascordaron	trascordarán	trascordarían
TRAVESAR	travieso	travesé	travesaré	travesaría
travesando	traviesas	travesaste	travesarás	travesarías
travesado	traviesa	travesó	travesará	travesaría
	travesamos	travesamos	travesaremos	travesaríamos
	travesáis	travesasteis	travesaréis	travesaríais
	traviesan	travesaron	travesarán	travesarían

---

tran|(e)scribir trans|fregar trans|(a)gredir trans|poner tras|colar tra|(e)scribir tra|segar
tras|ferir tras|fregar tras|(a)gredir tras|lucirse tras|oír tra|soñar tras|poner tras|ver

---

trasmitir trasmontar trasmudar trasmutar trasnochar trasnombrar trasorcear traspalar
traspalear traspapelarse trasparecer trasparentarse traspasar traspeinar traspellar traspillar
traspintar traspintarse traspirar trasplantar trasportar trasquilar trasroscarse trastabillar
trastear trastejar trastelar trastigar trastocar trastornar trastrabarse trastrabillar trastrocar

IMPERATIVO	SUBJUNTIVO		
presente	presente	pretérito imperfecto	fut. imperfecto
	traduzca	tradujera-jese	tradujere
traduce	traduzcas	tradujeras-jeses	tradujeres
traduzca	traduzca	tradujera-jese	tradujere
traduzcamos	traduzcamos	tradujéramos-jésemos	tradujéremos
traducid	traduzcáis	tradujerais-jeseis	tradujereis
traduzcan	traduzcan	tradujeran-jesen	tradujeren
	traiga	trajera-jese	trajere
trae	traigas	trajeras-jeses	trajeres
traiga	traiga	trajera-jese	trajere
traigamos	traigamos	trajéramos-jésemos	trajéremos
traed	traigáis	trajerais-jeseis	trajereis
traigan	traigan	trajeran-jesen	trajeren
	transcienda	transcendiera-iese	transcendiere
transciende	transciendas	transcendieras-ieses	transcendieres
transcienda	transcienda	transcendiera-iese	transcendiere
transcendamos	transcendamos	transcendiéramos-iésemos	transcendiéremos
transcended	transcendáis	transcendierais-ieseis	transcendiereis
transciendan	transciendan	transcendieran-iesen	transcendieren
	transfiera	transfiriera-iese	transfiriere
transfiere	transfieras	transfirieras-ieses	transfirieres
transfiera	transfiera	transfiriera-iese	transfiriere
transfiramos	transfiramos	transfiriéramos-iésemos	transfiriéremos
transferid	transfiráis	transfirierais-ieseis	transfiriereis
transfieran	transfieran	transfirieran-iesen	transfirieren
	trascienda	trascendiera-iese	trascendiere
trasciende	trasciendas	trascendieras-ieses	trascendieres
trascienda	trascienda	trascendiera-iese	trascendiere
trascendamos	trascendamos	trascendiéramos-iésemos	trascendiéremos
trascended	trascendáis	trascendierais-ieseis	trascendiereis
trasciendan	trasciendan	trascendieran-iesen	trascendieren
	trascuerde	trascordara-ase	trascordare
trascuérdate	trascuerdes	trascordaras-ases	trascordares
trascuérdese	trascuerde	trascordara-ase	trascordare
trascordémonos	trascordemos	trascordáramos-ásemos	trascordáremos
trascordaos	trascordéis	trascordarais-aseis	trascordareis
trascuérdense	trascuerden	trascordaran-asen	trascordaren
	traviese	travesara-ase	travesare
traviesa	travieses	travesaras-ases	travesares
traviese	traviese	travesara-ase	travesare
travesemos	travesemos	travesáramos-ásemos	travesáremos
travesad	traveséis	travesarais-aseis	travesareis
traviesen	traviesen	travesaran-asen	travesaren

tras|verter   tras|volar   tra|vestir   tra|volcar

trastumbar trasudar trasuntar trasvasar trasvasijar trasvenarse trasvinarse tratar trau-
matizar travesear travestir trazar trazumarse trebejar trechear trefilar treguar trelacarse
tremar tremer tremolar trencillar trenzar trepanar trepar treparse trepicarse trepidar
tresañejar tresnar tresquilar treznar triangular triar tribular tributar tricar trifurcar

INFINITIVO	INDICATIVO			POTENCIAL
simple	presente	pret. indefinido	fut. imperfecto	simple o imp.
TRIBUIR	tribuyo	tribuí	tribuiré	tribuiría
tribuyendo	tribuyes	tribuiste	tribuirás	tribuirías
tribuido	tribuye	tribuyó	tribuirá	tribuiría
	tribuimos	tribuimos	tribuiremos	tribuiríamos
	tribuís	tribuisteis	tribuiréis	tribuiríais
	tribuyen	tribuyeron	tribuirán	tribuirían
TROCAR	trueco	troqué	trocaré	trocaría
trocando	truecas	trocaste	trocarás	trocarías
trocado	trueca	trocó	trocará	trocaría
	trocamos	trocamos	trocaremos	trocaríamos
	trocáis	trocasteis	trocaréis	trocaríais
	truecan	trocaron	trocarán	trocarían
TROMPEZAR	trompiezo	trompecé	trompezaré	trompezaría
trompezando	trompiezas	trompezaste	trompezarás	trompezarías
trompezado	trompieza	trompezó	trompezará	trompezaría
	trompezamos	trompezamos	trompezaremos	trompezaríamos
	trompezáis	trompezasteis	trompezaréis	trompezaríais
	trompiezan	trompezaron	trompezarán	trompezarían
TRONAR	trueno	troné	tronaré	tronaría
tronando	truenas	tronaste	tronarás	tronarías
tronado	truena	tronó	tronará	tronaría
	tronamos	tronamos	tronaremos	tronaríamos
	tronáis	tronasteis	tronaréis	tronaríais
	truenan	tronaron	tronarán	tronarían
TROPEZAR	tropiezo	tropecé	tropezaré	tropezaría
tropezando	tropiezas	tropezaste	tropezarás	tropezarías
tropezado	tropieza	tropezó	tropezará	tropezaría
	tropezamos	tropezamos	tropezaremos	tropezaríamos
	tropezáis	tropezasteis	tropezaréis	tropezaríais
	tropiezan	tropezaron	tropezarán	tropezarían
TULLECER	tullezco	tullecí	tulleceré	tullecería
tulleciendo	tulleces	tulleciste	tullecerás	tullecerías
tullecido	tullece	tulleció	tullecerá	tullecería
	tullecemos	tullecimos	tulleceremos	tulleceríamos
	tullecéis	tullecisteis	tulleceréis	tulleceríais
	tullecen	tullecieron	tullecerán	tullecerían
TULLIR	tullo	tullí	tulliré	tulliría
tullendo	tulles	tulliste	tullirás	tullirías
tullido	tulle	tulló	tullirá	tulliría
	tullimos	tullimos	tulliremos	tulliríamos
	tullís	tullisteis	tulliréis	tulliríais
	tullen	tulleron	tullirán	tullirían

tume|facer

trifurcarse triguerar trilar trillar trimar trinar trincafiar trincar trinchar trinchear
trintriquear tripartir triplicar triptongar tripudiar tripular triquinear trisar trisarse
trisecar trisecar triseccionar tritricar triturar triunfar trizar trocear trocir trociscar
trochar trompar trompear trompetear trompicar trompillar troncar tronchar tronerar
tronicar tronquear tronzar tropear tropellar tropicar troquelar trotar trotear trotinar

IMPERATIVO	SUBJUNTIVO		
presente	presente	pretérito imperfecto	fut. imperfecto
	tribuya	tribuyera-yese	tribuyere
tribuye	tribuyas	tribuyeras-yeses	tribuyeres
tribuya	tribuya	tribuyera-yese	tribuyere
tribuyamos	tribuyamos	tribuyéramos-yésemos	tribuyéremos
tribuid	tribuyáis	tribuyerais-yeseis ,	tribuyereis
tribuyan	tribuyan	tribuyeran-yesen	tribuyeren
	trueque	trocara-ase	trocare
trueca	trueques	trocaras-ases	trocares
trueque	trueque	trocara-ase	trocare
troquemos	troquemos	trocáramos-ásemos	trocáremos
trocad	troquéis	trocarais-aseis	trocareis
truequen	truequen	trocaran-asen	trocaren
	trompiece	trompezara-ase	trompezare
trompieza	trompieces	trompezaras-ases	trompezares
trompiece	trompiece	trompezara-ase	trompezare
trompecemos	trompecemos	trompezáramos-ásemos	trompezáremos
trompezad	trompecéis	trompezarais-aseis	trompezareis
trompiecen	trompiecen	trompezaran-asen	trompezaren
	truene	tronara-ase	tronare
truena	truenes	tronaras-ases	tronares
truene	truene	tronara-ase	tronare
tronemos	tronemos	tronáramos-ásemos	tronáremos
tronad	tronéis	tronarais-aseis	tronareis
truenen	truenen	tronaran-asen	tronaren
	tropiece	tropezara-ase	tropezare
tropieza	tropieces	tropezaras-ases	tropezares
tropiece	tropiece	tropezara-ase	tropezare
tropecemos	tropecemos	tropezáramos-ásemos	tropezáremos
tropezad	tropecéis	tropezarais-aseis	tropezareis
tropiecen	tropiecen	tropezaran-asen	tropezaren
	tullezca	tulleciera-iese	tulleciere
tullece	tullezcas	tullecieras-ieses	tullecieres
tullezca	tullezca	tulleciera-iese	tulleciere
tullezcamos	tullezcamos	tulleciéramos-iésemos	tulleciéremos
tulleced	tullezcáis	tullecierais-ieseis	tulleciereis
tullezcan	tullezcan	tullecieran-iesen	tullecieren
	tulla	tullera-ese	tullere
tulle	tullas	tulleras-eses	tulleres
tulla	tulla	tullera-ese	tullere
tullamos	tullamos	tulléramos-ésemos	tulléremos
tullid	tulláis	tullerais-eseis	tullereis
tullan	tullan	tulleran-esen	tulleren

trovar trozar trucar trudizar truchimanear trufar truhanear trujamanear trujar trullar truncar truntunear trunucar trununcar trunuquear truquear truquiñar tubulizar tuertar tuertear tufar tugar tumbar tumbear tumbonear tumultuar tunantear tunar tunarse tundear tundir tunear tupiar tupir tuquiar turbar turbiar turerear turibular turificar turnar turquearse turrar tusar tutear tutelar tutubear tutubiar tutuquear tuzar tubicar tucear

INFINITIVO	INDICATIVO			POTENCIAL
simple	presente	pret. indefinido	fut. imperfecto	simple o imp.
UÑIR uñendo uñido	uño uñes uñe uñimos uñís uñen	uñí uñiste uñó uñimos uñisteis uñeron	uñiré uñirás uñirá uñiremos uñiréis uñirán	uñiría uñirías uñiría uñiríamos uñiríais uñirían
VALER valiendo valido	valgo vales vale valemos valéis valen	valí valiste valió valimos valisteis valieron	valdré valdrás valdrá valdremos valdréis valdrán	valdría valdrías valdría valdríamos valdríais valdrían
VANECERSE vaneciéndose vanecido	vanezco vaneces vanece vanecemos vanecéis vanecen	vanecí vaneciste vaneció vanecimos vanecisteis vanecieron	vaneceré vanecerás vanecerá vaneceremos vaneceréis vanecerán	vanecería vanecerías vanecería vaneceríamos vaneceríais vanecerían
VENCER venciendo vencido	venzo vences vence vencemos vencéis vencen	vencí venciste venció vencimos vencisteis vencieron	venceré vencerás vencerá venceremos venceréis vencerán	vencería vencerías vencería venceríamos venceríais vencerían
VENIR viniendo venido	vengo vienes viene venimos venís vienen	vine viniste vino vinimos vinisteis vinieron	vendré vendrás vendrá vendremos vendréis vendrán	vendría vendrías vendría vendríamos vendríais vendrían
VENTAR ventando ventado	vienta	ventó	ventará	ventaría
VER viendo visto	veo ves ve vemos véis ven	vi viste vio vimos visteis vieron	veré verás verá veremos veréis verán	vería verías vería veríamos veríais verían

uni|sonar

ufanarse ufar ulcerar ulerear ulpear ultimar ultrajar ultralimitar ulular umbralar uncir undular ungir ungüentar unificar uniformar uniformizar unimismar unir universalizar univocarse untar uñar uñatear uñetear upar urajear urbajear urbanizar urdir urgir urlar urraquear usar usufructuar usufrutuar usurar usurear usurpar utilizar uviar uviolizar uzear uzar vacar vaciar vacilar vacunar vadear vafear vagabundear vagamundear vagar vaguear vahar vahear vainillar vaivenear vajear validar valonar valonearse valorar valorear **valo**rizar valsar valuar valumar valladear vallar vanagloriarse vanarse vanear vanegar vaporar vaporear vaporizar vapular vapulear vaquear vaquerear vaquetear varar

IMPERATIVO	SUBJUNTIVO		
presente	presente	pretérito imperfecto	fut. imperfecto
	uña	uñera-ese	uñere
uñe	uñas	uñeras-eses	uñeres
uña	uña	uñera-ese	uñere
uñamos	uñamos	uñéramos-ésemos	uñéremos
uñid	uñáis	uñerais-eseis	uñereis
uñan	uñan	uñeran-esen	uñeren
	valga	valiera-iese	valiere
val o vale	valgas	valieras-ieses	valieres
valga	valga	valiera-iese	valiere
valgamos	valgamos	valiéramos-iésemos	valiéremos
valed	valgáis	valierais-ieseis	valiereis
valgan	valgan	valieran-iesen	valieren
	vanezca	vaneciera-iese	vaneciere
vanécete	vanezcas	vanecieras-ieses	vanecieres
vanézcase	vanezca	vaneciera-iese	vaneciere
vanezcámonos	vanezcamos	vaneciéramos-iésemos	vaneciéremos
vaneceos	vanezcáis	vanecierais-ieseis	vaneciereis
vanézcanse	vanezcan	vanecieran-iesen	vanecieren
	venza	venciera-iese	venciere
vence	venzas	vencieras-ieses	vencieres
venza	venza	venciera-iese	venciere
venzamos	venzamos	venciéramos-iésemos	venciéremos
venced	venzáis	vencierais-ieseis	venciereis
venzan	venzan	vencieran-iesen	vencieren
	venga	viniera-iese	viniere
ven	vengas	vinieras-ieses	vinieres
venga	venga	viniera-iese	viniere
vengamos	vengamos	viniéramos-iésemos	viniéremos
venid	vengáis	vinierais-ieseis	viniereis
vengan	vengan	vinieran-iesen	vinieren
	viente	ventara-ase	ventare
	vea	viera-viese	viere
ve	veas	vieras-vieses	vieres
vea	vea	viera-viese	viere
veamos	veamos	viéramos-viésemos	viéremos
ved	veáis	vierais-vieseis	viereis
vean	vean	vieran-viesen	vieren

varear varetear variar varillar varraquear vastar vaticinar vecindar vedar veer vegetar vejar vejear velar. velarizar velejar velejear velicar venadear venar vencer vendar vender vendimiar veneficiar venenar venerar vengar vengarse ventajar ventajear ventanear ventear* ventilar ventiscar* ventisquear* ventosear* veraguarse veranar veranear verbenear verberar verbosear verdear verdegar verdeguear vergajear verguear verificar

Para el verbo usucapir *(defectivo) véase apéndice pág. 243.*

INFINITIVO	INDICATIVO			POTENCIAL
simple	presente	pret. indefinido	fut. imperfecto	simple o imp.
VERDECER	verdezco	verdecí	verdeceré	verdecería
verdeciendo	verdeces	verdeciste	verdecerás	verdecerías
verdecido	verdece	verdeció	verdecerá	verdecería
	verdecemos	verdecimos	verdeceremos	verdeceríamos
	verdecéis	verdecisteis	verdeceréis	verdeceríais
	verdecen	verdecieron	verdecerán	verdecerían
VERRECER	verrezco	verrecí	verreceré	verrecería
verreciendo	verreces	verreciste	verrecerás	verrecerías
verrecido	verrece	verreció	verrecerá	verrecería
	verrecemos	verrecimos	verreceremos	verreceríamos
	verrecéis	verrecisteis	verreceréis	verreceríais
	verrecen	verrecieron	verrecerán	verrecerían
VERTER	vierto	vertí	verteré	vertería
vertiendo	viertes	vertiste	verterás	verterías
vertido	vierte	vertió	verterá	vertería
	vertemos	vertimos	verteremos	verteríamos
	vertéis	vertisteis	verteréis	verteríais
	vierten	vertieron	verterán	verterían
VESQUIR	visco	vesquí	vesquiré	vesquiría
visquiendo	visques	vesquiste	vesquirás	vesquirías
vesquido	visque	visquió	vesquirá	vesquiría
	vesquimos	vesquimos	vesquiremos	vesquiríamos
	vesquís	vesquisteis	vesquiréis	vesquiríais
	visquen	visquieron	vesquirán	vesquirían
VESTIR	visto	vestí	vestiré	vestiría
vistiendo	vistes	vestiste	vestirás	vestirías
vestido	viste	vistió	vestirá	vestiría
	vestimos	vestimos	vestiremos	vestiríamos
	vestís	vestisteis	vestiréis	vestiríais
	visten	vistieron	vestirán	vestirían
VILECER	vilezco	vilecí	vileceré	vilecería
vileciendo	vileces	vileciste	vilecerás	vilecerías
vilecido	vilece	vileció	vilecerá	vilecería
	vilecemos	vilecimos	vileceremos	vileceríamos
	vilecéis	vilecisteis	vileceréis	vileceríais
	vilecen	vilecieron	vilecerán	vilecerían
VOLAR	vuelo	volé	volaré	volaría
volando	vuelas	volaste	volarás	volarías
volado	vuela	voló	volará	volaría
	volamos	volamos	volaremos	volaríamos
	voláis	volasteis	volaréis	volaríais
	vuelan	volaron	volarán	volarían

verilear vermenear vernalizar veroniquear verraquear verruguetar versar versear versificar vertebrar vetar vetear vezar viajar viar viborear vibrar vicarizar viciar victimar victorear vichar vichear vidriar vigiar vigilar vigorar vigorizar vilipendiar viltrotear vinagrar vincular vindicar vinteniar violar violentar violentarse virar virgular

IMPERATIVO	SUBJUNTIVO		
presente	presente	pretérito imperfecto	fut. imperfecto
	verdezca	verdeciera-iese	verdeciere
verdece	verdezcas	verdecieras-ieses	verdecieres
verdezca	verdezca	verdeciera-iese	verdeciere
verdezcamos	verdezcamos	verdeciéramos-iésemos	verdeciéremos
verdeced	verdezcáis	verdecierais-ieseis	verdeciereis
verdezcan	verdezcan	verdecieran-iesen	verdecieren
	verrezca	verreciera-iese	verreciere
verrece	verrezcas	verrecieras-ieses	verrecieres
verrezca	verrezca	verreciera-iese	verreciere
verrezcamos	verrezcamos	verreciéramos-iésemos	verreciéremos
verreced	verrezcáis	verrecierais-ieseis	verreciereis
verrezcan	verrezcan	verrecieran-iesen	verrecieren
	vierta	vertiera-iese	vertiere
vierte	viertas	vertieras-ieses	vertieres
vierta	vierta	vertiera-iese	vertiere
vertamos	vertamos	vertiéramos-iésemos	vertiéremos
verted	vertáis	vertierais-ieseis	vertiereis
viertan	viertan	vertieran-iesen	vertieren
	visca	visquiera-iese	visquiere
visque	viscas	visquieras-ieses	visquieres
visca	visca	visquiera-iese	visquiere
viscamos	viscamos	visquiéramos-iésemos	visquiéremos
vesquid	viscáis	visquierais-ieseis	visquiereis
viscan	viscan	visquieran-iesen	visquieren
	vista	vistiera-iese	vistiere
viste	vistas	vistieras-ieses	vistieres
vista	vista	vistiera-iese	vistiere
vistamos	vistamos	vistiéramos-iésemos	vistiéremos
vestid	vistáis	vistierais-ieseis	vistiereis
vistan	vistan	vistieran-iesen	vistieren
	vilezca	vileciera-iese	vileciere
vilece	vilezcas	vilecieras-ieses	vilecieres
vilezca	vilezca	vileciera-iese	vileciere
vilezcamos	vilezcamos	vileciéramos-iésemos	vileciéremos
vileced	vilezcáis	vilecierais-ieseis	vileciereis
vilezcan	vilezcan	vilecieran-iesen	vilecieren
	vuele	volara-ase	volare
vuela	vueles	volaras-ases	volares
vuele	vuele	volara-ase	volare
volemos	volemos	voláramos-ásemos	voláremos
volad	voléis	volarais-aseis	volareis
vuelen	vuelen	volaran-asen	volaren

virilizar virutear visar visear visitar vislumbrar visorear vistear visualizar vitalizar
vitaminizar vitar vitorear vitrificar vitriolar vituallar vituperar vivaquear vivar vivificar
vivir vocalizar vocear vociferar vocinglear vocinglerear volandear volar volatilizar
volatinear volatizar volear volitar volotear volquearse voltear voltejar voltejear

INFINITIVO	INDICATIVO			POTENCIAL
simple	presente	pret. indefinido	fut. imperfecto	simple o imp.
VOLCAR	vuelco	volqué	volcaré	volcaría
volcando	vuelcas	volcaste	volcarás	volcarías
volcado	vuelca	volcó	volcará	volcaría
	volcamos	volcamos	volcaremos	volcaríamos
	volcáis	volcasteis	volcaréis	volcaríais
	vuelcan	volcaron	volcarán	volcarían
VOLVER	vuelvo	volví	volveré	volvería
volviendo	vuelves	volviste	volverás	volverías
vuelto	vuelve	volvió	volverá	volvería
	volvemos	volvimos	volveremos	volveríamos
	volvéis	volvisteis	volveréis	volveríais
	vuelven	volvieron	volverán	volverían
YACER	yazco|yago|yazgo	yací	yaceré	yacería
yaciendo	yaces	yaciste	yacerás	yacerías
yacido	yace	yació	yacerá	yacería
	yacemos	yacimos	yaceremos	yaceríamos
	yacéis	yacisteis	yaceréis	yaceríais
	yacen	yacieron	yacerán	yacerían
ZABULLIR	zabullo	zabullí	zabulliré	zabulliría
zabullendo	zabulles	zabulliste	zabullirás	zabullirías
zabullido	zabulle	zabulló	zabullirá	zabulliría
	zabullimos	zabullimos	zabulliremos	zabulliríamos
	zabullís	zabullisteis	zabulliréis	zabulliríais
	zabullen	zabulleron	zabullirán	zabullirían
ZAMBULLIR	zambullo	zambullí	zambulliré	zambulliría
zambullendo	zambulles	zambulliste	zambullirás	zambullirías
zambullido	zambulle	zambulló	zambullirá	zambulliría
	zambullimos	zambullimos	zambulliremos	zambulliríamos
	zambullís	zambullisteis	zambulliréis	zambulliríais
	zambullen	zambulleron	zambullirán	zambullirían

---

yuxta\|poner   za\|herir

---

voluntar vomitar voracear vosear votar voznar vulcanizar vulgar vulgarizar vulnerar
xamar xaporcar xapurcar xilograbar yanaconizar yantar yapar yeldar yerbar yerbear
yermar yetar yodar yodoformizar yodurar yogar yoguir yugar yugular yuncir yungir
yuntar yuquear yutear yuyuscar zabordar zaboyar zabucar zabuir zacatear zacear zafa-
narse zafar zahondar zahorar zahoriar zahumar zajarrar zalear zalenquear zalomar
zallar zamarrear zamarronear zambear zambucar zambuir zambutir zampar zampear

IMPERATIVO	SUBJUNTIVO		
presente	presente	pretérito imperfecto	fut. imperfecto
	vuelque	volcara-ase	volcare
vuelca	vuelques	volcaras-ases	volcares
vuelque	vuelque	volcara-ase	volcare
volquemos	volquemos	volcáramos-ásemos	volcáremos
volcad	volquéis	volcarais-aseis	volcareis
vuelquen	vuelquen	volcaran-asen	volcaren
	vuelva	volviera-iese	volviere
vuelve	vuelvas	volvieras-ieses	volvieres
vuelva	vuelva	volviera-iese	volviere
volvamos	volvamos	volviéramos-iésemos	volviéremos
volved	volváis	volvierais-ieseis	volviereis
vuelvan	vuelvan	volvieran-iesen	volvieren
	yazca|yaga|yazga	yaciera-iese	yaciere
yaz|yace	yazcas|yagas|yazgas	yacieras-ieses	yacieres
yazca|yaga|yazga	yazca|yaga|yazga	yaciera-iese	yaciere
yazcamos|yagamos|yazgamos	yazcamos|yagamos|yazgamos	yaciéramos-iésemos	yaciéremos
yaced	yazcáis|yagáis|yazgáis	yacierais-ieseis	yaciereis
yazcan|yagan|yazgan	yazcan|yagan|yazgan	yacieran-iesen	yacieren
	zabulla	zabullera-ese	zabullere
zabulle	zabullas	zabulleras-eses	zabulleres
zabulla	zabulla	zabullera-ese	zabullere
zabullamos	zabullamos	zabulléramos-ésemos	zabulléremos
zabullid	zabulláis	zabullerais-eseis	zabullereis
zabullan	zabullan	zabulleran-esen	zabulleren
	zambulla	zambullera-ese	zambullere
zambulle	zambullas	zambulleras-eses	zambulleres
zambulla	zambulla	zambullera-ese	zambullere
zambullamos	zambullamos	zambulléramos-ésemos	zambulléremos
zambullid	zambulláis	zambullerais-eseis	zambullereis
zambullan	zambullan	zambulleran-esen	zambulleren

---

zampuzar zancadillear zancajear zanganear zangar zangarrear zangolotear zangorrear zangotear zanjar zanjear zanquear zapar zaparrastrar zapatear zapear zapotear zapuzar zaquear zarabutear zaracear zaragutear zarambutear zarandar zarandear zaratearse zarcear zarpar zarpear zarranjar zarrapastrear zascandilear zigzaguear zobordar zocatearse zocolar zolaquear zollipar zongorrear zontear zonzear zoquetear zorrear zorzalear zozobrar zuclear zulacar zulaquear zullarse zullonear zumacar zumbar zunchar zuñir zurcir zurdirse zurear zurrar zurrarse zurriagar zurriar zurrir zurruscarse zuzar

III APÉNDICES

III. APÉNDICES

VERBOS IMPERSONALES

Los verbos impersonales, referidos casi todos a fenómenos atmosféricos, sólo se usan en las formas simples y compuestas del modo infinitivo y en las terceras personas del singular de todos los tiempos menos del imperativo. Ejemplo: llover.

MODO INFINITIVO

Formas simples	Formas compuestas
Infinitivo: llover	Infinitivo: haber llovido
Gerundio: lloviendo	Gerundio: habiendo llovido
Participio: llovido	

MODO INDICATIVO

Presente	Pretérito perfecto
llueve	ha llovido

Pretérito imperfecto	Pret. pluscuamperfecto
llovía	había llovido

Pretérito indefnido	Pretérito anterior
llovió	hubo llovido

Futuro imperfecto	Futuro perfecto
lloverá	habrá llovido

MODO POTENCIAL

Simple	Compuesto
llovería	habría llovido

MODO SUBJUNTIVO

Presente	Pretérito perfecto
llueva	haya llovido

Pret. imperfecto	Pret. pluscuamperfecto
lloviera o lloviese	hubiera o hubiese llovido

Futuro imperfecto	Futuro perfecto
lloviere	hubiere llovido

Se usan como impersonales los siguientes verbos:

Acaecer, acantalear, acontecer, alborear, amanecer, anochecer, atañer, atardecer, atenebrarse, atronar, caler, cellisquear, centellear, clarear, clarecer, concernir, coruscar, chaparrear, chispear, deshelar, desnevar, diluviar, escampar, escarchar, garnar, granizar, helar, incumbir, lobreguecer, llover, lloviznar, molliznar, molliznear, nevar, neviscar, obscurecer, oscurecer, pesar (tener dolor), relampaguear, retronar, rielar, rutilar, suceder, tardecer, tonar, tronar, ventar, ventear, ventisquear.

En las formas en que son conjugados, estos verbos toman las irregularidades propias del grupo a que pertenecen. Así sucede con los terminados en *car, cer, zar* y *onar.*

VERBOS DEFECTIVOS

Son *defectivos* aquellos verbos que carecen de alguna forma de la conjugación. Son los siguientes:

ABARSE. — Sólo se usa en el infinitivo y en las segundas personas del imperativo, careciendo de todas las demás formas.

ABOLIR. — Carece de las tres personas del sigular y 3.ª del plural del presente de indicativo, de todo el presente de subjuntivo y de las personas del singular y tercera del plural del imperativo. Se usa en todas las demás formas.

ACAECER. — Las 1.ª y 2.ª persona sólo son utilizadas en textos antiguos.

ACONTECER. — Ver la conjugación completa en la página 26.

ADIR. — Se usa sólo en el infinitivo: adir, adiendo, adido, haber adido, habiendo adido.

AGREDIR. — Ver la conjugación completa en la página 32.

AGUERRIR. — Es muy usado el participio *aguerrido*. Las demás formas se usan poco.

AMANECER. — Ver la conjugación completa en la página 36.

APLACER. — Aunque sólo debe emplearse en las terceras personas del singular y del plural del presente y del pretérito imperfecto de indicativo, algunos escritores lo usan en todas las formas como su simple *placer*.

ARRECIRSE. — Se usa en el infinitivo y en los tiempos pretéritos y futuros careciendo de presentes.

ATAÑER. — Sólo se usan dos formas: *atañe* y *atañen*.

ATERIRSE. — Igual que *arrecirse*.

ATOMIR. — Ver la conjugación completa en la página 54.

BALBUCIR. — Se usa en las formas que tienen *i* en la desinencia: balbuciendo, balbucido, balbucimos, balbucís, balbucía, balbucías, balbuciremos, balbucíais, balbucían, balbucí, balbuciste, balbució, balbucisteis, balbucieron, balbuciré, balbucirás, balbucirá, balbuciremos, balbuciréis, balbucirán, balbuciría, balbucirías, etc.

BLANDIR. — Como el anterior, suele usarse en las formas que tienen *i* en la desinencia: blandiendo, blandieron, etc.

BUIDO. — Sólo se usa el participio. El infinitivo no lo recoge la Academia.

CONCERNIR. — Es empleado en las terceras personas del singular y del plural del presente y pretérito de indicativo y del presente de subjuntivo.

DESABRIR. — Se usa sólo en el participio *desabrido*.

DESCOLORIR. — No tiene apenas otra aplicación que el infinitivo y participio: *descolorir, descolorido*. Las demás formas suelen estar reemplazadas por las del verbo *descolorar*.

DESPAVORIR. — Como el anterior, sólo se usan el infinitivo y el participio.

EMBAIR. — Ver la conjugación completa en la página 94.

EMPEDERNIR. — Úsanse el infinitivo, el participio y los pretéritos.

ESTABILIR. — Ver la conjugación completa en la página 138.

ESTABLIR. — Ver la conjugación completa en la página 138.

GARANTIR. — Formas usadas en España: En el modo infinitivo, el gerundio y el participio; en el modo indicativo 1.ª y 2.ª personas del plural del presente, todo el pretérito imperfecto, todo el indefinido y todo el futuro imperfecto y los cuatro tiempos compuestos; en el modo imperativo, la 2.ª persona del plural; y en el subjuntivo los dos pretéritos y los dos futuros; los dos tiempos del modo potencial. Las formas *garanto, garantas*, etc. se usan en América.

GUARNIR. — Se usa muy poco; en su lugar se emplea guarnecer. Sin embargo pueden usarse las mismas formas que en garantir.

PRETERIR. — Únicas formas usadas: preterir y preterido.

INCOAR. — Se usan, en el infinitivo, incoar, incoando, incoado. En el indicativo, 1.ª y 2.ª persona plural del presente, y del pretérito perfecto, los dos futuros; y los dos tiempos del potencial, las segundas personas del imperativo; en el subjuntivo, todos los tiempos completos.

MANIR. — Carece de los presentes. Las otras formas son muy poco usadas.

POLIR. — Ver la conjugación completa en la página 192.
REMANIR. — Igual que *manir*.
SOLER. — Ver la conjugación completa en la página 218.
USUCAPIR. — Sólo se usan estas formas:

Infinitivo: usucapir
Gerundio: usucapiendo
Participio: usucapido

EL PARTICIPIO PASIVO

Como se ha dicho anteriormente, el participio pasivo acaba en *ado* en los verbos de la 1.ª conjugación, y en *ido* en los de la 2.ª y 3.ª. Pero hay bastantes verbos que tienen este participio terminado en *to, so, cho,* y otros que tienen dos participios pasivos, uno regular y otro irregular, como puede verse en las dos tablas siguientes:

VERBOS CON UN SOLO PARTICIPIO IRREGULAR

Abrir	abierto	Hacer	hecho	Resolver	resuelto
Cubrir	cubierto	Imprimir	impreso	Ver	visto
Decir	dicho	Morir	muerto	Volver	vuelto
Escribir	escrito	Poner	puesto		

Los compuestos de estos verbos siguen la misma irregularidad, como de *encubrir, encubierto;* de *deshacer, deshecho;* pero de *inscribir* y *proscribir* se dice *inscripto* y *proscripto* y también *inscrito* y *proscrito.*

VERBOS CON DOS PARTICIPIOS

Abstraer - abstraído - abstracto
Afligir - afligido - aflicto
Ahitar - ahitado - ahíto
Atender - atendido - atento
Bendecir - bendecido - bendito
Circuncidar - circuncidado - circunciso
Compeler - compelido - compulso
Comprender - comprendido - comprenso
Comprimir - comprimido - compreso
Concluir - concluido - concluso
Confesar - confesado - confeso
Confundir - confundido - confuso
Consumir - consumido - consunto
Contundir - contundido - contuso
Convencer - convencido - convicto
Convertir - convertido - converso
Corregir - corregido - correcto
Corromper - corrompido - corrupto
Despertar - despertado - despierto
Difundir - difundido - difuso
Dividir - dividido - diviso
Elegir - elegido - electo
Enjugar - enjugado - enjuto
Excluir - excluido - excluso
Eximir - eximido - exento

Expeler - expelido - expulso
Expresar - expresado - expreso
Extender - extendido - extenso
Extinguir - extinguido - extinto
Fijar - fijado - fijo
Freír - freído - frito
Hartar - hartado - harto
Imprimir - imprimido - impreso
Incluir - incluido - incluso
Incurrir - incurrido - incurso
Infundir - infundido - infuso
Ingerir - ingerido - ingerto
Injertar - injertado - injerto
Insertar - insertado - inserto
Invertir - invertido - inverso
Juntar - juntado - junto
Maldecir - maldecido - maldito
Manifestar - manifestado - manifiesto
Nacer - nacido - nato
Oprimir - oprimido - opreso
Pasar - pasado - paso
Poseer - poseído - poseso
Prender - prendido - preso
Presumir - presumido - presunto
Pretender - pretendido - pretenso

Propender - propendido - propenso
Proveer - proveído - provisto
Recluir - recluido - recluso
Romper - rompido - roto
Salpresar - salpresado - salpreso
Salvar - salvado - salvo
Sepultar - sepultado - sepulto

Soltar - soltado - suelto
Substituir - substituido - substituto
Sujetar - sujetado - sujeto
Suprimir - suprimido - supreso
Suspender - suspendido - suspenso
Teñir - teñido - tinto
Torcer - torcido - tuerto

En los verbos *freír, imprimir, prender* y *proveer* se usan indistintamente el participio regular o el irregular; en los demás verbos el irregular se usa sólo como adjetivo, pero no para formar los tiempos compuestos.

ÍNDICE